这是爱因斯坦与世长辞的前一年，亲自参与挑选的散文集，此中收录了他一生中最重要的 117 篇散文，包括他研究生涯早期直到生命尾声的投稿、信件和演讲稿。除了对相对论等科学贡献的阐述之外，更涵盖了他对宗教、自由、教育等议题的探索和真知。

对于这个世界，我这样想

Ideas and Opinions

Albert Einstein

爱因斯坦　著
郭兆林　周念萦　译

中国法制出版社
CHINA LEGAL PUBLISHING HOUSE

编选说明

在《对于这个世界，我这样想》这本书中，我们致力于将爱因斯坦所有重要的文章分门别类加以整理。

至今，爱因斯坦的文章、演讲和书信等，主要结集成三本书：《我所见的世界》，由艾伦·哈里斯英译，于一九三四年出版；《晚年文集》，于一九五〇年出版，收录爱因斯坦从一九三四年到一九五〇年的作品；以及《我的世界观》，由卡尔·泽利希编辑，于一九五三年在瑞士出版，包含前两本书中未收录的新文章。

在本书中，我们将上面三册文集中最重要的作品收入，也选取了一些书刊的文章，以及从未刊印成书的文章。唯有在泽利希与苏黎世欧罗巴出版社通力合作，以及爱因斯坦教授亲自协助下，才有可能将从他早年的作品，到甚至几星期前的演讲都结集成书。

在此，必须特别感谢海伦·杜卡斯帮忙整理，以及宋雅·博格曼倾力相助，不仅修订原有译文，对于旧译文不通顺的部分，也重新翻译。除了参与本书选辑编录，她也成功牵线，促成范伦泰·博格曼为第五章“对科学的贡献”的部分撰写导言。

导读 二十一世纪看爱因斯坦

郭兆林（斯坦福大学物理系终身副教授）

——《论古典文学》———“一个世纪之中，只有少数有识见的人，有清楚的脑袋与风格，以及良好的品位。他们留传下来的作品，是人类拥有的最珍贵的资产。”

还有什么比爱因斯坦本人的这段话，更能为本书下脚注、做总结呢？爱因斯坦是《时代》杂志评选的二十世纪代表人物。他不仅是个伟大的科学家，建立狭义与广义相对论，开启量子革命；他也生活在动乱的大时代当中，历经两次大战与放逐，亲眼见证了西方文明最辉煌与最龌龊的一面。爱因斯坦的理论开启了核能时代，致信罗斯福总统促成原子弹的发展。晚年的他也目击了美苏核武竞赛，将人类置于浩劫的边缘。这本文集既深且广，是历史、人生、哲学、科学的飨宴。

——《向萧伯纳致敬》——“极少人有足够的独立性，能看透当世的弱点和愚蠢，并且保有自我不受影响。”

爱因斯坦是最常被作传的人物，谈相对论的专业与科普书籍也已汗牛充栋。综合其科学专业与个人传记的更有派斯的权威著作《爱因斯坦的科学与生平》。不过原典毕竟有其不可取代之处：除去一切神化与美化，直接展现他独特的人格与思想。虽然选文主题看似庞杂，时间更横跨人类史上最疯狂的半个世纪。单看一篇文章，笔调时而严肃时而诙谑，情感时而沮丧时而兴奋，但难能可贵的是爱因斯坦所展现的人生态度、科学哲思，却出奇地纯真与一致。

爱因斯坦的人格与信念

爱因斯坦是怎么样的一个人呢？身为理性的巨人，他当然有极其孤高的一面：

——《我眼中的世界》——“长久以来，我对社会正义和社会责任都有强烈的感觉；另一方面，我明显地不需要与他人和社会有直接接触。两相对照之下，形成了奇怪的对比……[孤独]会让人失去些许天真无忧，但是另一方面，这样可以在很大程度上摆脱受他人意见、习惯与判断的影响，避免受到诱惑而将内心平衡建立在这些薄弱的基础上。”

他把这种只信仰自己的判断，完全不相信别人的极端个人主义，归因于科学家天生排斥权威。不过面对自然与人群，爱因斯坦具有谦逊而可敬的人格。

爱因斯坦多次述及宗教信仰，他对基督教与犹太教的狭义诠释颇有批评：

——《科学与宗教》———“想象有一个万能、公正、仁慈与人格化的上帝存在，无疑能够为人们带来安慰、帮助和指引……[然而]，今天宗教和科学领域的冲突，主要来源在于这‘拟人化上帝’的概念。”

——《科学与宗教》———“为了美好的道德而奋战，宗教导师应当有魄力放弃人格化上帝的教义，也就是放弃恐惧与企盼的源头，虽然这在过去给予神职人员莫大的权力。他们应该努力孕育人性中的真善美。确实，这是更困难的任务，但是绝对更有价值。”

不过，基本上他对于宗教与宗教领袖，尤其是对于他们所扮演提升人类道德的角色，是抱着极为尊敬的态度的。虽然，他明白地否定了人格化上帝与永生：

——《我眼中的世界》——“人类所能拥有的最美丽的经验是神秘奥妙，这是真正艺术与科学起源的根本感情……知道有某种我们无法看透的事物存在，观察到最深奥的理性、最耀眼的美丽，以最原始的形式直通我们心灵深处……在这层意义上，而且唯有在这层意义上，我算是有虔诚信仰之人。”

不过，他也用同样的力道，明确否定科学或理性可用来定义人类的价值与目标。我认为，这段感情洋溢的文字绝对是出于肺腑，而不是矫情或委婉之辞。爱因斯坦对于真、善、美的崇尚，令他对于宗教非常敬重。和他相比，后来的费曼和霍金等物理学家在这方面简单而直率。近年来所谓“新无神论者”所采取的高傲甚至鄙夷的态度，对于启蒙人心更是没有帮助。

爱因斯坦：和平主义者

谈到战争，平时一派轻松诙谐的爱因斯坦就会激动起来：

——《我眼中的世界》——“一个人能够扬扬得意地随着军乐队在四列纵队里行进，单凭这一点就足以使我对他轻视……听令行事、残暴不仁以及一切假借爱国主义之名的胡言乱语，实在让我痛恨到无以复加！战争对我来说，何等卑鄙下流啊！我宁可被碎尸万段，也不愿意沾染这种可恨的勾当。”

在两次世界大战之间，爱因斯坦的声望已经如日中天。荒唐的第一次世界大战，完全摧毁了中欧与东欧，并造成数以千万计的死伤。当时身在柏林大学的他除了讲学著述，还花了许多精力呼吁欧洲各国重归旧好、裁军限武。然而，这却于事无补。战败的德国憎恨法、俄，并把一股怨气出在犹太人身上。在这种环境下，纳粹崛起，开始穷兵黩武。在这段时期的文章中，我们会发现爱因斯坦一开始试图动之以情，强调辉煌的欧洲文化学术共同体，逐渐笔调转为气急败坏，最终不得不与祖国划清界限。在他竭力想要避免的第二次世界大战终于爆发之后，爱因斯坦只能感叹众人的愚蠢与盲从。在大战末期，大势底定之际，他有着这样沉重的评语：

——《致华沙犹太人区战争英雄》——“如果这个世界还有正义存在，如果各国未忘记共同的责任，整个德意志民族均应为大屠杀负责任，而且整个民族都要受到惩罚。为纳粹党撑腰的是德国人，当希特勒的演说与著作赤裸裸地露出无耻的意图、绝对不可能被误解时，德国人却把票投给他。”

把矛头指向他祖国的平民百姓，即便公允也似乎冷酷不近人情。然而，德国上下全面助纣为虐，即使在轴心国当中也绝无仅有，这是非常清楚的责任归属。同样，爱因斯坦也呼吁掌握武器技术的科学家要负应有的道德重责，而不能以“时势所迫”作为遁词。

“盟国赢了战争，却输掉了和平。”“二战”后美、苏开始互相猜忌、竞争。原子弹与氢弹的发明与量产，更是将全世界推向毁灭边缘。爱因斯坦将重心转向防止核战，从法、德的调解人，摇身一变成为美、苏的调解人。最后他这么感叹：

——《致苏联科学家公开信》——“难道，真的因为人类的激情和积习，我们就该受到处罚，自相残杀彻底消灭，并毁掉一切值得保存的东西，这真的无法避免吗？在我们之间这种奇怪的书信往返中，所触及的一切争议歧见，相较于如今世局所面对的危险，不是显得微不足道吗？我们不是应该尽一切力量，消除所有国家面临的威胁与危险吗？”

自然哲学家爱因斯坦

爱因斯坦这个名字已经是天才的同义词。这种人做学问的模式，是独自坐下来苦思一阵，然后在一张纸上写下答案——至少谣言如是声称。他自己则是这么说：

—《原子战争或和平》—“我不相信，要确保我们创造一个伟大的原子科学时代，必须像组织大公司般将科学组织起来才行。我认为，人们可以组织起来运用一项发现，而非组织人们来获取发现，唯有自由的个体才能创造发现。”

当今这种说法最明显的反例，当然是几百人参与的发现新粒子、新现象的粒子对撞机实验。然而近年来科学的质与量都出现剧变，独行侠即使在纯理论物理领域也已经站不住脚。我在斯坦福大学物理系三楼的理论家同事们，每天都有组织地讨论想法，新的点子常常从中蹦出。不过爱因斯坦到了晚年还是没有改变，虽然在学术上仍有佳作，但基本上已经进入孤立主义，对不断涌现的新实验结果视而不见，冀望他的方程式会水到渠成，解决所有问题。

爱因斯坦念兹在兹的，是物理世界的真实基础。什么是“物理世界的真实基础”，而它又有什么用呢？好莱坞电影《黑客帝国》中一个令人印象深刻的场景是在接近片尾的时候，基努·里维斯饰演的男主角看清他的世界是由一行行计算机程序组成，他突然可以随心所欲控制物体，甚至纵身起飞！爱因斯坦发现了时间、空间、质量与能量的本质，这把钥匙释放了封藏在原子核中的巨大能量，彻底改变了人类文明。大多数物理学家并不是为了科学应用而研究世界的本质，然而这个例子应能让对方程式最无感的读者体认到为何物理学家老是用抽象的方式看待问题，而且当这个计划成功时，效应是如何地令人惊异。

在文集中爱因斯坦花大量的篇幅讨论哲学，尤其是认识论与空间的概念：

——《物理与真实》——“人们常说科学家是很差劲的哲学家，这种说法不是没有道理。那么，物理学家是不是干脆把哲学思考留给哲学家就好了？我并不同意。当物理的基本概念已经很成熟、毋庸置疑之时，或许可以这么做。然而，当今物理学的基础本身问题重重……在寻找新的根基之时，物理学家必须清楚他所使用的概念，有哪些是合理、必要的。”

大致上这些文章可读性都很高。与他相较，当代物理学家谈到哲学就不耐烦地“翻白眼”。然而如上所述，爱因斯坦讨论物理哲学确有必要。他所带来的知识革命，不管是狭义还是广义相对论，其特征并非巧妙的形式或冗长的逻辑演绎，而是对于经验与知识的彻底反思，除去不当的假设（如时间的普适性、欧几里得度量），并加入受经验支持，或可增进理论一贯性的假设（如相对性原理、等效原理、广义协变原理）。

当然，爱因斯坦成长于百年前的欧陆知识界，那时横跨科学与哲学的学者为数众多。更何况，他要应对像庞加莱这样“尖锐而深具洞察力”的思想家：

—《几何学与日常经验》—“庞加莱主张，公理化几何学本身对真实世界无从置喙，唯有与物理定律合并才行，既然如此，不论物理实在的本质为何，应该能够保有［简洁优美的］欧氏几何才对。如果理论与实验之间出现冲突，应该修正物理定律而保存公理化欧氏几何学。”

时过境迁，这话现在听起来已经像是呓语。然而在当时，这话听来铿锵有力，更是一个极受敬重的数学大师对相对论的全面攻击。爱因斯坦只能采取守势：

> “我必须承认，如果否定真实的刚体与几何学的任何联结，人们的确应尽其所能地保有欧氏几何学的简洁。”

在举出几项实例，并为理想时钟、标尺概念的适用性做辩护后，爱因斯坦总结道：

——《几何学与日常经验》—“我认为宇宙究竟是欧几里得空间、黎曼空间，还是其他结构，是一个物理问题，只能经由经验来提供答案，而不是可以为讲求方便而任意约定俗成的。”

另一位与爱因斯坦关系密切的思想家是马赫，这位科学哲学家认为物体惯性应由宇宙远处质量所赋予（“马赫原理”）。在本书收录的多篇文章中，爱因斯坦一再指出马赫的哲学想法是广义相对论发展的动机之一。爱因斯坦以为“加速度必须相对于绝对空间”是牛顿理论的最大弱点，而广义相对论摒弃了牛顿的绝对空间，因为其方程式在所有坐标系都成立。然而，人们很快发现广义相对论虽简洁优美、逻辑一贯，但它并不符合马赫原理。空无一物的闵可夫斯基宇宙显然是广义相对论的解，而检验质点在其中也具有惯性，因此就空间来说相对论其实和牛顿理论一样绝对。

更不幸的，马赫的阴影更让爱因斯坦“预测”宇宙是封闭有限的：

——《几何学与日常经验》——“宇宙空间无限大。这个可能性，只有在物质平均密度趋近于零时才会成立。如果物质平均密度在大尺度上有限，宇宙空间必然有限……早先马赫主张把惯性完全看成物体与宇宙中其他物体相互作用的结果。我认为这是一种很合理的看法……然而，广义相对论方程式显示：唯有有限空间，才能让惯性纯粹由物体相互作用所产生。”

以现代眼光来看，这短短一段话出了好几次错。首先，第一、二句话暗含着（错误的）静态宇宙假设；其次，在广义相对论中，有限空间静态解是不稳定的；最后，后人（如狄奇）发现即使不论稳定性问题，纯几何的引力理论也不可能符合马赫原理。整体来说，马赫的哲思与他对爱因斯坦的影响，只是场美丽的错误。

爱因斯坦虽承认量子力学的成功，却对于其概率性本质不以为然，与量子力学的代言人玻尔长期辩论，双方都提出一系列精彩的思想实验。爱因斯坦曾说：“上帝不掷骰子。”为此玻尔回应：“别告诉上帝他该怎么做。”现代物理学家打娘胎里就拥抱测不准原理，把爱因斯坦看成一个老顽固。但重看他所写的文章却发现爱因斯坦不但承认量子力学在实用性上大获成功，而且他很清楚量子力学在逻辑上并无自相矛盾之处。他所反对的，是量子力学在哲学诠释上看似的荒唐。以现代眼光来重看这些讨论，哥本哈根派的说法（尤其是海森堡）闪烁其词，甚至试图模糊单一粒子的物理真实，因此也难怪爱因斯坦不买他们的账。爱因斯坦精心设计用来推翻量子力学的思考实验（Einstein-Podolsky-Rosen Paradox，于本书收录的“物理与真实”篇中讨论），在二十世纪八十年代被实验所实现，而其结果却是量子力学的大胜利。“物理真实”并没有被牺牲，爱因斯坦眼中“不完整”的波函数，已被建立为完整、确切的粒子描述。我相信若他能看到这些明确的实验结果，一定也会心服口服，甚至感到一些安慰。

二十一世纪看爱因斯坦

我们每个人都坐着时光机，每三百六十五天就向未来跃进一年。爱因斯坦于一九五五年逝世，至今已超过六十年。他对于世界局势的忧虑、对于物理学的期许，我们皆得以借时空的优势，用现代的眼光重新检视，从中获得不同的体认。

美苏冷战了几十年，爱因斯坦心目中理应维护和平的“超国家组织”一分为二，北约盟国与华约组织剑拔弩张、誓不两立。不过爱因斯坦最担心的第三次世界大战，所幸还没有发生。事实上，“二战”后的这七十年是人类史上最和平的时期。难道，毁灭性惊人的大量氢弹，真的发挥了吓阻效果？在提名“奇爱博士”获诺贝尔和平奖之前，要知道信息的自由交流、商业至上的地球村的形成，也对降低敌意有很大帮助。另外，即使玉石俱焚的全面核战爆发概率下降，核武意外或扩散的危险却持续上升。更何况，七十年的安定在人类史上如一转瞬，恐怖平衡是否真的稳定，还言之过早，不可掉以轻心。

分配的正义，是爱因斯坦所担心的另一件事：

——《时间胶囊之信》——“然而，商品的制造、分配混乱失序，每个人都活在恐惧中，担心会失业穷困。”

这段话，写于二〇一六年也不为过。自动化生产取代人类工作的状况愈加严重，企业为了利润与名誉蒙了眼睛向前冲。贫富差异日益扩大，没有人知道未来当机器人的生产也由机器人来从事时，究竟该怎么办。

在物理学上，人们困惑地发现，方程式的适用性似乎超越哲学思考。马赫原理老早就被抛在九霄云外，然而引力场方程式在一百年的严酷考验之下屹立不摇，还用在全球卫星定位系统中。虽然精准无比的场方程式十分成功，依爱因斯坦的高标准它尚有不周全之处：

——《物理与真实》——“据我们所知，[场方程式]的预测与天体力学观测完全相符。然而，这个方程式像是左右不对称的建筑，一边是由华丽大理石建构（方程式左边），而另外一边却是一堆劣质木材（方程式右边）。”

场方程式左边是时空几何，而右边是描述物质，爱因斯坦之所以会抱怨方程式右边，追根究底是因为相对论无法解释物质为何以基本粒子形式出现，而更让他感到极不自在。爱因斯坦冀望在推广的场论中，粒子会（以类似黑洞的形式）自然出现。几十年来，实验家持续发现愈加奇异的粒子与相互作用，但直到晚年，爱因斯坦仍顽固地宣布：

—《广义引力理论》——“当代物理学家常问：若是没有引力的话，物理学是什么样子？而我根本不承认这是合理的问题。”

然而，狭义相对论不也是先忽略引力场才发展出来的吗？若不暂且将引力搁在一边，就得将几十种粒子与相互作用搁在一边了，这不是更糟吗？于是物理学坚决地与爱因斯坦分道扬镳，终于在七十年代完成与实验的接合，在逻辑一贯性方面非常理想地奠定了以量子规范场论为基础的粒子物理标准模型。

原子本来是为追求逻辑一贯性所引进的臆测概念，在二十世纪初似乎不可能直接观测到。马赫（又是他）对此提出尖刻批评，认为无法验证的理论不是正当的科学理论。对此爱因斯坦辩解道：

—《物理与真实》———“奠基于微粒理论的气体动力学理论与统计力学皆非常成功……获取这些重大成就所付出的代价，就是赋予‘原子’真实的存在，而它当然是具高度臆测成分的东西，人们不太可能真正

‘直接感受’到原子的存在……虽然其基础与直接的实验更加遥远，然而在本质一贯性上却大为增进。”

当时，爱因斯坦对于原子是否真实模棱两可，并“承认”原子论与实验更加遥远。二十一世纪的现在，原子就和石头一样真实，而且在网络上就买得到可以直接看见一颗颗原子的扫描隧道显微镜或原子力显微镜。这让我想到温伯格的话：“人们常犯的错，不是太相信理论，而是不够相信理论。”

除了原子论因“无法检验”而受批评，广义相对论也因其艰深的数学而受大众质问：

——《空间、以太以及场的物理学》——“现代理论的假设，看似越来越抽象，与经验越来越远。然而，科学的终极目标是以最少的假设经由逻辑演绎推导出所有观测到的现象。这样看来，现代理论科学与相对论和这个目标越来越接近……对于从事这项工作的人，我们不应冠上‘狂想家’的标记，而应给予支持鼓励，因为除此之外别无他法。”

二十一世纪，理论物理学愈加艰深（超对称规范场论与弦论），与日常经验间的鸿沟愈加扩大（额外空间维度、暴胀多重宇宙、黑洞信息悖论），因此也招致不少批评。然而，现代物理学家所追寻的目标与爱因斯坦无异，是理论本质的一贯性与逻辑上的尽量简洁。尤其是人们希望能将引力也纳入量子场论之中。不过在基础物理这个领域，我常感觉到人类的智慧与直觉已经被推到极限，有时连爱因斯坦式的哲思都开始派不上用场。值得庆幸的是，规范场论与标准模型的成功证明，至少逻辑与方程式是卑微的人类联系宇宙神秘本质的可靠方法。而说不定百年后，这些新一代的理论真能受实验检验！

目　录

第一部分 观念与意见

IDEAS AND OPINIONS

关于自由

论宗教

论教育

谈朋友

第二部分 论政治、政府与和平主义

ON POLITICS, GOVERNMENT AND PACIFISM

第三部分 论犹太人

ON THE JEWISH PEOPLE

第四部分 论德国

GERMANY

第五部分 对科学的贡献

CONTRIBUTIONS TO SCIENCE

简单淳朴的生活对每个人的
身心都有好处。

第一部分

观念与意见

IDEAS AND OPINIONS

01 失落的天堂

写于一九一九年国际联盟成立不久后，最早以法文发表，收录于一九三四年《我的世界观》。

直到十七世纪，整个欧洲的学者和艺术家都因为拥有共同的理念而紧密团结，鲜少受到政治事件的影响，这份团结又因为通用拉丁文而进一步加强。

然而抚今追昔，过去种种景象仿若失落的天堂。民族主义的激情呐喊摧毁这个知识圈，从前连接整个世界的拉丁语已经死了。学界人士成为最极端的民族传统代表，丧失了文化共同体的意识。

今日让人错愕的是，讲求实际的政治人物俨然成为国际主义思想的倡导者，是他们创造了国际联盟。

02 对美国的第一印象

一九二一年接受《新鹿特丹信使报》访问，刊登于一九二一年七月七日《柏林日报》。

我必须兑现诺言，谈谈对美国的印象。这一点儿也不容易，因为在美国的时候，我承蒙大家厚爱与热情款待，这让我很难做一个客观公正的观察者。首先，就从这点谈起吧。

在我看来，个人崇拜向来毫无道理可言。天赋资质固然各有不同，然而感谢上天，聪明出众者不在少数，我深信大多都甘于平静淡泊的生活。若是从中选出少数几人，给予至高无上的赞美，甚至赋予超凡入圣的才智聪明，会让我觉得很不公平，甚至是品位低级的做法。然而，这就是我的命运，大众高估了我的能力和成就，相较于实际落差之大简直是荒谬！这样尴尬的处境让我难以承受，差堪告慰的一点是，在这个普遍被贬为物质主义的年代里，将一心追求知识与精神层面的人奉为英雄，算是一种可喜的现象。这证明了有一大部分的人视知识与正义高于财富权势。经验告诉我，这种理想主义在美国尤其盛行，而美国又被贬抑为物质主义当道的国家！现在让我言归正传，希望大家不要将这番谦卑的谈话，又再放大看待。

首先让访客感到惊讶赞叹的是，美国在科技和组织上的优越性。与欧洲相较，日常用品都更为坚固，房屋设计也更为实用。一切东西的设计都为了节省人力，因为美国地广物博，相较下人口显得稀疏，因此劳力昂贵。这成为一种刺激，带动科技设备与生产方法的惊人发展。人口稠密的中国与印度则形成另一种极端，劳力低廉成为机械化的阻碍，而欧洲正好介于两者之间。机械化一旦高速发展，最终会比最低廉的劳力还要便宜，而欧洲法西斯主义者的政治立场狭隘短视，总是企盼自己国家的人口更为稠密，其实应该留意这一点。不过，美国政府却又通过禁止性关税来抑制外国货品的输入，与一般形象大异其趣。只是，不能指望天真好奇的访客过度劳神，再者也无法担保每个问题都有合理的答案。

其次让我印象非常深刻的事情，是快乐正面的人生态度。在照片中，人们脸上洋溢的笑容正象征美国最重要的资产之一。美国人友善自信又乐观，而且不易心生嫉妒，让欧洲人感觉与美国人来往如沐春风。

与美国人相较，欧洲人比较爱批评，比较在意自己，较少乐于助人，也比较孤立，在阅读休闲上更为挑剔讲究，多少有悲观主义的倾向。

美国人相当重视物质享受，可以为此牺牲恬淡安稳。比起欧洲人，美国人更为自己的目标与未来而活；生命对美国人来说，在于进取而非守成，在这方面的态度，欧洲人介于美国与亚洲、俄国人之间。

但是，有一方面美国人比欧洲人更像亚洲人，那就是没欧洲人那般自我主义。这是从心理层面来说，而不是从经济观点来看。

在美国，强调“我们”更甚于强调“我”。自然而然，这里的风俗习惯影响甚深，让美国人的人生观、道德观和审美观，比起欧洲人都更为同化一致，这是美国经济胜过欧洲的主要原因。因为相较于欧洲，在美国更容易推动分工合作，摩擦也更少，不论是工厂、大学还是私人慈善机构皆是如此。这种社会意识，部分可能源自英国的传统。

与这点显然矛盾的是，相较于英国，美国政府的作为受到更多限制。欧洲人惊讶地发现，在美国不论是电报、电话、铁路和学校等，大多都是由私人经营。我刚才提到美国人拥有更强的社会意识，正是促成原因之一。这种态度虽然也造成财富分配极为不均，却未导致无法容忍的障碍，因为美国的富人比欧洲的发展出更高的社会良知，认为自己本来就有义务将一大部分的资产（通常还包括才智能力），交由社会支配使用，而威力强大的舆论更督促着他们。因此，最重要的文化机能可留予私人企业发挥，政府扮演的角色相较就非常有限了。

现今，美国政府的威信无疑因《禁酒令》的颁布而大幅减损。我认为，通过这种无法执行的法律，会大加破坏对政府与法令的尊敬。美国犯罪急速增加，与这件事密切相关，已是公开的秘密。

在我看来，《禁酒令》也在另一方面折损政府的威信。酒馆原本就是让民众对于公共事务有交流意见观点的机会，然而就我所见，这个国家缺乏这样的机会，结果让受到利益团体掌控的报纸，对于公众舆论有过度的影响力。

在美国，人们仍然比欧洲过分看重金钱，不过我觉得情况已有改善。至少，人们开始了解到，巨大的财富对于快乐满足的人生并非必要。

在艺术层面上，对于现代建筑和日常用品所展现的好品位，我感到印象相当深刻。但是另一方面，相较于欧洲，整个国家展现的视觉艺术和音乐涵养，却显得有点乏善可陈。

至于美国科学研究机构的成就，让我打心底佩服。若将美国日益优越的研究工作，仅仅归因为特别富裕是不公平的。专注、耐心、同心协力以及善于合作等，都对这里的成功发挥了重要的作用。

最后的一项观察是，美国为当今世界科技先进国家中最强大的国家，对塑造国际关系的作用无远弗届。但是美国幅员广阔，迄今民众对于重大的国际问题（尤以裁军限武为当今首要课题），并无表现出太大的兴趣。这点必须改变，纵使仅以美国自身的利益而言。上次世界大战[1]已经显示，大陆之间不再有任何屏障，各国命运皆紧密交织。美国民众必须明白，在国际政治上肩负重责大任；袖手旁观不仅与这个国家不相称，终将导致全世界的灾难。

03 致美国妇女同胞

爱因斯坦对于一个妇女团体抗议其赴美访问所做的回应，收录于一九三四年《我的世界观》。

我从来没有遇过善良美丽的妇女同胞如此全面强烈的抗议声浪；

1 编者注：这里应指第一次世界大战。

纵使有的话，也没有一次遇过这么多的反对者。

然而，这些机灵谨慎的女性公民做得不对吗？为何要敞开自家大门，欢迎这个视资本家如仇寇的家伙？他痛骂资本家的狠相，活脱是从前克里特岛那只活吞希腊美少女的牛头怪？最过分的是，他还没格调，拒绝一切战争，除与妻子难以避免的战争外？因此，真的该注意这些聪明又爱国的妇女同胞，要记得罗马帝国的首都也曾经被大白鹅忠心地嘎嘎大叫而拯救了呢！

04 我眼中的世界

最初发表于论坛系列第十三届《生活哲学》，《论坛和世纪》第八十四卷第一百九十三至一百九十四页；亦收录于《生活哲学》一书，纽约西蒙与舒斯特出版社，一九三一年出版。

凡夫俗子的命运何等奇怪！一生在世短暂停留，虽然偶尔似有所悟，仍不知目的何在。但是无须多想，从日常生活里就可知道人是为了别人而存在，首先是为了让与我们紧密相依的人们幸福快乐，再来是许许多多不认识的人，因为同情的纽带使我们命运与共。每一天我都要提醒自己上百回，我的内在与外在生活都是靠别人的劳动而来，包括生者和前人；我必须认真努力，才能回馈所得的一切。我衷心向往俭朴生活，常常因为想到自己占用同胞过多的付出而感到不安。我认为凭借武力造成阶级分化，不仅不公不义，更是最要不得。我也相信，简单淳朴的生活对人人的身心都有好处。

我完全不相信哲学上的“个人自由”，每个人的行为不仅是受到外在驱使，更要符合内在需求。叔本华说：“一个人可以做他想做的事情，但是无法得偿所愿。”这句话自年轻时便对我启发甚大，不管是面对自己还是别人生命中的困顿时，它总是能带来安慰，永远是宽容的源泉。幸好有这份体悟，让人缓解责任的重担，避免对待自己和他人都过于严苛，有利于培养幽默的人生观。

客观上来讲，探究自我或所有生物存在的意义或目标，总是让我觉得很荒谬。然而，每个人都有某些理想，决定自我努力的方向与判断。在这方面，我从来不将安逸享乐视为人生目的，在道德上，我称那是猪的理想。一直以来，都是真善美的理想照亮我前方的道路，为我增添勇气，让我乐观面对人生。若是没有志同道合者的心灵相通，若没有全神贯注在客观世界上，即科学艺术领域永远达不到的境界，那么生命在我看来是空洞的。人类为富贵名利等世俗目标所做的种种努力，总是让我藐视。

长久以来，我对社会正义和社会责任都有强烈的感觉；另外，我明显地不需要与他人和社会有直接接触。两相对照之下，形成了奇怪的对比。我向来都是“独行侠”，从来没有全心属于国家社稷和亲朋好友，甚至是至亲。在面对这些关系纽带时，我向来维持距离感，也从来没有失去对孤独的渴求，而且这种感觉与日俱增。我深切体悟到，与别人的契合共鸣有其限度，但是对此不觉遗憾。当然，这会让人失去些许天真无忧，但是另外，这样可以在很大程度上摆脱受他人意见、习惯与判断的影响，避免受到诱惑而将内心平衡建立在这些薄弱的基础上。

我的政治理想是民主。让每个人都享有一个人应得的尊重，没有人受到偶像崇拜。然而命运很讽刺，我自己一直受到大家过度的赞扬推崇，这非我个人的功过造成的。追究背后的原因，可能是对于我以个人微薄之力，经过不断努力探究后得到几项观念，大家渴望了解却不得其门而入，才会造成对我的崇拜。我相当清楚，一个组织要达成目标，必须有人担任思考指挥的重责大任，但是接受领导的民众不可受到强迫，必须能够选择自己的领袖。在我看来，专制压迫很快就会瓦解，因为暴力总是吸引卑劣之徒，我相信暴君的背后必有乌合之众，这是亘古不变的道理。基于这点理由，我向来极力反对今天在意大利和俄国出现的制度。[1]今日，欧洲存在的民主形式之所以受到质疑，并不应该怪罪“民主”本身，而是缺乏稳定的政府与公正的选举制度。我相信，在这一方面美国已经找到正确的道路，因为美国的总统任期够长，有充分的权力真正履行职责。另一方面，我肯定德国政治制度对于照顾贫困病弱的民众，有较周延的规定。在生命盛会中，真正有价值的东西并不是政治上的国家，而是有创造性、有感情的个体与人格；唯有个人，才能有高尚卓越的创造，而群众本身在思想和感觉上总是迟钝的。

---

1 第二次世界大战期间，爱因斯坦承认他在战前很长一段时间受了反苏宣传的影响，之后他对这个问题的看法有一些改变。——编者注

讲到这里，让我想到群众生活中最糟糕的一种状况，那就是令我厌恶的军事制度。我觉得，一个人能够扬扬得意随着军乐队声在四列纵队里行进，单凭这一点就足以使我对他轻视。他能有个大脑，肯定是个错误，一根脊髓就可满足他的全部需要了。这种文明弊病应该尽快根除，听令行事、残暴不仁以及一切假借爱国主义之名的胡言乱语，实在让我痛恨到无以复加！战争对我来说，何等卑鄙下流啊！我宁可被碎尸万段，也不愿意沾染这种可恨的勾当。我对人类的评价很高，若不是政商利益团体通过学校和报纸把民众的头脑系统性地破坏了，戕害正确的判断，这种可怕的东西早该销声匿迹了。

我认为，人类所能拥有的最美丽的经验是神秘奥妙，这是真正艺术与科学起源的根本感情。凡不识神秘者，不再好奇惊叹者，眼神将黯淡无光，仿佛行尸走肉般。正是这种神秘奥妙的经验（纵使掺杂着恐惧），才会产生宗教：知道有某种我们无法看透的事物存在，观察到最深奥的理性、最耀眼的美丽，以最原始的形式直通我们心灵深处；正是这份体认和感动，衍生出真正的信仰。在这层意义上，而且唯有在这层意义上，我算是有虔诚信仰之人。我无法想象有一种神祇存在，会奖赏、处罚子民，或是像人类一样有“意志”存在；我不能，也不愿想象有人可以超越肉体死亡而存在，让那些脆弱的灵魂，不管是出于恐惧害怕还是自大无知，好好珍惜这种想法吧！至于我，面对生命永恒的奥秘，并能意识与窥见这个世界神奇巧妙的结构，自己又能全心投入探究彰显在自然当中的理性一角，纵使何其渺小，也都在令我心满意足啊！

05 生命的意义

取自一九三四年《我的世界观》。

人类生命的意义，或者说所有生物生命的意义是什么呢？想知道这个问题的答案，意味着要有虔诚的信仰。你问：提出这个问题有意义吗？我会回答：视自己与他人生命为无意义者，不仅不快乐，而且也不适合生存。

06 一个人的真正价值

取自一九三四年《我的世界观》。

一个人真正的价值，主要是由自我解放的手段和意义来决定。

07 善与恶

取自一九三四年《我的世界观》。

凡对提升人类生命与生活质量最有贡献的人，应当是最受爱戴的人，这点原则上是正确的。但若进一步问这些人是谁，会发现不小的困难。对于政治领袖或是宗教领袖，他们究竟为善还是作恶较多，常常让人很怀疑。因此，我真心相信为社会大众提供最好的服务的人，是提供大家可以用来自我升华的工作去做，从而间接使人们本身获得提升。这个道理最适合用在所有伟大的艺术家身上，但是某种程度上也适用于科学家。可以肯定的是，提升与充实个人素质的并非科研成果，而是那股求知欲——不论是创造性还是感受性的智力活动。因此，若仅凭《塔木德》的知识成果来判断其价值，肯定是不恰当的。

08 论财富

取自一九三四年《我的世界观》。

我十分确信，世上的财富无法帮助人类进步，即使是最想做到的人也办不到。以伟大高洁之士为榜样，才能将我们导向高尚的思考和行为。金钱只会诱发自私自利，而且难免招致弊端。

有谁能想象摩西、耶稣或者甘地，竟然揣着大富翁卡耐基的钱包吗？

09 社会和个人

取自一九三四年《我的世界观》。

当我们省视生活和工作时，很快会发现几乎所有的行为和欲望，都与他人的存在密切相关。我们会看到，人类本性和群居动物十分相像，我们吃别人生产的食物，穿别人缝制的衣服，住在别人建造的房子里。我们大部分的知识与信念是通过别人创造的语言为媒介，由别人传授而来；若是没有语言，我们的心智能力将会贫乏不堪，不过是高等动物而已。因此，必须承认我们之所以超越一般动物，主要优势就是生活在人类社会里。一个人若刚出生就离群索居，思考感情将停留在原始兽性状态，让一般人难以理解。一个人之所以为“人”，与其说是靠个人力量，倒不如说是因为身为伟大人类社会的一员，从出生到死亡，由社会指引我们的物质和精神生活。

一个人对于社会的价值，主要是看其思想、感情与行为如何促进人类生活。我们会根据一个人在这方面的态度，来判断他是好是坏；乍看之下，我们对人的评价仿佛完全以其社会素质为依据。

但是，细究下来并非如此。显然，我们从社会传承的一切珍贵成就，不论是物质、精神还是道德方面，都是无数世代中具有创造力的个人所带来的，有人发明用火，有人发明种植作物，有人发明蒸汽机。

唯有个体才会思考，并能为社会创造新价值，甚至建立新的道德标准，让公共生活得以遵循。若是缺乏能够独立思考判断的创造性个体，社会的向上提升无从想象，正如同缺乏社会土壤的滋养，个体人格的发展也无从想象。

因此，社会的健全与否相当程度上取决于组成个体的独立性，以及个体之间的社会凝聚力。有人说得对，希腊欧美文化的真正基础正是由个体解放与相当程度的孤立而来，尤其是光辉灿烂的意大利文艺复兴时期，更终止了中世纪欧洲的停滞不前。

现在让我们来看看这个时代：社会兴盛吗？个人进步吗？相较以前，现代先进国家的人口变得稠密，今日欧洲人口大约是一百年前的三倍，但是一流人才却不成比例地减少，只有少数人因为创新有成，成为家喻户晓的人物；团体组织在某个程度上取代了领导人物，尤其是在技术层面，在科学界也可以看到这种现象。

缺乏杰出人物的情况，在艺术范畴里尤其引人注目。音乐绘画明显退步了，对大众的吸引力大幅滑落。在政治上不仅缺乏领袖之才，公民的独立精神和正义感也都大幅滑落。以这种独立精神为基础的民主议会制度，在许多方面都发生动摇，也因为维护个人尊严与权利的意识不再强烈，使得独裁四处涌现，并且受到容忍。任何国家里绵羊般的民众，在两星期内就能被报纸煽动得群起激昂，准备穿上军服去杀人和被杀，其实只是为了少数政党利益的肮脏目的而战。在我看来，所谓的义务兵制是个人尊严沦丧中的可耻症状，让今日文明人类深受其害，难怪不乏先知预言人类文明或许会早早衰败。我并不是这样的悲观主义者，我相信更美好的时代终将到来，让我简单说明这份信心的理由。

我认为，现在的文明衰败之象是因为经济与科技的发展，使得生存竞争加剧，严重戕害个人的自由发展。不过，科技进步意味着为满足社会所需，个人必须付出的劳动会减少，同时迫切需要计划分工，为个人带来物质保障。这份安全感再加上个人能自由支配多出来的时间和精力，进而促成自我人格的发展。在这种方式下，社会可望恢复健康，也希望未来的历史学家能将今日社会的病痛，解释成人类怀有远大抱负，这不过是儿时病痛，一切都是因为文明发展过快所致。

10 新闻记者

取自一九三四年《我的世界观》。

被要求为自己一切所言所行公开负责，不论是开开玩笑、兴奋乱说还是一时气话，可能会让人觉得很不好意思，但至少算是合情合理。但是被要求为别人以自己的名义说的话公开负责，自己却无法辩驳，就是很可悲的处境了。你问："这种事会发生在谁身上呢？"嗯，凡是大众有兴趣的人，就会被记者追问。你笑说不相信，我却有够多的第一手经验可以娓娓道来。

想象一下这种情况：有一天早上一名记者来访，态度友善地请你谈谈朋友 N。起先，你当然觉得这种要求令人不悦，但是很快却发现无法推托。如果拒绝谈论，这个人会写道："我问某个应该是 N 最好的朋友，但是他小心回避问题，这让读者不免心生结论。”因此在无法推却的状况下，你这么说道：“N 先生是一个开朗直率的人，广受朋友喜爱。凡事他都能正面看待，工作勤奋努力，占据他绝大部分的精力。他热爱家庭，赚得的每分钱都献在妻子跟前……”

现在换记者的版本了：“N 先生嬉皮笑脸，有讨人欢心的本事，尤其刻意养成爽朗讨好的作风。他根本是工作的奴隶，完全没有时间思考跟自己不相干的事情，也无心动脑做其他事情。他宠溺妻子无以言喻，完全任凭掌控……”

在添油加醋方面，我远不如真正的记者。但是，我相信上面这段你和朋友 N 先生的例子用来说明我的观点就绰绰有余了。在第二天早上，他看了这篇和与其类似的报道，对你的愤怒无以复加，不管他的天性如何开朗亲切。对他造成的伤害，带给你莫名的痛苦，因为你真的很喜欢他。

我的朋友，接下来会怎么做呢？若是有答案，请马上告诉我，我才能赶紧照办。

II 祝贺一名评论家

取自一九三四年《我的世界观》。

用自己的眼睛去感受和判断，不受时尚风潮左右；能够以简单一句话，甚至巧妙一个字，来表达自己所见所思，那还不够光彩吗？不值得恭贺吗?

12 致日本学童

爱因斯坦于一九二二年访问日本，这段话发表于一九三四年《我的世界观》。

捎信向大家问候，我觉得特别有理由这么做，因为我曾亲自造访你们美丽的家园，参观大城小镇与游览山光水色；看到你们这些日本男孩子，热爱自己美丽的国家。一本厚厚的册子，里面都是日本小朋友的彩色图画，一直放在我的书桌上。

若你们从遥远的一方收到我的问候，请记得这是人类有史以来第一次，不同国家的人民能够友善地交流沟通，不像从前各国之间彼此漠视而不相来往，甚至在互相仇恨或恐惧中度过。愿这份互信互谅的博爱精神，日益滋长茁壮。记得我这位老人家从远方捎来的问候，希望有朝一日，你们这一代的表现会让我们上一代羞愧得无地自容。

13 时间胶囊之信

于一九三九年世界博览会。

我们这个时代充满发明家，各种发明大幅增进生活便利。我们使用引擎动力穿越海洋，也利用机械将人类从繁重劳累的工作中解脱。我们学会如何飞行，也可以用电波轻易将信息传送到世界各地。

然而，商品的制造、分配混乱失序，每个人都活在恐惧中，担心会失业穷困。此外，各国不时会互相争斗残杀，让人想到未来便担惊受怕。这是因为相较于极少数能为社会创造价值的人士，庸众在才智品性的差距实在是不可以道里计。

我衷心寄盼，后代子孙们读到这段信息时，已经解决了这些困难，因而能为自己的成就感到骄傲。

14 谈罗素的知识论

取自《当代哲学家丛书》第五册《罗素的哲学》，由席尔普编译自德文，一九四四年都铎出版公司（Tudor Publishers）出版。

当编辑请我谈谈罗素时，出于对这位作者的钦佩尊重，我不假思索答应了。读罗素的作品为我带来无数欢愉的时光，在当代其他科学作家当中，只有凡勃伦在我心中有同样的地位。但是，很快我发现答应容易下笔难，我对于谈谈罗素作为哲学家和认识论学家的角色，起初满怀信心，但随后立刻察觉自己涉危履险，这就是为何过去我都小心局限在物理学领域里。而物理学家面对当前的科学难题，促使他们比前人更深入去了解哲学问题。对这些困难的关注造就我在本篇文章的立场，不过我不打算在这里深入讨论这些物理难题本身。

在哲学思考的演变上，长久以来下面问题一直是重点：不涉及感官知觉，纯粹思维可以提供何种知识呢？到底有没有这种知识存在呢？如果没有的话，究竟我们的知识和感官印象提供的素材之间有何关系呢？针对这些问题以及几个紧密相关的问题，各种哲学见解可谓百家争鸣。然而，在这个成果极有限却奋勇向前的过程中，可以看见一种系统性的发展趋势：企图用纯粹思考来认识所谓的“客观世界”（与纯粹“概念与观念”世界相对的“事物”世界），实际上受到越来越多的质疑。在此说明一下，我借用纯正哲学家的做法，将这里不正统的概念都加上引号；虽然这些概念在哲学督察眼中仍然存疑，不过请读者暂时容忍。

哲学在发展初期，普遍相信纯粹思辨的方式可以知道一切事物。任何人只要暂时忘记后来从哲学与自然科学学到的东西，便不难理解为何早期有这种幻想；甚至于对柏拉图指称，若和实际可认识的事物相比，“观念”（ideas）是更高层的“真实”（reality），也不会令人感到惊讶了。即便是斯宾诺莎和后来黑格尔的时代，这种偏见也是一股活跃的力量，一直扮演重要的角色。甚至，有人会声称若是缺乏这种信念，哲学冥思就失去其根本意义了。但是，我们不希望在此涉入这个问题。

这种主张思考具有无限洞察力的幻想比较贵族化，相对而言，另一种平民化的幻想称为“朴素实在论”（Naïve Realism）。根据这派主张，事物本质就是通过我们感官察觉认识的那个样子，这种幻想支配人类和动物的日常生活，成为所有科学的出发点，尤其是自然科学。

这两种幻想无法分开解决。要克服朴素实在论向来相对简单，罗素在《意义与真理的探究》一书的导言中，以出奇简单扼要的方式归纳这个过程：

——《意义与真理的探究》——————我们都从“朴素实在论”出发，即“事物的本质即它们表象所呈现出来的样子”的原则开始。我们认为草是绿的，石头是硬的，雪是冰冷的。但是物理学让我们确信，草的翠绿，石头的坚硬，及雪的冰冷，并不是我们从自身经验中认知的翠绿、坚硬与冰冷，而是极不相同的东西。观察者认为自己在观察一颗石头，但若相信物理学，他其实是在观察石头对自己的相互作用。因而，科学看似自相矛盾：科学最大的意义在于客观，结果却不由自主陷入主观。朴素实在论导致物理学，如果物理学是正确的话，却证明朴素实在论是错误的；因此，如果朴素实在论是正确的话，它便是错误的，所以它是错误的。

撇开这种巧妙的说明方式不谈，这番话点出我从未想过的事情。表面上来看，贝克莱和休谟的思考模式似乎与自然科学的思考模式相抵触。然而，罗素上面这段话揭露一种关系：如果贝克莱相信，我们通过感官并非直接掌握外在世界的“事物”，而是只有与“事物”存在具有因果关系的事件才会进入感官，然而这种想法能有说服力，正是因为我们对物理思考模式具备信心；如果对物理的思考模式的基本特质都感到怀疑的话，就没有必要在客体与视觉动作之间插入任何东西，让客体与主体分开，而去质疑“客体的存在”。

然而，正是这种物理思考模式的成功，让我们对于以纯粹臆测性的思考（purely speculative thought）来了解事物与相互关系的信心产生动摇。人们逐渐认为对于一切事物的认识，不过是由感官素材加工而来；在这种笼统模糊（刻意为之）的形式当中，今日这种态度被广泛接受。然而，这份信念的依据，不是在于有人真的证明纯粹思辨无法获得对真实的知识，而是在于经验程序（empirical procedure）已经显示单单是它自身已足以成为知识的来源，伽利略和休谟率先明确支持了这项原则。

休谟看出，我们视为必要的概念（如因果律），无法从感官提供的材料中获取，这种见解让他对各种知识都抱持怀疑的态度。凡是读过休谟的著作的人会很惊讶地发现，他之后有许多哲学家，甚至是备受推崇的哲学家，竟写出如此晦涩不明的东西，而且还有读者欣赏。休谟对于后辈最优秀哲学家的发展，留下不可磨灭的影响。读到罗素的哲学分析时，让人感觉到休谟的存在，因为罗素表达时的简洁敏锐，常常让我想到休谟。

人类总是渴求明确的知识，这就是为何休谟明确的主张令人感到沮丧。他表示，感官素材作为我们知识唯一的来源，通过习惯或许能为我们带来信念和期待，但那不是知识，更不是对法则关系的认识。接着，康德带着一个观念登上舞台，虽然依他的表达形式肯定无法企及，不过这对于解决休谟的两难，即凡是起源于经验的知识永远无法确定（休谟），仍迈出象征性的一步。因此，如果有绝对明确的知识，那必定根植于理性。例如，几何学命题和因果原理，就被认为是这种情况。可以说，这类型的知识是思考工具的一部分，不需要先通过感官素材取得［即先验知识（a priori knowledge）］。现在，当然大家都知道这些概念并不具备康德所说的确定性和必要性。不过在我看来，康德有一点看法是正确的：若是从逻辑观点来看，我们必定要采纳与感官经验材料全然无涉且确定是“正确”的概念。

事实上，我相信甚至可以断言：我们思考与语言表达出现的概念，从逻辑上来看都是思考的自由产物，无法从感官经验归纳获得。这点并不容易察觉，因为我们习惯将某些概念与概念的关系（命题），理所当然地与某些感官经验结合，以至于没有意识到在感官经验的世界和概念、命题的世界之间，存在一条逻辑上无法横越的鸿沟。

例如，整数序列显然就是人类心智的一项发明，这种自创的工具可以简化某些感官经验的秩序，但是这种概念无法直接从感官经验产生。我在这里刻意选择“数”的概念，因为是属于科学前（pre-scientific）思维，还有其建构特征很容易看出来。不过，越是日常生活中最原始的概念，就越难从大量根深蒂固的积习中，认清这种概念是思考的独立创造，因而产生一种“要命”的想法（指了解这里的情况），认为概念是通过“抽象化”（删减部分内容）的方式从经验中产生。现在，我想说明为何这种概念是要命的。

一旦熟悉休谟的批判，便容易相信所有无法从感官素材推得的概念和命题，因为具有“形而上学”的特征，所以都要从思考中剔除；而一切思考唯有通过与感官材料的关系，才能得到实质的内容。我认为，后面这则陈述完全正确，但是依据它所做的思考准则却是错误的，因为只要贯彻这种主张，会把任何思想都当成“形而上学”而完全排除。

为了让思考不致退化成“形而上学”或是空谈，只要概念体系中有足够的陈述与感官经验有足够紧密的联系即可。再者，以利于整理与探查感官经验的任务为出发点，概念系统应该尽量简便、一致。不过除此之外，这种“体系”（逻辑上看来）不过是依照（逻辑上）任意规定的游戏规则，对符号进行自由操弄而已。这既适用于日常生活中的思考，同样也适用于更明确、有系统的科学思考。

现在，大家会比较明白我下面说的意思：休谟用清楚的批判，虽然决定性地推进了哲学发展，同时更造成一种危险。虽然这并非休谟之错，但是在他批判之后，矫枉过正而产生一种要命的“形而上学恐惧”，成为当代实证哲学的一种病症，并与早期虚无缥缈的哲学推理形成对比；先前的学派主张，感官提供的素材是可以忽略、抛弃的。

不论我们如何推崇罗素在最新著作《意义与真理的探究》中的精

辟分析，我仍然觉得“形而上学恐惧”的幽灵也在书中出现，造成了一定的伤害。例如，我认为这份恐惧导致人们将“事物”看成“一组特质”，而这些特质必须从感官素材中取得，如果有两个东西恰巧拥有所有相同的特质，就会被说成同一个东西，迫使我们将东西之间的几何关系也当成特质（否则，我们就不得不把巴黎的埃菲尔铁塔和纽约的摩天大楼，看成“同一个东西”了）[1]。然而，将“东西”（物理学的“物体”）当成一个独立的概念，与相关的时空结构一起放进系统里，我不认为会造成什么“形而上学”的危险。

在这本书中，我看到了罗素种种的努力，尤其是在最后一章中，他终于指出我们毕竟不能没有“形而上学”，这点让我特别感到高兴。然而，对于他在字里行间闪现知识分子错置的道德责任，我却不以为然。

15 数学家的心灵

为数学家阿达玛的著作《数学领域中的发明心理学》（普林斯顿大学出版社一九四五年出版）所写的一篇证言。

法国数学家阿达玛进行数学家的心理研究，欲了解数学家在研究时的心智运作。以下是两个问题，以及爱因斯坦的回答。

1 原注释：比较罗素的《意义与真理的探究》，在一一九至一二〇页“正名”该章。

问题 知道下列这些问题的答案，对心理学研究会很有帮助：数学家的内在或心智图像，以及会利用哪种“内在语言”，是否会根据研究主题，使用不同的运动、听觉、视觉方法，与其综合呢？

特别是在研究思考上，这些心智图像或内在语言是以完全意识（full consciousness），抑或是边缘意识（fringe consciousness）的方式呈现呢？

爱因斯坦的回复

亲爱的同仁：

以下我想要尽我所能，简明回应您的提问。我对自己的答案不尽满意，若是对您这份有趣又困难的研究有所帮助的话，我乐意回答更多的问题。

（A）不论写或说的文字或语言，似乎在我的思考机制中并未扮演任何的角色。充当思考元素的心理实体似乎是某些符号以及隐约清楚的图像，可以“随我意愿”再现与组合。

当然，这些元素与相关的逻辑概念之间具有一定的关联。而且很清楚，我心里有一股欲望，希望最终能获得逻辑相通的概念，这是我与上述元素之间进行的隐晦互动（play）的情感基础。不过，从心理学的角度来看，在用可以与别人沟通的文字或符号，依逻辑建构出关联之前，这类结合活动似乎是创造思考的基本特征。

（B）就我的情形来说，上面提到的元素是视觉与一些动作类型。

只有在第二阶段，当上面提到的联想活动充分确定并且可以随意再现时，才值得花费力气寻找惯用的词语或符号来表达。

（C）从上，我与上述元素之间的互动的目标，是要用来与吾人所寻求的某些逻辑关联做模拟。

（D）视觉和动作。在我的情况中，词语介入的阶段完全属于听觉元素，但是这些只发生在上述的第二阶段。

（E）就我看来，您所说的“完全意识”是永远无法完全达到的极限。据我所知，这似乎与“意识狭隘性”（Enge des Bewusstseins）有关。[1]

16 国家和个人良知

致“科学社会责任协会”的公开信，发表于一九五〇年十二月二十二日《科学》第一百一十二卷第七百六十页。

亲爱的科学家同事们：

如果在政府的命令下或是因应社会期待所从事的活动，而个人的道德良知却认为是错误的事情时，应该怎么办呢？这的确是一个老问题。我们很容易声称，因为个人完全依赖所生活的社会，自然必须接受其规则，对于不可抗拒下遭强迫的行为，个人不该承担责任。但是，

---

1 补述：魏泰默教授曾试图研究再现元素的单纯关联或组合，相较于理解（organisches Begreifen）之间的差别，至于他的心理分析是否抓到要点，我无从判断。

此番论述明显点出这概念如何抵触了我们的正义感。

外在的强迫在某种程度上可以减轻个人的责任，但是永远无法完全抵消，在纽伦堡审判中这个想法不证自明。我们的制度、法律和习俗中的重要道德成分，可追溯到无数个人对正义感的诠释和累积，除非受到个人责任感的支持，否则无法发挥道德作用。因此，努力唤起并加强个体的责任感，对于人类来说是很重要的贡献。

在我们这个时代里，科学家和工程师肩负特别沉重的道德责任，因为他们的所作所为决定了大规模毁灭性武器的发展。因此，我觉得“科学社会责任协会”的成立正符合实际需求。在协会中借由讨论各种固有的问题，能够让个人更容易想清楚，对于本身的立场有明确的定位。再者，对于因为追随良知而面对困境的人，彼此加油打气也是相当重要的。

17 致李奥·贝克的献词

取自庆祝李奥·贝克[1]八十岁寿诞的两册纪念文集，出版于一九五三年五月二十三日。

我谨向此人致敬，他一生乐于助人，不知何谓恐惧，攻讦怨恨皆远离其身。这是伟大的道德领袖，为人类在自作自受的苦难中捎来安慰。

融合智慧与权势的尝试罕见成功，或者转瞬成空。

1 编者注：著名的德国犹太教拉比、学者、神学家。

通常我们不愿意说别人很聪明，除非对方是敌人。

极少人能够泰然自若地表达与社会大环境意见相左的看法。大多数人甚至无法形成这样的想法。

多数蠢人在一切时候都是无敌的，并且总能稳操胜券。所幸，其暴虐无道因各自为政，势力稍见消减。

要成为一群羊中纯洁安分的一分子，首先要当一头羊。

一个人脑海里永远安然并存的一切冲突与矛盾，使得所有乐观者与悲观者的政治体系皆成幻影。

谁敢标榜自己是真理与知识领域里的裁判，将受众神讥笑至死。

在观察与理解中获得的乐趣，是大自然最美丽的恩赐。

关于自由

18 论学术自由

事涉一九三一年的岗贝尔教授一案。这位德国海德堡大学教授，勇于挺身揭发德国纳粹与极右翼分子发起的政治暗杀行动，结果受到暴力攻击，尤其是来自右派学生；收录于一九三四年《我的世界观》。

学术讲座何其多，睿智高尚的夫子却少见；学术殿堂何其大，热切渴求真理正义的学子却稀有。自然造物比比皆是，但是上选之才却无比珍稀。

我们明知这点，为何还要抱怨呢？过去如此，未来还不是都一样？当然，我们必须接受自然的安排，但还是有所谓“时代精神”的存在，即一代人的精神特质，彼此传承而为社会带来独特的标记。因此，我们每个人都要尽到自己的一份责任，提升并改造时代的精神。

让我们以百年前令大学里年轻人朝气蓬勃的精神，与今日做对比。以往，人们相信人类社会会改善升华，尊重每份真挚的想法，并且保有伟大思想家曾经献身奋战的宽容精神。当时人们追求更大的政治体，时人称之为“德国”，且是大学里的师生让这些理想存活。

如今，社会也渴望着进步，迈向宽容与思想自由，朝向更大的“欧洲”政治体。然而，大学生和教授已不再投入实现人们的希望与理想了。任何冷静清醒看着这个时代的人们，都必须承认这点。

我们今天聚在这里省视自身。这次聚会表面上的理由是为了岗贝尔教授的案子，这位正义使者以勤奋敦勉、崇高勇气和公正表率，执笔揭发未受惩罚的政治罪行，以写书立论为社会提供了不起的贡献。然而，如今他却沦为学校里不少师生极欲排挤驱逐的对象。

政治激情不容如此逾越过分。我深信，每个人虚心拜读岗贝尔先生的文章过后，会与我有同感。若是想要打造健全的政治社会，像他这样的人才是不可或缺的。

希望每个人用自己的双眼做裁判，而不是道听途说。

若是这样，岗贝尔教授的案子纵使没有好的开始，至少最后还会发挥正面影响。

19 法西斯主义和科学

致一九二五年到一九三二年在墨索里尼时期担任司法部长和教育部长的罗科的一封信，收录于一九三四年《我的世界观》。

亲爱的部长先生：

意大利两位极受推崇的著名科学家，在受良心折磨之下找到我，请我写信给您，目的是请您尽可能防止当今意大利学者所遭到的严酷折磨，我指的是对法西斯体制宣誓效忠的问题。请求您劝告墨索里尼先生，莫让意大利的智慧之花受到这等屈辱。

不管我们的政治信念如何不同，但是我知道我们有一点基本共识：我们都赞赏欧洲知识分子的卓越成就，从中看到人类最高的价值。这些成就是以思想与教学的自由为基础，奠定在渴求真理胜于一切欲望的原则上。正是这点基础，让欧洲文明自希腊崛起，在意大利文艺复兴时期欢颂重生。这是我们最珍贵的财产，是由圣贤先烈的鲜血换取而来的。因为他们的牺牲奉献，意大利至今仍然受到尊崇敬爱。

我无意与您争辩，有哪些国家的理由可以正当化对民众自由的侵犯。但是对科学真理的追求（与日常生活实用无涉），应该受到各国政府神圣对待；而对于所有忠心侍奉真理的仆人来说，其神圣不可侵犯也是国家的最高利益。毋庸置疑，这也攸关意大利国家的利益，以及她在世人眼中的声誉威信。

20 论自由

取自《自由之意义》一书，由安逊编辑，纽约哈科·布列斯公司于一九四〇年出版。

我知道，辩论基本的价值判断是一桩吃力不讨好的差事。例如，如果有人主张将人类从地球上消灭，那么我们将无法以纯理性的立场来反驳这种观点。但是如果对某些目标或价值有共识，就可以理性探讨达成这些目标的方法与手段。下面要指出两个目标，这里的读者应该都会同意：

第一，用来维持人类生活与健康的物资，都应该以最少的劳动力来生产。

第二，满足物质需求确实是美满生活不可或缺的先决条件。但是光这点还不够，为了得到内心满足，也应该能够根据自己的特点和能力，尽情发展才智艺术潜能才对。

第一项目标需要增进所有知识，包括自然法则与社会发展法则，也就是促进所有科学研究。科学研究是浑然一体的，各个部分以某种方法互相支持，只是我们还无法完全预期。然而，科学进步的前提要件是所有结果意见都具有自由流通的可能性，也就是在所有知识研究的范畴里具有表达与教学的自由。我所理解的自由是指一种社会条件，它允许一个人可以表达对一般原则或特例的见解看法，而不至于为他带来危险或重大不利。这种交流的自由，对于科学知识的发展推广，具有不可或缺的实质帮助。首先是这份自由必须由法律保障，但是光靠法律无法确保言论自由，为了使每个人都能表达自己的看法而不受罚，所有人都需要具备宽容的精神。这种外在自由的理想永远不可能完全落实，但若是想要让科学思考、哲学与创意思考等都能尽情发展的话，便必须孜孜不停地追求这份理想。

若要实现第二个目标，即让所有人的精神发展都受到保障，则第二种外在的自由（outward freedom）是必要的。人们不应该为了满足生活所需，而工作到没有时间或精力做自己的事情。若是缺乏这第二种外在的自由，言论自由也没有作用。如果合理分工的问题能够解决，科技的进步可望提供这种自由。

科学发展与精神创造活动还需要另一种自由，可称为内在的自由（inward freedom）。这种自由的核心精神是独立思考，远离独裁威权与社会偏见的囿限，也不会受到违背哲理的常规习惯所影响。这种内在的自由是一种大自然少见的赐礼，也是值得个人努力的目标。不过，社会也可以促其发展，至少不要干涉阻碍。例如，学校可能通过权威影响，以及加诸年轻学子过度的精神负担，而干扰到内在自由的发展。反之，学校也可能借由鼓励独立思考，而促进这份自由。唯有经常主动追求外在与内在自由，精神发展与完备才有可能，也才能提升人们的外在与内在生活。

21 获罗德&泰勒奖感言

一九五三年五月四日广播播出。

我欣然接受这个奖项作为美好友谊的象征。一个不妥协、不合作的分子，因为固执而受到热烈表扬，真的让人异常欣喜。而且，我是在一个安全的“冷僻领域”不妥协，至今还没有参议委员会觉得极需打击这个领域当中威胁到一般民众之内在安全的危险。

至于加在我身上的赞美之词，我得小心不要反驳，因为至今还有谁相信真的有“谦虚”这种东西呢？我应该冒着被称为老伪君子的风险就好，当然你们了解我并没有勇气担当这种风险。

因此，我唯一想表达的就是我对你们的谢意了。

22 现代审问制度

致信于纽约布鲁克林一名曾拒绝在国会做证的教师威廉·佛恩格列斯，刊登于一九五三年六月十二日《纽约时报》。

一九五三年五月十六日

谢谢来信。所谓“冷僻领域”，我指的是基础理论物理。

眼前这个国家的知识分子面临的问题十分严峻，政客在大众面前无中生有、搬弄是非，成功灌输大家怀疑一切知识活动的论调。至目前为止，他们的诡计得逞了，现在更进一步打压教学自由，若是不顺从屈服的话，便拔除职位，让不听话的人无以为继。

属于少数的知识分子应该如何对抗这等邪恶呢？坦白说，我认为只有甘地采取的不合作的革命方式才行得通。每一个被召到委员会面前的知识分子，应该拒绝做证，也就是说必须准备好坐牢与面临经济困顿，牺牲自己的福祉，以换取国家文明的福祉。

然而，拒绝做证者不该援引大家熟知的宪法第五修正案“避免自证其罪”为由，而是应当主张对于没有过错的公民，要求他屈服于这种审问是可耻的，而且这种审问违反宪法的精神。

若有足够多的人愿意迈出这严正的一步，他们将会获得胜利。否则，这个国家的知识分子面对为他们量身打造的奴役，是咎由自取。

备注：这封信不必被视为“机密”。

23 人权

一九五四年二月二十日对芝加哥十诫学会的演讲。

各位女士先生：

你们今日开会，共同关注人权的问题。在会上，你们决定颁奖给我，当我得知消息时，为这个决定有点伤感。因为当一个组织找不到更适当的人选来给予肯定时，是何其不幸呢？

漫漫一生，我投入所有研究的心力，渴望对物理真实结构有更深入的了解。我从来没有倾力改善人类的命运，或是挺身对抗不公不义，改变人类关系的传统形式。长期以来，我唯一做的事情是，只有当我觉得某些公共事件很糟糕或是很不幸时，才会表达自己的意见，因为保持沉默让我有罪恶感，好像是共犯同谋。

人权的存在与维护并不是从天上掉下来的。随着历史发展，先圣先贤构思出做人处事与良好社会结构等理想，并传授教导我们。这些理想信念是从历史经验的酝酿中累积而来，也是从人类对美与和谐的渴望中孕育而生，理论上大家都容易接受，然而自古至今，却因人类动物本能的反扑，总是受到践踏。因此，历史上充满了为人权奋斗，而且是永无休止的奋斗，永远无法赢得最终的胜利。然而若因此厌倦这番奋斗，将意味着社会的毁灭。

今天我们要谈论的人权，主要指以下的诉求：保护个人免于他人或政府恣意侵犯；保障工作权以及确保适当的报酬；沟通与教学的自由；个人对政府组织能充分地参与。虽然现今这些人权保障在理论上都获得了承认，但是却因为种种法律上或形式上的手段，遭受的摧残侵犯甚至比上一代还严重。还有另一项人权很少被提及，但却非常重要，即个人有权利和义务不参与自己认为是错误或是有害的事情，其中最重要的是拒绝服兵役。我知道有些具有非凡道德勇气和正直的人士，因为这点与国家机关发生冲突。审理德国战犯的纽伦堡审判，即默认这项原则：因执行政府命令而犯下的罪行无法免除，个人良知应超越国家法律权威。

今日，我们主要争取的是政治信仰的自由，以及讨论与教学研究的自由。在美国，因为恐惧共产主义而采取的种种手段，已经让世人无法谅解，并让我们国家受到嘲笑。对权势饥渴而试图以这种方式掠取政治利益的政客们，我们还要容忍多久呢？有时候，这些人似乎已经失去幽默感，以至于法国人所谓的“嘲笑到死”对他们来说也不痛不痒了。

论宗教

24 宗教与科学

为纽约《时代杂志》撰写，刊于一九三〇年十一月九日第一页至第四页；德国版刊于一九三〇年十一月十一日《柏林日报》。

人类所做所想的一切，都与内心深处感觉的满足与痛苦的减轻有关。希望了解精神层次的运动与发展的人，一定要谨记这点。感情与需求是人类一切努力与创造背后的动力，不管这些努力与创造外表看起来如何崇高。那么，是什么样的感情和渴求将人们带向最广义的宗教思想与宗教信仰呢？只需想一下，便足以明白是各式各样的感情产生了宗教思想与经验。在原始人心里，最主要是“恐惧”引发宗教观念，包括对饥饿、野兽、疾病和死亡的恐惧。因为在这个阶段，对因果关系的认识通常极为粗浅，人类心灵造出想象的东西多少与自己相似，而各种令人恐惧的事情，便是根据这些东西的意志和行动而产生的。因此，人们为确保赢得喜爱，就根据代代相袭的传统进行仪式或是献祭，讨好它们，或是让它们对凡人大发慈悲。在这层意义上，我称这为恐惧式宗教（religion of fear）。虽然并非由特定人士创造，但是恐惧式宗教慢慢形成一个特殊的僧侣阶级，以此获得了必要的稳定性；在人类与害怕的神鬼之间，这些僧侣阶级将自己设定为中间人，并借此建立权势。在许多情况下，位居领导、统治或是权贵阶级的人士，为了巩固世俗权力，于是将统治权力与祭司功能结合；有时候，则是统治阶级与祭司阶级为了各自的利益，两方势力互相结盟。

社会需求是形成宗教的另一项来源。父母与领袖免不了死亡与犯错。对指导、关爱与扶持的渴求，让人们形成上帝这个概念中的社会或道德面向。它是神的国度（God of Providence），它会保护、处置、奖赏和惩罚。根据信仰者有限的想象力，上帝爱惜部落或人类的生命，甚至是生命本身；他是人们伤心难过或愿望无法满足时的安慰者；它保守死者的灵魂。以上这些，都是社会或道德的上帝概念。

犹太经典将从恐惧式宗教到道德式宗教的发展，做了巧妙的说明，这种发展在《新约》中持续可见。所有文明人的宗教，特别是东方人，主要都是道德宗教。从恐惧式宗教发展到道德式宗教，是人类生活的一大进步，然而，认为原始宗教完全根植于恐惧，文明人的宗教纯粹建立在道德上，则是一种偏见，我们必须提防。事实上，所有宗教多少都混合了这两种类型，差别在于当社会生活水平提高时，道德宗教居主流地位。

这些类型的宗教共通点在于上帝概念的拟人化。一般而言，只有资质非凡的个人或是整体层次特别高的群体，才能超越这类层次。但是有第三个阶段的宗教经验属于这些人，尽管很难找到一种单纯的形式，我称之为宇宙宗教情怀（cosmic religious feeling）。我觉得，要和完全没有这种经验的人解释清楚这种感觉是非常困难的事，特别是这类宗教没有对应的人格化上帝存在。

有些人感觉人类的欲望目标都无足轻重，却感受到自然界和思考世界中展露的崇高升华与奥妙秩序。他觉得个人存在仿佛是一种“监狱”，他想要感受整个宇宙。宇宙宗教感情在人类早期发展阶段已见萌芽，如在《诗篇》和一些犹太先知那里都可发现；佛教包含这种元素更为强烈，在西方通过叔本华精彩的介绍便可得知。

历来宗教天才都是因为抱持这种宗教情感而特别突出，在他们心中没有所谓的教条，或是以人的形象想象而成的上帝，自然也不会有教会拿来当中心教义宣扬。因此每个时代，在异端分子中都可以找到充满这种最高宗教情感的人士，许多时候他们被同时代的人视为无神论者，有时候则被称为圣人。以这种眼光看来，德谟克利特[1]、阿西西的圣方济[2]和斯宾诺莎[3]都是极为类似的人。

既然没有明确的上帝观念，也没有神学存在，那么宇宙宗教情感该如何传承表达呢？在我看来，唤醒这份感觉并保持蓬勃生气，正是艺术和科学最重要的功能。

到这里，我们可以把科学和宗教做关联，结果与一般认知大相径庭。从历史来看，人们总是倾向于将科学和宗教当成势不两立的敌人，

---

1 编者注：早期的希腊哲学家，也是最早提出原子论的西方哲学家。

2 编者注：公元十二、十三世纪的天主教修道士。

3 编者注：公元十七世纪时的犹太裔荷兰哲学家，以其提出的泛神论而留名，著有根据欧几里得几何学的形式所写的《伦理学》。

理由很明显。一个人若是彻底接受因果法则的普适性，也就是对因果假说完全认真的话，片刻也受不了有上帝存在会干涉事件发展的想法。这种人不需要恐惧宗教，也不用社会或道德宗教。一个会奖赏处罚的上帝，对他来说简直匪夷所思，理由十分简单，一个人的行为是受到内部和外部的必然性所决定的，即使上帝也不能叫个人对自己的行为负责，如同无生命的物体不能为发生在它身上的运动负责一样。有人因此指控科学危害道德，但这并不公平。一个人的道德行为应该是建立在同情心、教育、社会关系和需求上，并不需要任何宗教基础。若是一个人为了害怕死后受到处罚，又希望死后获得奖赏，才来约束自己的行为，那就太可悲了。

因此，不难看出为何教会总是与科学对抗，并且迫害热衷从事科学研究的人。另外，我坚信宇宙宗教情感是科学研究最崇高强烈的动机。只有献身努力让理论科学获得开创发展的人士，才能掌握这份感情，他们光靠这股力量投入与现实生活几乎毫无关联的研究工作中。例如，为解开天体运行的力学原理，开普勒和牛顿投入多年孤独的研究，他们是多么深信宇宙的合理性，多么渴望了解浩瀚世界透露的几许心思，才能办得到啊！若是主要从实际结果来认识科学研究的人，常会对上述这些人的心态得出完全错误的看法。这些人面对周遭世界的怀疑，却为世代具有同样情怀的人们指引道路。唯有也献身相同目标的人，才会深切体会到底是什么力量鼓舞启发这些人，赋予他们坚定不移的志向，不管面临多少次的失败。我认为，正是宇宙宗教感情给予这种人动力，当代有人说得很中肯，在这个物质主义充斥的时代，只有认真严肃的科学研究者是信仰最虔诚的人士了。

25 科学的宗教精神

取自一九三四年《我的世界观》。

我们很难在认真做研究的人当中，找到不具宗教情怀的人，但是这与一般普罗大众的宗教信仰并不相同。对于凡夫俗子来说，大家都想蒙受上帝的垂怜厚爱，又害怕恐惧它施加惩罚。这种感觉类似于小孩对父亲的感情升华，对于上帝，人们与它在某种程度上建立起了一种私人关系，不管它被渲染得多么令人敬畏。

但是科学家却衷心相信普遍的因果关系，认为未来和过去一样，每一分都是必然和确定的，而道德不是神圣的东西，纯粹是人的事情。这份宗教情感呈现出来的，是对自然法则的和谐感到惊叹，自然所显露的高超智慧，让人类一切的系统思考与行为都显得微不足道。这种感觉是科学家生活和工作的指导原则，只要他能成功摆脱自私与欲望的枷锁束缚。无疑地，这与历代宗教领袖怀抱的感情极为相似。

26 科学与宗教

第一部分于一九三九年五月十九日发表于普林斯顿神学院，收录在一九五〇年《晚年文集》。第二部分出自“科学、哲学、宗教与民主生活方式关系会议”，一九四一年在纽约出版成文集《科学、哲学和宗教研讨会》。

I

在十八世纪末叶与十九世纪，人们普遍认为知识和信仰之间有无法妥协的冲突。在先进之士的心中流行一派见解，主张应该是由知识逐渐取代信仰的时候了，未以知识为根据的信仰称为“迷信”，必须加以反对。根据这派主张，教育唯一的功能是开拓思考与知识的道路，而学校是民众受教育最主要的机关，应当专门为此而设。

在这种粗糙包装中，理性的成分几希。因为任何明智的人，可以立刻看出这派观点的立场过于偏颇。但是，如果要将事情本质搞清楚的话，赤裸直爽也有它的好处。

没错，信念最好受到经验与清楚的思考支持。在这点上，我们应该全然同意极端的理性主义者。然而，其缺点在于对于人类的行为和判断至为关键的“信念”，无法只用这种硬邦邦的科学方式找到。

因为，科学方法只能告诉我们事实之间的相互关系，超出之外的没办法。对于客观事实的探究属于人类最高层次的能力，你当然不会怀疑我想要贬低人类这方面的成就和努力。但是同样清楚的是，知识不会指导我们“应当”怎么做；一个人可以对于事物拥有最清楚完整的知识，但却不能导出什么才是人类“应当”追求的目标。客观的知识提供我们达成目标的有力工具，但是终极目标以及实现该目标的渴望必须有另外的来源。唯有设定目标与对应价值后，人类的生存与作为才会获得意义，这点应该不证自明。获得真理真是感觉美妙无穷，然而却极少能作为引导，甚至不能证明我们对真理的渴望与追寻是正当且有价值的。因此，在这方面纯理性概念受到根本的限制。

但是，我们也不该认定理智思考对于订立目标与道德判断不具有作用。当我们了解到为了达到一项目的，某些手段将会有用时，手段本身也变成一种目的。理智让我们认清楚手段和目的之间的相互关系，但是仅凭思考，无法让我们掌握终极与根本的目标。在我看来，让这些基本目标与价值清楚浮现，并快速融入个人的感情里，正是宗教对人类社会生活提供的最重要的功能。如果有人问，为何这些基本目标具有正当性？既然无法仅凭理性来陈述证明，我们只能回答说：在一个健康的社会里，这些基本目标是强大的传统，它们作用在个体的行为、志向和判断上；这些基本目标是有生命力的存在，不必为其存在寻求正当性。这些基本目标不是样品展示般的存在，不是以强大的人格特质为介质而彰显。我们不该强加证明，而是应简单明确地感受它们。

我们的志向和判断的最高原则源自犹太 / 基督教传统。这是非常崇高的目标，凭我们微薄的能力，所能实现的非常有限，但是却为我们的目标和价值观提供确实的基础。若是将其目标从宗教形式中抽离出来，仅看其纯粹人性的一面，或许可以表述如下：赋予个人自由与负责任发展的空间，才能让他自由快活地运用一己之力，服务全人类。

在这里，不容将国家或某个阶级奉为神圣，更不能将个人奉为神圣。正如同用宗教的话说：我们所有人不都是天父的孩子吗？的确，纵使将人类当成一个抽象的整体而奉为神圣，也不符合该理想的精神。只有个人才有灵魂，而个人崇高的天命是服务而非统治，或是以任何方式把自己的意愿强加给他人。

如果取其实质而非形式，也可以将这些话用来阐述基本的民主立场。真正的民主人士就像我们所谓真正有信仰的人士一样，能够尽可能少地崇拜他的国家。

那么，在这方面教育和学校的功能何在呢？我认为应该帮助年轻人培养一种精神，让这些基本原则对他来说如同呼吸的空气；仅凭教导，显然不足。

若是仔细看待这些崇高的原则，并将其与我们这个时代的生活与精神相比较，会明显发现现代文明人类正处于危机当中。在极权统治的国家，统治者无所不用其极，残害这种人本精神。在情况稍好的地方，则是极端民族主义当道、严苛不讲宽容。用经济手段压迫个人的国家，也对这些最珍贵的传统威胁扼杀。

不过有识之士已经意识到巨大的危险正在蔓延，力求在国内与国际政治领域、立法与一般组织范畴中寻找应对之道。毫无疑问，我们极度需要这样的努力。然而，我们似乎忘记古人知道的一件事，那就是如果缺乏昂扬振奋的精神，一切方法终究不过是虚有其表的工具。如果我们心中渴望达成目标的动力够强大，那么就不会缺乏达成目标的方法，并且化为行动。

II

我们所了解的“科学”是什么，并不难达成共识。科学是我们长久以来企图以系统化思考，努力将这个世界可感知的现象尽可能彻底地联系起来。大致说来，就是用“概念化”的过程，尝试将事物的存在进行后验重建（posterior reconstruction）。但是当我问自己“宗教”是什么时，就无法轻易作答了。纵使我当下找到一个满意的答案，我还是觉得无论如何，都无法涵盖曾经深思过这个问题的人们所提出的各种想法。

因此，在探讨“宗教是什么”之前，我想先问那些在我看来是虔敬的信徒究竟有怎样的心理特征。我认为，一个受到宗教启发的人会尽最大的努力让自己从私欲羁绊中解放出来，脑海中充满着思想、感情和抱负，为这些超越个人的价值而奋斗不懈。我觉得，重要的是这份超越个人内涵的力量，以及对它深远意义的坚定信念，而不在于是否企图将这份内涵与某个神祇结合，否则释迦牟尼与斯宾诺莎就不算是宗教人物了。因此，一个有信仰的人士之所以虔诚，是指他深信超越个人的目标之崇高与重要，这些目标不需要，也不可能具有理性基础，但是其存在如同个人存在般是必然与实在的。在这层意义上，宗教是人类长久以来的努力，想要清楚完整地掌握这些价值与目标，并不断扩大其影响。若是根据这些定义来看待宗教与科学，那么两者之间似乎不会有冲突。因为，科学只能确定“是什么”，而非“应该是什么”。在科学的范畴之外，仍然必须对各种判断进行评价。另外，宗教只涉及人类思考行为的评价，无法指明事实之间的关系。因此，过去以来大家所谓的宗教和科学冲突，应该说是对上述情况的错误理解。

反过来说，若宗教团体坚持《圣经》上一切记载都是绝对的真理，就会发生冲突，因为这意味着宗教介入科学范畴，教会针对伽利略和达尔文学说进行迫害就属这种情况。另外，科学界的代表人物经常根据科学方法，针对价值与目的做出根本的判断，这样就与宗教发生对立，这些冲突都是源自致命的错误。

现在，纵使宗教和科学领域泾渭分明，两者之间仍然存在牢固的依存关系。虽然宗教可以决定目标，但是从最广义的层面来说，宗教还是从科学中学到哪些方法可以促成目标的达成。另外，只有全心渴望追求真理与知识的人才能创造科学，然而这种感觉却是从宗教范畴涌现的。这里也有信仰的成分存在，即相信世间的法则是合乎理性的，也就是可以由理性来理解。我无法想象一个真正的科学家不具备这种深刻真挚的信仰。这种情况可以打一个比喻来形容：科学没有宗教是跛足的，宗教没有科学则是盲目的。

虽然我在上面断言，宗教和科学情怀实际上不存在冲突，但是我必须在一个重要的地方加以保留，这里涉及历史上宗教的真实内涵。

此处的保留与“上帝”的概念有关，在人类精神进化的初期，人类以自己的形象想象创造上帝，认为其意志运作会决定或影响到表象世界。人类企求改变神明的意向，借由巫术或祈祷的方式，希望一切对自己有利。现代宗教教义中的上帝概念，就是将古老神祇的概念予以升华，如人类向神明祈求实现愿望，就是拟人化特性的表现。

当然，想象有一个万能、公正、仁慈与人格化的上帝存在，无疑能够为人们带来安慰、帮助和指引；再者，这个简单的概念有一个好处，让大多数智慧未开的民众也容易接受。但是，另外，这种概念本身也具有关键弱点，而且自古以来便让人痛苦不安，那就是如果神是无所不能的，每件事情包括每个人的行动想法与感觉抱负等，也都是神的工作，那么在万能的神面前，如何期待人要为自己的行为思想负责呢？因而，在施行奖赏处罚时，神多少都要变成奖惩自己，那么这如何符合它所具有的仁慈公正呢？

今天宗教和科学领域的冲突，主要来源于“拟人化上帝”的概念。科学目的在于建立通则，决定物体和事件在时间和空间中的相互关系。对于这些自然规则或定律，绝对普适性是必要的，尽管它不能被证明。这主要是一种计划，严格来说这种计划能否实现，目前只建立在部分成功的基础上。但是，几乎没有人会否定这些部分成功的真实性，而声称这是自我欺骗的结果。基于这些自然法则，我们能够精准预测一定范围内随时间变化的现象，纵使大众对于这些法则的内容所知极为有限，但它也深植在现代人的意识里。想想看，以几道有限的简单法则，便能对太阳系的行星轨道预做精准的运算。同样地，虽然没有那么精准，但还是可能事先算出电动马达、传输系统以及无线装置的运作方式，甚至是处理更新奇的事物也一样成功。

当然，当一个复杂的现象牵涉过多的因素时，大多数时候科学就没有办法了。以天气为例，纵使要提早几天预测都不可能。然而，没有人怀疑我们面对的是一种因果关系，且起因成分多为已知。这个领域的现象之所以超出准确预测的范围，是因为各种作用因子庞杂，而不是自然缺乏秩序的缘故。

对于生物范畴的法则，我们的考察不算深入，但是仍然足以让我们感觉到必然性的支配，如遗传的规律有序，以及毒物（如酒精）对有机体行为的作用。这里欠缺的仍然是对通则关联的掌握，而不是对秩序本身的认识。

一个人若越相信一切事物皆规律有序（ordered regularity），便越会坚信这种有秩序的规律就是全部，不再有空间留给本质不同的因素作为事物的起因。对他而言，无论是人的支配还是神的支配，都不是自然事件的独立起因。当然在现实中，对于人格化上帝会干涉自然事件的教义，科学永远无法完全驳倒，因为这种教义总是能够躲进科学知识尚未能涉足的领域里。

但是我相信，部分宗教人士这样的行为不仅不值得，同时也是错误的。因为无法光明正大，只能躲在黑暗里生存的教义，会对人类进步造成数不清的伤害，必定会失去对人类的影响力。为了美好的道德而奋战，宗教导师应当有魄力放弃人格化上帝的教义，也就是放弃恐惧与企盼的源头，虽然这在过去给予神职人员莫大的权力。他们应该努力孕育人性中的真善美。确实，这是更困难的任务，但是绝对更有价值。[1]在宗教导师修炼与精进自身之后，他们肯定会快乐地体认到：通过科学知识，真正的宗教已提升境界，变得更崇高深奥。

如果宗教的目标之一，是尽力让全人类从自私自利与害怕恐惧中解脱，那么科学知识还可以在另一方面帮助宗教。固然，科学的目标在于发现通则，提供事实的关联与预测，但这并非唯一的目标。科学也要设法将发现的各种关联性，简化成数目最少的独立概念元素。我认为，科学在努力以理性统合事物表象中，获得了最大的成就，但是这种企图也让科学面临最大的风险，容易沦为妄想错觉的牺牲者。不过，凡是对科学进步成功有深刻体会者，会对自然孕育彰显的恢宏理性感到无比崇敬与感动，领悟到其深沉内蕴是凡人难及，因而心生谦卑，让自己超脱于个人欲求束缚。然而，从最高的意义来说，我认为这种态度就是宗教的态度；科学不仅涤清宗教拟人化的糟粕，也让我们对生命的认识达到宗教的精神境界。

在我看来，当人类精神越见进步时，便越能肯定会通往一条真正的宗教道路，它不是因为恐惧生命、恐惧死亡与盲目信仰，而是出于对理性知识的追求。就这层意义而言，我认为教士若想对得起自己崇

1 原注：此部分思想在塞缪尔《信仰和行动》一书中，提出有力的说明。

高的教育使命，一定要当一名导师指引众人。

27 宗教与科学能不能和平共处？

写给纽约“自由牧师会”的回应，一九四八年六月刊登于《基督教纪事报》。

宗教和科学之间真的存在不可跨越的矛盾吗？宗教可以被科学取代吗？长久以来，这些问题的答案都引起相当大的争议，甚至掀起痛苦的争战。然而在我心中，如果冷静思考这两个问题的话，无疑只会得到它们并不矛盾的答案。不过，让答案变得复杂的是，虽然大多数人容易对何谓“科学”达成共识，但是对“宗教”的意义却可能有不同的见解。

就此处的讨论目的而言，我们不妨将科学定义为“以系统思考寻求感官经验的规律性关联”。科学是直接产生知识，间接产生行动的手段。若是先设定好明确的目标，科学会让我们行动有条理。至于设定目标与陈述价值等功能，则超越科学的范畴。固然，就科学对因果关联掌握的程度，可能会对目标与价值的兼容与否提供重要的结论，但是目标和价值之独立、基础的定义，则超越科学所能及的范围。

宗教的情况则相反，人们普遍认为宗教涉及的是目标和价值，一般也涉及人类思考与行动的感情基础，至少是对人类先天不可改变的遗传特质所没有决定的部分。宗教关系到人类对自然整体的态度，关系到个人与群体生活的理想，也关系到人们之间的关系。宗教为实现这些理想，对传统施加教化影响，并且以简单易懂的思想与故事（史诗和神话）来传承，进而对人们的价值与行为发挥影响力。

就是这种宗教的传统神话，或说是象征性的内容，可能与科学发生矛盾。只要宗教思维针对涉及科学领域的课题提出僵硬的教条义理时，就会发生冲突。因此，想要维护真正的宗教，关键是应该避免在对实现宗教目的无关紧要的课题上引发冲突。

当我们思考现有各种宗教的本质时，也就是撇去其神话的部分，我认为它们根本上并无差异，我不同意“相对主义”或传统理论倡导者主张的它们有差异。这一点也不让人惊讶，因为以宗教诉求维系的民族，其道德上总是以维护促进群体与个体的心智与活力为目标，否则这个群体必将灭亡；一个民族以虚伪狡诈和谋杀作恶为荣，事实上是无法长久的。

不过，面对不容易判断好坏与取舍的情况，就像很难决定什么是优美的画作或是音乐一样，或许直觉感受比理性了解容易吧！同样，人类伟大的道德导师在某方面是生活艺术中的天才。除了最基本的箴言是为了保护生命与免去不必要的痛苦而提出的，其他的箴言虽然看来与此无法相提并论，但是我们还是赋予其极高的重要性。例如，是否应该毫无保留地追寻真理，纵使必须牺牲重重幸福才能成功呢？有许多这样的问题，从理性来看无法轻易回答，或者根本无法回答。不过，我并不认为所谓“相对主义”的观点是正确的，即使是涉及更微妙的道德决定时。

纵使以最基本的宗教教规来衡量现今文明人类实际的生活状况，我们也必然会对于现状深感痛苦失望。因为，虽然宗教规定个人与群体间要如兄弟般友爱，实际景象却更像战场，而非交响乐团。在经济和政治上，到处都将无情地牺牲同胞以追名逐利视为指导原则，这种竞争风气甚至流行到学校，破坏人与人之间友爱合作的感情；成功不是因为热爱有创造力和思想的工作，而是出自个人野心与害怕被排挤的心态。

有些悲观论者主张这种现况是人类天性固有的，我认为抱有这类观点的人是宗教真正的敌人，因为他们暗示宗教义理都是乌托邦，不适合作为人世准则。然而，在一些所谓的“原始文化”进行的社会形态研究，似乎明显指出这种失败主义的论调毫无根据。这个问题对于研究宗教非常重要，我建议关心的人去看本尼迪克特所著的《文化模式》。[1] 书中提到普韦布洛印第安人部落在苛刻的生活条件下，完成了一项艰巨的任务，让大家从互相竞争作恶的灾难中解脱出来，培养出和睦相处的生活方式，不因外在压力而减损幸福快乐。

这里提出对宗教的解释，暗示科学对宗教态度的倚赖；在这个物质主义盛行的时代里，这种关系太容易被忽略了。虽然，科学结果完全与宗教或道德考虑无关，但是那些在科学上有伟大开创成就的人，全都浸淫在真正虔诚深挚的信念当中，他们相信我们这个宇宙是完美

---

1 编者注：本尼迪克特是美国著名人类学家，《文化模式》为其代表作之一，另外还著有《菊与刀》。

的，可用理性去探究追寻。若非这股信念异常强烈，若非这番对知识的探求受到斯宾诺莎“对上帝的理智之爱”（*Amor Dei Intellentualis*）所鼓舞，那么他们会很难孜孜不倦地投入，凭借这股信念达到至高的成就。

28 道德文化的必要

一九五一年一月于纽约论理文化学会成立七十五周年纪念大会上宣读的贺信，收录于一九五三年《我的世界观》。

我觉得有必要在论理文化学会周年纪念大会上献上恭贺与祝福。诚然，现在不是我们能够对过去七十五年来在道德层面上的辛勤成就感到满意的时刻，因为我们很难断言今日人类生活的道德层面，整体而言比一八七六年时更加令人满意。

当时流行的观点是，靠着辨察科学事实得到的知识，以及对偏见和迷信的克服，就有望得到一切。当然，这一切都很重要，值得最优秀的人努力奋斗，而且过去七十五年来成就不菲，也通过文学和舞台传播出去。然而，光是靠清除障碍本身并无法提升社会与个人生活品质。因为除消极的结果外，更需要积极的抱负和努力，为我们群体的生活塑造合乎伦理道德的结构，也更为重要。在这方面，科学并不能拯救我们，我认为过分强调往往只看重实用与实际知识的智育的态度，会直接危害到道德价值观。我不认为科技进步对人类直接造成的危害，会比“务实”（matter-of-fact）的思考习惯对人类互信互谅的压抑更加严重，后者已为人类关系蒙上一层霜。

实现道德与美学层面的目标，和科学比起来反倒更贴近艺术所关注的重心。当然，了解我们的同胞非常重要，但是这份了解唯有在忧喜与共的同情心支持下，才能开花结果。当宗教去除迷信的元素后，就成为培养灌溉道德行为最重要的源泉。在这层意义上，宗教成为教育重要的一部分，然而却甚少受到关注，更是毫无系统可言。

当前世界政治局势的可怕困境，与人类文明遗漏这部分的罪过有很大的关系。如果没有“道德文化”，人类就不会得救。

论教育

29 达沃斯的大学课程

一九二八年，爱因斯坦参加达沃斯举办的国际大学课程，此处是瑞士著名的结核病患者休养中心。这场演说是发表在“物理学之基本概念与发展”课堂前，收录于一九三四年《我的世界观》。

“元老院的议员都是彬彬有礼的绅士，元老院则是个张牙舞爪的野兽。”（*Senatores boni viri，senatus autem bestia.*）我有一个朋友在瑞士当教授，有一次系上惹恼他，他便回了一句挖苦的话。比起个人，群体受到的良心和责任感指引总是比较少。这事为人类造成多大的苦难啊！这是战争与各种压迫的起源，让人世间充满痛苦、叹息和磨难。

然而，真正有价值的事，唯有靠众人无私合作来达成。因此，对本性善良的人们来说，唯有大家奉献牺牲，将促进生活与文化当作唯一目标，推动社会向前迈进，没有比这更快乐的事情了。

当我听到达沃斯推出的大学课程时，我感受到这种纯粹的快乐。这里基于迫切的需要，展开“医心”的工作，虽然一般人或许对这份需求无法立刻清楚。许多年轻人踏进这山谷，寄望满山阳光具有疗效，能重新恢复身体健康。但是当他们长期与锻炼心志的正常工作脱离，沉溺在病弱无助的思维里无法自拔，很容易失去内心的韧性，也就是在人生奋斗中能坚持自我的意识；结果变成温室的花朵，往往当身体复原了，却发现难以回到正常生活。对大学生来说尤其如此，在青年时期曾经中断的智能训练，很容易留下日后难以弥补的缺口。

不过一般而言，适度的脑筋活动就像适度的体力劳动一样，既不会妨碍治疗，更有间接的帮助。基于这份认识，设置大学课程不仅可帮助这些年轻人为日后的专业做准备，同时也刺激他们从事智力活动，可以说是在精神层面上提供了脑力活动、训练与保健的功能。

我们不要忘记，这项事业非常适合帮助各国人士建立关系，进而强化欧洲共同体的观念。因为新机构在诞生时排除各种政治目的，在这方面的努力将达到最佳的效果；推动与达成国际主义事业的最佳方式，就是共同合作从事让人生有意义的事情。

基于这些理由，我很高兴看到在创办人的活力和智慧下，达沃斯的大学课程已经克服初创时期的困难，让这份事业获得相当的成功。愿其欣欣向荣，拯救许多在疗养院生活贫乏的年轻人，丰富他们宝贵的精神生活。

30 教师和学生

对一群学生讲话，收录在一九三四年《我的世界观》。

亲爱的孩子们：

我很高兴在今天看到我面前的你们，是生长在充满阳光与幸福国度的快乐青年。

请记住，你们在学校学到美好的东西，都是世世代代的成就，由世界各国人民以无穷的热忱和精力完成的。所有一切都将在你们手中得到继承，希望你们能受用无穷，并加以发扬光大，有朝一日忠实交到自己子女的手中。如此，我们这些终究会逝去的凡夫俗子，才能在这些大家共同创造的不朽事物上获得永生。

若能谨记在心，你们将会找到人生与工作的意义，对于其他国家和时代也会获得正确的态度。

31 教育和教育工作者

给一位年轻女孩的回信，收录在一九三四年《我的世界观》。

读过你十六页的手稿，让我发出会心一笑。写得不错，有见地，很真挚，说得颇有道理，然而却是很典型的女性化，我指的是你很会联想，且充满憎恨。我曾经受过老师们类似的待遇，他们不喜欢我的独立，找助理时就跳过我（不过，我必须承认自己不像你是个模范生）。但是，我觉得不值得花时间写下我的学校生活，更不愿意为了有人要印或真的去看而负责。此外，若老是去抱怨那些以自己的方式，也想在世间争得一席之地的人，总是会弄坏自己形象的。

因此，收起你的脾气，将手稿留给你的子女，或许他们能从中获得安慰，不用在意老师对他们的说法或看法。

顺带一提，我来普林斯顿大学只是做研究，不是来教书。整个来说，课堂教学已经太多了，尤其是在美国学校。我觉得，唯一有意义的教育方式是树立模范，若是有人办不到的话，至少可作为借镜警惕。

32 教育与世界和平

一九三四年十一月二十三日致美国进步教育协会的贺词。

由于地理位置的关系，美国何其有幸能在学校教导健全的和平主义，因为没有严重的外来侵略危险，无须灌输年轻人军事主义。然而，如果对于和平教育的问题，只是感情用事而非着眼于实际，恐怕就有危险了。若是未能彻底了解问题的根本困难，终将一无所成。

首先，美国青年应该明白，即使美国领土被实际入侵的可能性不大，但是美国随时都可能被卷入国际纷争中。只需以美国卷入前次世界大战为例，便能证明这份认知的必要。

就像其他国家一样，美国的安全保障还是要建立于世界和平的基础上。年轻人不能姑息，认定通过政治孤立可以获得安全，恰恰相反，应该唤起大家对广泛的和平问题的认真关注。尤其应该让年轻人清楚，由于美国政客在世界大战结束时未支持威尔逊总统提出的自由计划，阻碍了国际联盟在解决这项问题上的努力，他们应该负起多大的责任！

这里应当指出，只要强权国家不愿意放弃使用军国主义的方式追求更高的世界地位，光是要求裁军撤武，将会一事无成。再者，应向年轻人说明，像法国提出设立国际组织来维护各国安全的提案是有道理的。为了保障安全，需要签订国际条约来共同抵抗侵略者；这些条约是必要的，但不够充分，需要多加一步，让防御性军事武器国际化，进行大规模的军队整合与轮调驻防，以免驻守在任何一国的军事力量为该国单独留用。在筹划这些的时期，年轻人就应该明白问题的重要性。

国际团结的精神也应该加强巩固，阻碍世界和平的沙文主义则须加以打击压抑。在学校，历史教育应该成为讲述文明之进步的方法，而不是倾力灌输帝国主义力量与军事胜利的思想。在我看来，可推荐学生看韦尔斯的《世界史纲》来了解这方面的观点。最后，地理和历史一样，至少具有间接的重要性，可以启发大家对于各民族的特性都能保持一份同情与理解，包括那些被认为是“原始”或“落后”的民族在内。

33 论教育

一九三六年十月十五日在纽约州奥尔巴尼的“美国高等教育三百周年纪念会”上发表的演讲，由艾伦尼特翻译，收录在一九五〇年《晚年文集》。

在纪念的日子里，一般都是先回顾过去，尤其是怀念对文明发展有卓越贡献的人士。这种对先进的缅怀追思确实不该忽略，尤其是回忆昔日最美好之处，对激发今日后生晚辈勇于投入非常理想。但是，这应该由自幼就与此地有关系且对过去如数家珍的人来阐述才恰当，而不是由我这个像吉卜赛人到处流浪，从各种不同国家汲取经验的人来说三道四。

因此，我可以发挥的空间不大，只能谈论些不受时空限制，长久以来一直与教育密不可分的问题。即使在这方面，我也不敢说自己是权威，尤其向来都有无数知书达理的人士探讨过教育问题，已充分表达了对这些事情的看法。而我这个在教育领域算是半吊子的人，怎敢在没有学理基础、只凭个人经验与信念的情况下大发议论呢？倘若这真的是一个科学问题，想想看还是沉默是金比较好。

不过，教育兹事体大，自有不同考虑。在这里，光知道真理并不足够，而是应该不断努力求进步，否则不进反退。好比是沙漠中一尊大理石雕像，不断受到风沙掩埋威胁，必须不停用手拂拭，才能使大理石像在阳光下一样继续闪亮，而我也应该出一臂之力。

学校向来是让珍贵的传统代代相传的最重要的所在。相较于过去，这个道理更适用于今日，因为在现代经济生活的发展下，家庭作为传统与教育传承者的角色已然式微。因此，人类社会的传承与健全比以往更加依赖学校的角色。

有时候，我们会将学校只是看成一种工具，力求将最多的知识传承给成长的下一代。然而这并不正确，知识是死的，学校却是为活人而设，应该培养年轻人造福人类社会的特质与能力，但这并不表示个体性应该毁掉，让个人像蜜蜂或蚂蚁一样，成为群体的工具而已。若是一个群体，只是由制式个体构成，没有个人的原创性与目的，将成为一个不幸的社会，没有发展进步的余地。相反地，学校的目标应该是训练独立思考行动的个人，而个人视服务群体为最高的人生课题。

据我判断，英国的学校制度最接近这份理想的实现。

但是，应当如何实现这份理想呢？以道德说教来实现吗？绝非如此。言语永远是空洞的声音，空谈理想总是会走向毁灭沉沦的道路。人格不是靠嘴巴耳朵打造出来的，而是靠行动与付出。

因此，最重要的教育方法是鼓励学生实际行动。这包括小学生第一次学写字、博士生写毕业论文，也适用于背一首诗、写一篇作文、解释一段话、解一道数学题目，或是练习一种运动等。

但是，每一项成就背后都有动机存在，那是成就的基础，又会因为成就而强化滋养。这就是最大的差别所在，也是学校教育最重要的价值：同一份工作的出发点可能是因为害怕与强迫；对权威与胜利具有野心；或对该科目有兴趣，对真理与理解有渴望，亦即出自每个健康小孩都拥有的天生好奇心，只是它往往很早就消退了。同样一份工作的完成，对于学生的教育影响可能大不相同，端视工作的基本动力是因为害怕受伤、出于个人欲望，或是希望快乐而定。无疑地，学校行政阶层以及教师的态度，对于学生心理基础的塑造养成也会造成影响。

对我来说，学校最糟糕的做法是以恐惧、强迫与权威的方式进行教学。这样的处理方法会摧残学生的健全心理与真诚自信，制造出百依百顺的人。这类学校在德国和俄国司空见惯，不足为奇。我知道美国的学校没有这种最糟糕的情形，在瑞士与大部分民主国家也是如此。要避免学校出现这种最坏的事情，其实相对简单，只要让教师拥有的强制手段最少，让学生纯粹因为老师的才智品德，而懂得尊师重道。

第二个动机是野心抱负，或说得婉转一点是想获得肯定赞许的目标，这也源于人类固有的天性。缺少像这类的精神激发，人类之间的合作将完全不可能。渴望赢得大家的认同肯定，当然是人类社会最重要的凝聚力量之一。在这种复杂的感情里，建设与破坏力量紧密相依。想要获得认同肯定是一种健康的动机，但是渴望别人承认自己比同学或同事更强、更好、更聪明，很容易导致自我膨胀与以自我为中心，反倒对个人或对群体造成伤害。因此，学校和老师宜避免用这种刺激个人好强争胜的方式诱导学生认真念书。

达尔文的生存竞争以及物竞天择说，一直被许多人引用来当作鼓励竞争风气的权威论述。有些人甚至走火入魔，以伪科学的方式企图证明个体之间破坏性经济斗争具有必要性。但这是错误的，因为人在生存奋斗时之所以有力量，正因为是群居性社会动物的缘故；就像蚂蚁在蚁丘之中争斗，对生存没有太大的意义一样，人类社会成员之间也是如此。

因此，应该小心不要灌输年轻人把传统的成功当成人生目标。因为，成功人士从同胞那里获得的东西，通常都远远超过自己对社会的贡献。一个人的价值应是看他能够付出多少，而不是能够得到多少来决定。

不论是在学校还是人生中，其最重要的动机是工作中的快乐、成果带来的快乐，以及体认到对社会有贡献。我认为学校最重要的工作，在于唤醒与加强年轻人的这些心理作用。在我看来，这类心理基础才能让大家真心愉快地追求知识艺术等人生最高的财富。

要启发这些具有创造性的心理力量，当然比用强迫他们或是唤醒他们的好胜心更难，但是会更有价值。重点是鼓励发展孩子纯真好玩的天性以及想要获得肯定的欲望，然后导向社会重要的领域，这种教育便是建立在学生天性渴求成功与肯定的基础上。若是学校从这种观点运作成功的话，新一代的学生会给予高度肯定，将学校指派的作业当成一种“礼物”，像我便认识喜欢上学胜于度假的孩童。

这种学校会要求老师在工作上犹如一名艺术家。要如何在学校孕育这种精神呢？这好比是要保持身体健康一样，没有包治百病的万灵丹，不过某些必要条件却不难达成。首先，老师应该在这样的学校中成长；其次，老师应该拥有广泛的自由，可以选择上课教材与方法。因为对他而言，工作上创造的乐趣，也是会遭强迫和压力扼杀的。

如果各位用心听到这里，可能会很好奇一点。我细说自己认为该用何种精神来教育年轻人，但是还没有谈到科目课程的安排，也没有谈到教学方法，而文科和理工科究竟孰轻孰重呢？

我的回答是，依我之见这些都是其次的。年轻人若是以体操和健走训练肌力耐力，以后便会适应做每一种体力劳动，思考训练与才艺练习也是相似的道理。因此，我很认同有人这样定义教育：“若是一个人忘记在学校所学一切内容，留下来的东西便是教育。”正是如此，在古典文史教育和自然科学教育两派人士之间的争斗中，我自是不急着选边站。

另外，对于学校是否应该直接教导专业知识以及生活应用技能等，我想提出反对的意见。人生有各种面向的要求，使得学校的专门训练显得不可能。此外，我更反对将人当成没有生命的工具来对待。学校应该维持一贯的目标，让年轻人离开学校时具有调和的人格，而不只是一位训练有素的专家，我认为这点也适用于专业技术学校。发展独立思考与判断的广泛能力一向最为重要，而非获得专业的知识。若是一个人掌握学科的基础，并学会独立思考行动，自然会找到自己的道路，也更能适应各种发展变化，胜过专注细节知识训练的人。

最后，我希望再度强调，这里好像讲得挺肯定的，其实纯属个人意见，没有什么基础，只不过是个人当学生与当老师的经验有感而发罢了。

34 论古典文学

一九五二年二月二十九日刊载于《青年商人》月刊。

只看报纸、最多读读当代作品的人，对我来说像是严重近视，又不肯戴眼镜的人。这种人完全受制于当代的偏见与风潮，因为他不看，也不听其他东西。当一个人只有自己思考，没有受到他人思想与经验的刺激与启发，无论怎么努力顶多只是故步自封、闭门造车。

一个世纪之中，只有少数有识见的人，有清楚的脑袋与风格，以及良好的品位。他们留传下来的作品，是人类拥有的最珍贵的资产。

我们要感谢古代几位作家，让中世纪的人们能够逐渐从五百多年迷信无知的黑暗生活中脱离。

目前我们最该克服的，就是现代派的短视近利了。

35 保证人类的未来

致加拿大于一九五二年三月二日至八日举办的“教育周”贺信，收录于一九五三年《我的世界观》。

核子连锁反应的发现不必然带来人类的毁灭，如同火柴的发明不代表世界将陷入火海，但是我们必须竭尽一切努力防止滥用。在现今科技发展的阶段，只有一个具有强大执行力的超国际组织，才能够保护世人。一旦明白这点，我们才会有力量做必要的牺牲，共同确保人类的未来。若是未能及时达成目标，我们每个人都要负责，而坐待别人行动，也是一种风险。

这个世纪科学的进步，有知识的人都会给予高度评价，纵使只有日常接触应用科技的人也是如此。然而，若是牢记科学的基本问题，就不会高估近来的成就。好比搭乘火车，若只看附近的物体时，感觉移动速度超快，但如果注意看远方的高山时，景色似乎变得很缓慢，科学的基本问题也是如此。

在我看来，甚至谈论“我们的生活方式”或是“俄国人的生活方式”都没道理。在两种情况中，面对的都是一堆传统习俗，而非一个有机的整体。无疑，更有意义的是去思考哪些制度和传统对人类有害，哪些有利，什么使人生更快乐，或更痛苦。之后，我们应该努力采取最好的方式，不管是自家已经采用，还是从世界其他地方取经。

现在来谈教师的薪资。在一个健康的社会，从事有用的活动都应该得到报酬，可以过上像样的生活。从事任何对社会有价值的活动，都会带来内心的满足，但是这不能当成报酬的一部分；老师无法用内心的满足来填饱家人的肚子。

36 培养独立思考的教育

一九五二年十月五日刊于《纽约时报》。

光教授一个人专业知识是不够的；专业知识或许可以让人变成一种有用的机器，但不一定拥有和谐发展的人格。学生对于“价值”能够有所了解并且具备深刻感情，是至为重要的，同时也必须对真善美拥有鲜明的感受力，否则，拥有专业知识的人更像是一只训练有素的狗，而不是一个均衡发展的人。还有，为了掌握与他人和群体的恰当关系，必须学会理解人类的动机、想象和痛苦。

这些珍贵的东西是通过与教育者亲身接触而灌输传给年轻一代的，不是（或至少主要不是）通过教科书来教导他们。当我建议“人文学科”很重要时，心中想的正是这点，而不是历史与哲学领域中那些枯涩的知识。

过分强调竞争制度，以及过早根据实用性划分专业，将会扼杀所有文化生活倚赖的精神，包括专业知识在内。

还有一点很重要，有价值的教育要培养年轻人独立批判思考的能力。这种发展受到极大的威胁，因为学得太多太杂（学分制度），导致年轻人课业负担过重，造成肤浅。教育应该被视为一项珍贵的礼物，而非沉重的责任来领受。

谈朋友

37 林科斯

奥地利工程师林科斯生于一八三八年，卒于一九二一年，以文笔犀利、善于批评国家与社会问题闻名，也以勇于推动消除社会丑恶现象著称，一些著作在奥匈帝国时期遭禁；本篇文章收录于一九三四年《我的世界观》。

林科斯不只是才华出众的工程师与作家，也是少数秉持时代良心的杰出人物。他孜孜不倦提醒世人，社会对个人的命运有责任，并且指出社会应该如何落实责任的道路。社会或国家对个人来说不是盲目崇拜的对象，社会之所以有权要求个人牺牲，完全是建立在社会有责任给予个人发展和谐人格的机会上。

38 向萧伯纳致敬

一九三〇年爱因斯坦访问英国时所写，收录于一九三四年《我的世界观》。

极少人有足够的独立性，能看透当世的弱点和愚蠢，并且保有自我不受影响。而这些孤单的少数人，在面对众人的冥顽不灵时，往往很快会丧失拨乱反正的热情。唯有极少数人能以幽默诙谐和翩翩风采，以中立的艺术为媒介，立起一面明镜，让世人更看清自己的面目。今日，我以十二万分敬意向这位大师致敬，他让我们所有人如沐春风。

39 祝贺柏林纳七十岁寿诞

取自《自然科学》，一九三二年第二十卷第九百一十三页。柏林纳是德国物理学家，一九一三年开始担任该周刊编辑，一九三五年却因为犹太人身份而遭纳粹解职。七年后，在八十岁时于被纳粹遣送前夕自杀身亡。

我要借此机会告诉我的朋友柏林纳和本刊读者，为何我高度肯定他的为人与贡献。我必须趁这个机会讲明白，因为这种场合是唯一的机会；基于客观中立的训练，我们往往将评论个人之事视为禁忌，凡人如我只有趁像这样的特殊场合，才能稍微僭越。

在挥洒一点自由之后，现在让我们回到客观性。科学研究领域已大幅扩张，每一门科学的理论知识都更加深奥。但是人类智慧融会贯通的能力，一样极为有限。因此，研究人员涉及的范围势必局限在越来越小的知识领域。更糟糕的是，这种专门化让人们难以对科学整体窥得全貌，若缺乏这番认识，随着科学的进步发展，恐怕会有害真正的研究精神。这种情况很像《圣经》里巴别塔的故事，每位认真的科学家都痛苦地发现，被迫放逐到越发狭窄的知识范畴里，恐将使研究人员丧失开阔的眼界，沦落到技术人员的层次。

我们都遭遇到这个害处，却未努力减轻问题。但是柏林纳以令人钦佩的方式来拯救我们，至少在讲德语的世界里。他知道现有的科普刊物启发外行人已经足够，同时也明白必须有一份涵盖广阔的期刊，专门提供科学家极欲了解的相关科学问题、方法与结果等发展信息，以便形成自己的判断。柏林纳以伟大的智慧与相当的决心投身于这个目标，经过多年认真努力，为大家与科学献身服务，让我们感激不尽。

他必须争取成功的科学家来共同合作，请他们尽可能用简单易懂的方式表达，让不是专家的人也能了解。他常常告诉我，为了追求这项目标，他必须打多少战役。他用以下这道谜语，来形容遭遇的困难：

“问：科普作者是什么？答：介于含羞草和刺猬之间的综合体。”柏林纳之所以有成就，在于他强烈渴望让涵盖尽可能广的科学研究领域，拥有清楚全面的表达。这份感情也驱使他完成一本物理教科书，是多年辛勤工作的果实，之前还有一位医学生对我说：“若是手上没有这本书的话，我不可能在有限的时间内，对现代物理的原理有一份清楚的概念。”

柏林纳为能够清楚表达与传达科学而努力，他让科学问题、方法和结果在许多人心中生根萌芽。若是没有这份期刊，这个时代的科学生活将无法想象。让知识活起来并且保持生命力，与解决专门的问题都是同等重要的。

40 洛伦兹对国际合作事业的贡献

本篇文章写于一九二七年。洛伦兹是荷兰理论物理学家，是当时最伟大的科学家之一。他的研究涵盖物理学诸多领域，但最出色的贡献是电磁学相关理论；其发现为许多现代物理学发展奠定基石，尤其是相对论。在第一次世界大战后，洛伦兹将大量精力投入国际合作的重整，特别是科学家之间。由于他声誉斐然且享有各国学者的尊重，努力获得了成功，晚年并担任国际联盟的知识分子合作委员会的主席。这篇文章收录在一九三四年《我的世界观》。

随着十九世纪科学研究普遍专门化，在一门科学领域居于领导地位的人，能同时在国际组织与国际政治的领域里实属罕见，为社会提供可贵的服务。这不仅要求有力量、远见及名声成就，同时也不能有民族偏见，必须为共同的目标牺牲奉献，在我们这个时代这已经很稀罕了。没有人能像洛伦兹这般完美地集所有特质于一身，其为人散发着一种神奇的魅力：特立独行又固执的天性（在学者之间尤其常见），让人不会轻易听令行事，最多只会心不甘情不愿地接受领导。但是当洛伦兹站上主席的位置时，一种合作愉快的氛围总是油然而生，无论与会者的目标与思维如何不同。这份成功的秘诀不仅在于他能快速掌握人与事，对语言的掌握也令人惊叹，最重要的是可以感觉到他专注于手中的事情，工作时便心无杂念，让大家卸下心防与固执。

在大战前，洛伦兹在国际关系事业上的活动，局限在主持物理学家的会议，最著名的是索尔维会议，头两届是一九〇九年与一九一一年在布鲁塞尔举行的。接着“一战”爆发，对于所有关心促进人类关系的人们来说真是重大打击。不论是战争结束前还是战争结束后，洛伦兹都致力国际和解的工作，尤其是重建知识界与科学界友好有成的合作关系。外人恐怕难以想象这是多么艰巨的工作，因为战争期间累积的新仇旧恨未了，许多有影响力的人士坚持不肯妥协的态度，容许自己跟随大环境沉沦。洛伦兹仿佛是一名医生，面对拒绝服用细心调配的药物的顽固病患而努力。

不过，当他看出哪条才是正确的道路后，他绝不退却。大战之后，他加入“研究委员会”的理事会，这是由战胜国的学者创办的，同盟国的学者和学术团体则被排除在外。他之所以甘冒得罪同盟国学术界的风险而进入委员会，无非希望促使理事会扩大，迈向真正的国际化。在不断努力后，他和其他明辨是非的人士成功将这则排除条款从章程拿掉。然而，企图恢复学术团体之间丰硕交流合作的目标却未能成功，因为同盟国的学术界对在之前接近十年的时间之中，几乎完全被排除在国际科学会议之外很气恼，也养成小圈子的习惯。不过，如今有很好的理由可望尽快破冰，这得感谢洛伦兹处事圆融，为了完成使命全力以赴。

洛伦兹也以另外一种方式，投身为国际文化事业服务。他同意加入国际联盟知识分子合作委员会，这是五年前博格森担任主席时呼吁成立的。在洛伦兹主持委员会的最后一年，委员会受到附属机构巴黎研究院的积极支持，成为不同文化圈知识与艺术活动范畴之间的桥梁。他睿智谦虚与人本精神的个性发挥良好作用，本着“服务而非统治”的原则，可望带领人们走向正确的道路。

愿他树立的典范，将这股精神发扬光大！

41 洛伦兹悼文

洛伦兹生于一八五三年，卒于一九二八年；本文收录于一九三四年《我的世界观》。

我是以德语学术世界，尤其是普鲁士科学院的代表，以及更重要的是以学生与仰慕者的身份，站在这位时代巨人的墓前。他的聪明才智带领我们从麦克斯韦的研究跨入现代物理学，奠定重要的基石与方法。

他倾心陶冶人生，精雕细琢有如艺术品。他仁慈慷慨又富正义感，对人世洞悉透彻，让他成为各涉足领域的领袖。人人乐意跟随他，因为感觉他从不以领袖自居，只是为了服务大家。其成就和榜样将成为鼓舞与祝福，他将永远活在世世代代人的心中。

42 创造家洛伦兹的为人

一九五三年在荷兰莱顿为洛伦兹百年诞辰纪念致辞，收录于一九五三年《我的世界观》。

在世纪交替之时，各国理论物理学家都以洛伦兹马首是瞻。然而，对于洛伦兹在理论物理学基本观念发展上所扮演的关键角色，当今物理学家多半未能完全明了。这件怪事的理由在于，洛伦兹的基本观念已经融为大家观念的一部分，让人很难想到当初这些想法有多大胆，又如何简化了物理学的基础。

当洛伦兹开始独创性的科学研究时，麦克斯韦的电磁理论已经获得成功。但是这个理论本身的基本原理相当复杂，让关键要点无法清楚呈现。虽然场的概念已经取代超距作用，但电场和磁场还未被视为基本实体，而是被当成介质所处的物理状态，后来又被当成连续体来处理。结果电场一分为二，成电场强度和介质的电位移两个场，在最简单的情况中，这两种场以介电常数联系，但是原则上它们被当成独立实体处理，磁场也是同样的情形。根据这种基本概念，真空被当成有物质存在的一种特殊情况处理，在真空中场强度与介质的电位移的关系“恰好”特别简单。尤其是，这种解释让电场和磁场不能与物质的运动状态脱钩，因为物质被看作场的介质。

洛伦兹对运动物体电动力学的研究，让当时流行的麦克斯韦电动力学可以得到一个很好的解释。洛伦兹对该理论进行关键性的简化。其研究仅以下列假说为基础：

电磁场存在于空无一物的空间中，由一个电场向量和一个磁场向量组成。场由电荷原子而生，又回过头来对电荷施力；电磁场和物质之间唯一的关联，在于基本电荷紧附物质原子而存在，且带电质点受牛顿运动定律所支配。

在这个简化的基础上，洛伦兹建立了一个完整的理论，涵盖当时所有已知的电磁现象，包括运动物体的电动力学。这套理论融会贯通且清晰优美，在实证科学上难得一见。在这项基础上，唯一不另加假设就无法完全解释的现象即著名的迈克尔逊—莫雷实验；若不是把电磁场视为真空中存在的现象，就无法想象该项实验会导致狭义相对论。的确，关键步骤正是将电磁场化为真空中（当时称“以太”）的麦克斯韦方程式。

洛伦兹甚至发明了后来以他名字命名的“洛伦兹变换”，虽然他并没有看出其特性。对他来说，真空的麦克斯韦方程式只适用于特定一组静止坐标系。这真是一种矛盾的状况，因为该理论对于惯性系的限制，似乎比古典力学更强，从实证观点来看完全没有道理，结果促成了狭义相对论的诞生。

感谢莱顿大学的慷慨，我经常到那里找知交埃伦费斯特相聚，因此常有机会聆听洛伦兹讲课，这是他从教职退休后固定为一小群年轻同事开的课。从他崇高心灵流露而出的思想，永远有如艺术作品般清晰优美又流畅自然，是我未曾在别人身上感受到的。

我们年轻人只要认识洛伦兹崇高的心灵，便会特别钦佩与尊敬他。然而当我想到洛伦兹时，我的感觉远不只是敬佩。在我一生中，他对我个人的意义远超过其他人。

他不但对物理和数学掌控自如，对自我的掌控更是如此。他几乎没有平常人的弱点，但却从来不会表现得高人一等。大家都知道他很优秀，但是从不觉得有压迫感。虽然他对人世并未心存幻想，但是待人接物总是满怀关爱。他从未给人盛气凌人的印象，总是尽力帮忙服务大家。他认真待人接物，从不流于轻薄怠慢。一抹幽默与他相随，从眼神和微笑中流露而出。这一切配他恰如其分，因为尽管他献身科学，但他深信人类的认知理解无法穿透事物本质。唯有到了晚年，我才能够完全体会这种谦冲与怀疑并蓄的态度。

尽管努力尝试，我发现语言或至少是我自己的语言，无法在这篇短文道尽一二。所以，我想引用洛伦兹让我印象特别深刻的两段话做结尾：

“我很高兴属于这个国家，它太小了，而不致干大蠢事。”

第一次世界大战期间，有人想说服他相信人类的命运是由强权和武力掌控，他这样答道：“或许您说得对，但是我不想活在这样的世界里。”

43 悼居里夫人

一九三五年十一月二十三日，于纽约罗里奇博物馆举行的居里夫人追思会致辞，收录于一九五〇年《晚年文集》。

像居里夫人这般受世人景仰的人物，在走完人生旅程的这刻，让我们不要只限于缅怀她为世人带来的研究成果。一流人物对于一个时代与历史进程来说，其品行道德的影响力也许更甚于单纯的才智成就；事实上，即使个人的才智成就，也十分仰赖人格特质，大家常常会忽略这一点。

我很荣幸，过去二十年来与居里夫人之间保有真诚崇高的友谊，她的恢宏大度让我越发敬佩。她的坚定自持、心志高洁、客观公正与刚正不阿等，难能可贵地集于一人之身。她觉得自己无论何时何刻，都只是社会的仆人，谦冲自抑永不自满。她对社会的残酷粗暴与不公不义感到愤慨，这让她外表看来相当刚直，似乎过于枯燥严肃，容易被不熟悉的人误解。一旦她认定是正确的道路，她便毫不妥协，坚定追求。

她一生中伟大的科学成就，是证明放射性元素的存在并分离出来。这不仅是归功于她的大胆直觉，更有赖于她全身心投入，在最艰困的环境下坚持到底，在实验科学史上实属罕见。

若是居里夫人的胸襟与奉献，能够有一小部分重现在欧洲的知识分子身上，欧洲有望迎来更加光明的未来。

44 圣雄甘地

一九三九年对甘地七十岁寿辰发表谈话，收录于一九五〇年《晚年文集》。

甘地是人民的领袖，从未倚恃任何强权；他是一位政治家，其成功不是因为掌握谋略或技术，而是众望所归的人格魅力；他是胜利的斗士，永远反对使用武力；他是虚怀若谷的智者，以不屈不挠的精神，竭力促使人民向上提升与改善命运；他以身为一个人的尊严，勇敢迎战欧洲之暴横，永远更高一筹。

后世之人或许难以相信，这世上真的曾经有这样一个人活着过。

45 悼念普朗克

一九四八年于普朗克追思会致辞，收录于一九五〇年《晚年文集》。

以伟大创见造福世界之人，无须后人赞扬，成就本身已给他更大的回报。

然而，今日所有代表追求真理和知识的人们都从世界各地涌来，这是一件好事，也是不可或缺的。大家在此见证，即使这个时代政治狂潮与野蛮暴行有如一把利剑，在痛苦恐惧的人民面前挥舞张狂，但是我们追寻真理的理想，仍然旗帜高而不受动摇。这份理想无论何时何地都是联系科学家们的纽带，尤其在普朗克身上完满体现。

虽然希腊人已经想到物质的原子特性，且十九世纪的科学家已提高其可信度，但是普朗克的辐射定律首次精准确认原子的绝对尺度，并与其他假设无关。更重要的是他也明确指出，除物质的原子结构外，能量也具有原子结构，并且受普朗克引进的普适常数 h 支配。

这个发现成为二十世纪一切物理学研究的基础，此后几乎支配其发展。若是没有这项发现，将不可能建立适用的原子分子理论，以及支配能量转换的过程。此外，这打破了古典力学和电动力学的整体架构，为科学带来一项新任务，要为所有物理学找到一个崭新的概念基础。尽管已有部分成效，但是现在离一个满意的答案仍然很遥远。

在向他致敬之时，美国科学院表示期盼追求纯粹知识的自由研究，可继续保持通畅无碍。

46 向科恩致敬

一九四九年十一月十五日在“科恩学生纪念基金会”组织的研讨会上发表致辞。

各位女士先生：

在这个动荡不安的大都会里，很高兴知道有人未完全受到当前世事纷扰所影响。这项研讨会见证有识之士之间的关系不会受乱世所扰，也不会为阴阳所隔。与我们特别亲近的人们，大多数已经不在人世，最近则是科恩先生离开了我们。

我知道他是一名热心助人且特立独行的善心人士，我经常有幸与他讨论共同有兴趣的问题。不过，当我偶尔想谈谈他崇高的人格时，却痛苦地发现对于他心里的想法并不够了解。

为了稍微填补这份空白，我拿他与内格尔合著的《逻辑和科学方法引论》来看。然而，我并未感到很轻松，反倒是因为时间太少而焦虑不安。但是开始看之后，却变得欲罢不能，有时候心头杂念全飘移到后头去了。

几小时之后当我回过神来时，自问到底是什么让我着迷不已。答案很简单，他不是将准备好的答案拿出来，而是先提供各种思考事情的方法，进而引发科学好奇心。接着，才是尝试以完整的论述清楚说明问题。作者真诚推理的过程，让读者分享内心如何思索推敲，这正是天生教师的标记。知识以两种形式存在：储存在书本里的死知识，以及在人们意识里的活知识。第一种也许不可或缺，不过其重要性仅居其次，第二种形式才是至关重要的。

第二部分

论政治、政府与和平主义

ON POLITICS, GOVERNMENT AND PACIFISM

47 科学的国际主义

写于第一次世界大战爆发不久后，收录于一九三四年《我的世界观》。

当民族主义和政治狂热在战争期间达到高潮时，费歇尔在科学院会议上说了掷地有声的一句话："先生们，科学现在而且永远都是国际的，别再试图抗拒了。"真正伟大的科学家都深切地感受到这点，纵使在政治纷扰的年代，当他们被心胸狭窄的同事孤立时，也会坚持如此。战争期间，每边阵营里选出来的代表违背了神圣的职责，让国际科学院协会瓦解；当时到现今，召开会议时来自敌对阵营的科学家们便遭到排除。政治考虑被放大看待，让纯粹客观的思考方式无地容身，必然使得我们伟大的目标受挫。

不受当前激情所惑的有志之士们，如何修补知识界的裂痕呢？当前大多数知识分子依旧激动不已，无法举办真正大格局的国际会议。要重建科学研究人员的国际组织，所面对的心理障碍依旧坚不可摧，只靠少数高瞻远瞩之士的努力，一时还难以扭转形势。这些有识之士在推动修复国际协会之健康的重大任务上，可以与全世界志同道合者保持紧密联系，坚定不移地在各自的领域倡导国际视野与共识。全面的成功仍需要时间，但无疑终将实现。我特别要利用这个机会，向众多的英国同事致谢，在艰困的岁月里，他们维护与支持知识分子组织的决心始终不渝。

无论在什么地方，公民个人的态度都比政府官方声明更正面。有识之士应该牢记“元老院的议员都是彬彬有礼的绅士，元老院则是个张牙舞爪的野兽”这句话，不要让自己被激怒或误导。

若说我对国际组织的进展满怀信心和希望，与其说是因为我对同行科学家的聪慧才智有信心，不如说是因为经济发展的迫切压力使然。因为经济发展极仰赖科学家，所以即使立场保守的科学家也不得不帮助建立国际组织了。

48 告别信

一九二三年爱因斯坦写给国际联盟的知识分子合作委员会的辞职信，抗议国际联盟处事不当。杜福 - 佛伦斯是当时德国外交部一名高官，后来成为国际联盟首任德籍副秘书长。一九二四年，爱因斯坦为了反制德国沙文主义者利用他前一年的退出来反对国际合作，于是重返知识分子合作委员会。本文收录于一九三四年《我的世界观》。

敬爱的杜福 - 佛伦斯先生：

您惠赐来信不能置之不理，否则您可能对我的态度产生误解。我决定不再赴日内瓦的原因如下：很遗憾，经验告诉我整个委员会并没有认真下决心，去促进国际关系的实质改善。在我看来，大方向倒比较像是“做些表面功夫”（*ut aliquid fiery videatur*）；在这方面，我觉得委员会比整个国际联盟还要糟糕。

正是因为我渴望尽一切所能，推动建立一个超越国家的国际仲裁和调解机构，对这目标的坚持使我觉得不得不离开委员会。

委员会已经成为镇压各国少数族群的帮凶，允许各国各自设立一个国家委员会，成为该国知识分子与知识分子合作委员会之间唯一的沟通渠道。当各国少数族群努力反抗文化压迫时，委员会这种做法等于是刻意放弃给予他们道义支持。

此外，委员会对于迎战各国教育中的沙文主义与军国主义倾向，态度一直很冷淡。因此，我无法寄望委员会会在这个至关重要的领域里有何真正的作为。

另外，对于义无反顾投身推动国际秩序与反对军国体制的个人与组织，委员会自始至终都无法给予道义上的支持。

委员会从来没有试图抵制某些成员的任命，虽然明知他们经常严重违背应尽之职责。

我无意与您进一步争辩，从字里行间您应当明白我的决心。写诉状不是我的事情，只是想表达我的立场。您应该清楚，事已至此，我已经不抱任何希望。

49 知识分子合作研究院

可能写于一九二六年，收录于一九三四年《我的世界观》。

今年，欧洲各国政治领袖首次体认到传统政治组织之间的勾心斗角必须终止，欧洲大陆才能恢复昔日的繁荣。欧洲的政治组织必须加以巩固，并且应该逐步废除关税壁垒。终结这一切不能单靠条约来实现，最重要的是民众心理必须有所准备。我们必须试着逐步唤醒大家团结的意识，并非仅在前线而已，国际联盟为此创设“知识分子合作委员会”。该委员会十分国际化，完全属于非政治团体，主要任务便是让战争期间被孤立的各国知识分子能够彼此联系接触。结果证明这是一项艰巨的任务，因为我得承认至少在我最熟悉的国家里，文艺界与知识分子仍受到狭隘的民族主义支配，而且其程度远远比政治人物还要严重。

迄今，该委员会每年召开两次会议。为发挥功效，法国政府决定永久设置一个“知识分子合作研究院”，现在才刚刚成立。这是法国政府慨然相助的成果，值得称许感谢。

锦上添花容易，对自己遗憾或不认同的事情保持缄默也很容易。然而，只有诚实才能帮助我们进步，所以，除了对这名新生儿致意之外，我不会吝啬批评。

平日我都可以观察到，委员会工作的最大障碍是对自己在政治上的公正客观缺乏信心。我认为，需要尽力加强信心，并且避免任何伤害。

因此，由于法国政府出资在巴黎设立知识分子合作研究院，成为委员会的一个永久机关，再加上是法国人担任院长，让外界很难避免产生一个印象，认为委员会为法国掌控。又因为一直是由法国人担任委员会主席，更加深了这份印象。虽然这些法国人都是声誉卓然之士，到处备受尊敬推崇，然而这种感觉依然存在。

“我已经说了该说的话，拯救了自己的灵魂。”（*Dixi et salvavi animam meam.*）我衷心希望新成立的研究院能经常与委员会交流互动，成功推动共同的目标，并赢得全世界知识分子的信任与肯定。

50 对世界经济危机的思考

接下来两篇文章是在二十世纪三十年代世界经济危机期间撰写的，虽然当前情势并不相同，但有些建议的补救措施已被不同的国家采用，因此应该纳入这些文章。收录于一九三四年《我的世界观》。

一个经济学的门外汉之所以胆敢对当前经济危机表达看法，是因为专家之间意见纷杂，令人无所适从。我要说的没什么新鲜处，只是表达一个独立诚实人士的看法；我没有阶级或国籍偏见的包袱，只是向往人类生活和谐美满。如果接下来我写的东西，看起来言之凿凿，不过是为了行文方便，不是对自己太过自信，或是认为自己对于这些问题的浅见毫无谬误，因为这些问题实在是异常复杂啊。

在我看来，这场危机的本质与过去不同，是在全新的情况下产生的，而这种情况是由于生产方式快速进步所致。现在，全世界一切的生活消费用品，只需用到部分人力来生产。在完全自由放任的经济体制下，必然会导致失业。

大多数人都被迫在最低工资下维持生计，在此我不细究原因。假设有两家工厂生产同类商品，在其他条件一致时，让工人的工时和劳动力都达到极限的那家工厂，得以雇用较少工人，自然生产的商品会比较便宜。在今日的生产方法下，无可避免只会用到部分的劳动力。让这部分人不堪重负的同时，其余劳动力完全被排除在生产过程之外。这终究将导致销售与利润下降，让企业破产，进一步造成失业增加并减损产业信心，也让民众在银行的储蓄借贷活动减少，最后银行因为挤兑而破产，使得经济完全停滞。

也有人说这次危机是由其他因素造成的，讨论如下：

生产过剩。在此必须区分实际生产过剩与表面生产过剩两种不同的情况。所谓实际生产过剩，我指的是生产超过需求，或许可适用在目前美国汽车与小麦的生产上，虽然这也是值得怀疑的。通常人们所谓的“生产过剩”，是指某种商品的产量超出销售量，尽管该消费商品在消费者之间仍有短缺的情形，我称这种现象为“表面生产过剩”；在这个情况中，并不是缺少需求，而是消费者的购买力不足。我认为，这种表面生产过剩只是危机的另一种说法，因此不能解释危机。有人企图用生产过剩来解释当前的经济危机，不过是在玩文字游戏罢了。

赔款。偿还赔款对于债务国与其经济是很沉重的负担，迫使其走向破产，结果也损害到债权国。这是不争的事实，但是经济危机却也出现在关税壁垒很高的美国，可见这并非世界危机的主要原因。债务国因为支付赔款导致黄金短缺，最多只能作为停止支付赔款的理由，并无法解释世界经济危机。

新关税壁垒的设立、不具生产性的军备负担加重、潜在战争风险导致政治不安定。这些事情都使欧洲的情况更加险峻，却没有真正影响到美国。从美国出现的危机来看，这些都不是主要因素。

中国和苏联两个大国退出市场。这的确打击世界贸易，但在美国感受也不深，因此不可能是危机的主要成因。

战后下层阶级的经济崛起。即使为真，这也只会引起商品匮乏，而非供给过剩。

到此我不会再劳烦读者，列出其他无关紧要的原因。能肯定的是，科技进步虽然解除人类生存所需付出的大量劳力，但现在却也成为我们目前处境困难的主要原因。因此，有人甚至大声疾呼要禁止所有技术革新，这显然是荒谬的！但是，如何才能找到更理性的方式解决其中的矛盾呢？

若是我们能设法维持大众的购买力（以商品计量）在一定水平以上，那么像今日我们遭遇的工业周期中的停滞将不会发生。

要做到这点，在逻辑上最简单也是最大胆的方法是完全的计划经济，消费商品由社会进行生产与分配，基本上苏联今日就是尝试实行这种方式。最后要看这种实验会产生何种结果，胡乱臆测是不负责任的做法。在这种制度下制造的商品，会比在私人企业享有更多自由的制度下更为经济吗？这种制度伴随的问题，西方人唯恐避之不及，若是没有这些强迫手段的话，还能推行下去吗？这种僵化、集中的经济制度，会不会走向保护主义与阻碍有利的创新？不过我们也得小心，莫让这些疑虑成为偏见，妨碍客观判断的形成。

我个人的看法是，如果于目标无碍，尊重现有传统习俗的方法较为可取。我也不相信，突然将生产管理交由公共部门管理会有利于生产，我认为应该保留私有企业的活动范畴，只要本身不受垄断机制钳制即可。

不过，经济自由应当受两方面的限制。不管是哪种产业，都应该立法缩短每周工时，系统性消除失业。同时，应该限定最低工资，使得工人的购买力跟得上生产力。

此外，在企业主组织下而变成垄断的行业里，必须由国家控制价格，才能使资本收益保持在合理的范围内，并防止人为操控生产与消费。

在这种方式下，或许才有可能在生产与消费之间建立适当的平衡，既不用对企业自由限制太多，同时也能制止生产工具（土地和机器）的拥有者，对工薪阶层（最广义而言）进行不人道的剥削压榨。

51 生产和购买力

收录于一九三四年《我的世界观》。

我不相信，解决目前困境的方法在于生产力和消费的知识，因为基本上这种知识是缓不济急。在我看来，德国的问题不在于生产设备扩充太多，而在于有一大部分人口缺乏购买力，他们因为工业革新的缘故，被排除在生产过程之外。

我认为，黄金本位制有严重的坏处，黄金供给短缺会自动导致信用紧缩与通货总额减少，在这种状况下物价与工资无法快速调整因应。

我认为，目前问题的自然解决之道如下：

第一，立法依各产业部门减少工时，以解决失业问题，并且限定最低工资，使大众购买力跟得上商品供应量。

第二，控制流通货币总量以及信贷规模，使物价水平维持稳定并废除任何特别保护。

第三，对于因垄断独占而失去自由竞争的商品，立法限制其价格。

52 生产力和劳动力

一封回信，收录于一九三四年《我的世界观》。

在我看来，世界经济最根本的问题在于劳动市场几乎毫无限制的自由，碰上了生产方法的突飞猛进。要满足今日全世界的需求，并不需要所有的劳动力，因为这样会造成失业问题以及工人之间的恶性竞争，从而降低购买力，使得整个经济体系失去动力，难以承受。

我知道，自由派经济学家主张劳动力的节省将会由需求增加而得到平衡。不过，首先，我不相信这种论点，其次，纵使是对的，上述因素也总是迫使大部分人的生活水平降到不自然的低点。

我也同意阁下的看法，绝对有必要采取行动，让年轻人共同参与生产过程。此外，不应当让老年人参与某些种类的工作（我称为“不适合”的工作），而是给予一定的收入，因为他们已从事社会认可的生产工作够久了。

我也赞成分散大城市，但不是将某种类型的人（如老年人）安置在特定乡镇。坦白说，这种想法让我感到不寒而栗。

同时，我主张必须避免货币价值波动，可根据消费情况选择某些种类的商品来当标准，以取代金本位制；如果我没有记错的话，凯恩斯很久以前就提出这样的建议。若是引进这套制度，我们或许可以容许某些程度的“通货膨胀”，只要相信国家会合理运用这笔“意外之财”的话。

因此就我看来，您计划中的弱点在于心理层面，或是说您忽略了这个层面。资本主义同时在生产与知识方面都带来了进步，这并非意外；遗憾的是，利己主义与竞争比起公德心与责任感更是强大，据说在俄国，连拿到一块像样的面包都不可能！……或许我对于国家和其他形式的公共体制太过于悲观，完全不抱任何希望。官僚主义会扼杀一切成就，我看过和遇过太多可怕的警惕，即使是人称模范的瑞士也不例外。

我倾向于认为，国家对于工业唯一真正的用处是成为限制与管理的力量，让工人之间的竞争维持在健康的范围，使所有儿童都有健全发展的机会，并且将工资提高到所有生产的商品都可以消费掉的水平。若是由独立自主的专家依客观公正的精神来制定措施，那么国家可望通过管理功能来发挥决定性的影响。

53 学生裁军会议谈话

约一九三〇年对一群德国和平主义学生发表讲话，收录于一九三四年《我的世界观》。

前人为我们带来高度发达的科学技术，成为一项最珍贵的礼物，让我们可望创造自由与美丽的人生，达到上一代人从未享受过的程度。然而，这份礼物也对人类的生存带来危险，和先前的威胁一样不容小觑。

文明人类的命运比以往更依赖我们能够发挥的道德力量。因此，我们这个时代面临的任务，当然不会比上一代完成的任务更加容易。

食物与其他生活必需品的供给，可以用比以前更少的工时制造。另外，劳动力与产品分配的问题，变得更加困难。我们都知道经济力量的自由运作，个人对财富权力追求的不受约束，无法自然让上述问题得到让人可以接受的解答。生产、劳动力和分配需要以明确的计划组织安排，以避免宝贵的产能被耗费，并让大部分人口陷入贫穷而丧志。

若是利己主义漫无限制，导致经济生活产生可怕的后果，对于国际关系的影响更是不利。军事武器的制造方法进步快速，若是不赶快找到防止战争之道，人类的生活将变得苦不堪言。先前的尝试都以失败收场，让这项目标更为迫切而重要。

有人企图以限制军备与议定战事守则来降低风险，然而战争不是打牌，玩家都会乖乖遵守规则。当生命危在旦夕时，规则与责任都会被抛在一旁；唯有完全避免一切战争，才会有用。创设国际仲裁法庭还不够，必须有条约保证该法庭的裁决将会由各国一致协力生效；若是缺乏这种保证，各国永远不敢真的裁撤军备。

例如，假设美英德法政府坚持日本政府应立即停止在中国的战争行动，否则将遭到全面经济抵制，大家认为日本政府敢无视这项声明，而让整个国家陷入危险吗？那为何不这么做呢？为何世人都要活在恐惧中呢？因为大家都求取自己昙花一现、朝不保夕的优势，却不肯将整个人类社会的幸福繁荣摆在自己前头。

这就是为何我一开始告诉大家，今日人类的命运比以往更仰赖道德力量。通往幸福安康的道路，在于随时随地地摒除或节制私利。

追求这种过程的力量从何而来？唯有年少时有机会以学习锻炼心志与拓展视野的人，才能够产生这种力量。因此，我们老一辈的人期许后生晚辈能够努力奋斗，做到我们做不到的事情。

54 论一九三二年裁军会议

发表于《民族》周刊，一九三一年第一百三十三卷第三百页，德文原文收录于一九三四年《我的世界观》。

I

我可以从一则政治信条谈起吗？这则信条是：“国家为人民而设立，非人民为国家而存在。”我认为，这则道理也可以用在科学上，这是老生常谈，凡是相信“人”就是最高价值的人士都会这样主张。若不是在这种组织化与制式化的时代这点常有被遗忘之虞，我本应不需要一提再提。我认为国家的最高使命在于保护个人，让大家有机会发展成为具有创造力的人。

也就是说，国家应该是人民的仆人，而非人民是国家的奴隶。当国家强迫我们服兵役参与战事，便是违反这项原则，尤其是这种奴役兵制的目标与结果，是杀害其他国家的人民或干涉其自由发展。唯有促进个人自由发展时，我们才会为国家做这种牺牲。对每个美国人来说，这或许是耳熟能详的道理，但并非对每个欧洲人都是如此。因此，我们希望美国人能大力支持，共同来反战。

现在谈到裁军会议。当我们想到它时，是应当笑，应当哭，还是抱持希望呢？设想有一个城市，居民脾气暴躁，不诚实，又爱吵架。在那里生活经常面临危险，重重阻碍下简直没办法过正常健康的日子。市议会非常想要改善这种糟糕的状态，但是大家都坚持有带刀上街的权利。经过多年的研议后，市议会决定妥协，对民众可携带刀子的长度和锐度的问题进行辩论。当然，若不明令禁止械斗，并由司法与警方依法执行，事情就会维持老样子。不管如何定义刀子的长度和锋利程度，都只是让最强壮、最爱闹事的人得利，弱者只能任凭摆布。大家都明白这个比喻的意思，的确，我们有国际联盟和仲裁法庭，然而国际联盟不过是开会的地方，而仲裁法庭也没有办法强制执行决议。这些机构对于任何遭受攻击的国家，都无法提供安全保障。若是记住这点，对于法国拒绝没有保障便径行裁军的态度，应该不会像现在那般严词批判。

除非所有国家都一致同意限制自己国家的主权，并联合起来对抗公然或暗中违反仲裁法庭决议的国家，否则将永远无法从目前全球混乱与恐怖的状态中脱离。我认为，没有其他花招可以让各国既维持毫无限制的主权，又能保证会一同抵抗侵略。难道还需要新的灾难发生，才会刺激所有国家强制执行国际法庭的每项决议吗？迄今的发展让我们很难有理由相信，不久的将来情势会改善。但是每个关切文明与正义的人，都应当尽一切力量说服同胞，必须让所有国家共同承担这样的国际义务。

有人说这种主张高估了国际组织机制的效能，却忽略了心理层面或说是道德层面上的因素，这点意见并非没有道理。有人主张精神裁军必须走在实质裁军之前，他们进一步正确地指出，国际秩序的最大障碍是猖狂的民族主义怪兽，以冠冕堂皇实则滥用的“爱国主义”之名行之天下。在过去一个半世纪以来，这个虚假偶像到处荼毒生灵。

要判断这番异议是否具有价值，首先我们必须了解外在机制与内在心理之间的相互关系。机制不仅依靠传统的情感模式，根源存续也都归因于情感，而现有机制也会反过来对民族的情感模式发挥强大的影响。

依我之见，现今民族主义在各地旗帜高涨，都与义务兵役制（或称作好听的“国民军”）密不可分。一个要求国民服兵役的国家，一定得培养民众的民族主义思想，为从军报国打下心理基础。在学校除宗教外，国家还得让年轻人崇拜这种暴力的工具。

我认为实行义务兵役制，是白种人道德沦丧的主要原因，不只严重威胁到文明的存续，更威胁人类的生存。这项诅咒与伟大的社会福祉都是源自法国大革命，不久就席卷所有国家。

因此，凡是希望培育国际精神并迎战沙文主义的人士，都应该挺身反对义务兵役制。今日因为良心而拒绝服兵役的人所受到的残酷迫害，比起几个世纪前宗教殉道者所承受的苦难折磨，有过之而无不及。我们能够像《凯洛格公约》[1]那样，一方面谴责战争，另一方面又让每个人在各自国家的战争机器下求生存吗？

如果在裁军会议上，不只局限于讨论组织层面的技术问题，同时也从教育角度直接处理心理问题，我们需要创造一些国际上的法律手段，使个人得以拒绝服兵役，这种做法无疑会产生巨大的道德作用。

总结一下我的观点：只就限制军备达成协议并无法提供保障，强制仲裁必须有强制执行力做后盾，由参与各国保证，愿意共同以经济和军事制裁来对抗侵略者。义务兵役制是滋养不健康的民族主义的温床，必须加以打击；最重要的是必须以国际为基础，对出于良心拒服兵役的人士给予保障。

---

1 编者注：又称《巴黎非战公约》，全名为《关于废弃战争作为国家政策工具的普遍公约》（General Treaty for the Renunciation of War as an Instrument of National Policy），于一九二七年由美国国务卿凯洛格与法国外交部长白里安共同发起。凯洛格因此获得一九二九年的诺贝尔和平奖。

II

若是社会制度的发展能够跟得上科技进步的话，那么十九世纪的发明天才创造的成果，早已可让我们的生活幸福无忧。结果，这些得来不易的成就，在我们这代人手中好比是三岁娃儿玩刀；我们虽然拥有优异的生产技术，然而制造出来的不是自由，却是忧虑与饥饿。

科技进步带来最大的坏处是提供武器来毁灭人类的性命与辛苦耕耘的果实，我们老一辈的人在世界大战[1]已经遭遇过这种恐怖。在我看来，比这种毁灭更可怕的是战争迫使我们成为卑贱的奴隶。试问，社会逼迫我们去做每个人都觉得是罪大恶极的事情，难道不恐怖吗？只有少数人有道德勇气去反抗，我认为他们是世界大战里真正的英雄。

不过还有一线希望，我相信今天世界各国负责任的领袖大多真心希望消除一切战争。这是一定得做的事情，其最大阻力却是各民族所谓的不幸的传统，通过教育机制使其像遗传病般代代相袭。但是，这项传统最主要的载具是军事训练，而受重工业与军队控制的新闻媒体也同样一起推波助澜。没有裁军限武，就没有持久的和平，反之若持续目前这等规模的军备竞争，终将导致毁灭性的新灾难。

这就是为何一九三二年的裁军会议，将会决定这一代和下一代的命运。想到以前会议的整体结果如何少得可怜，有识之士应当明白要

1 编者注：指第一次世界大战。

竭尽全力唤醒公众重视一九三二年会议的意义。各国政治人物唯有获得大多数民众对和平的坚定支持为后盾，才有望达成这项伟大的目标；我们每个人的言论行动，都要负责促成这种舆论的形成。

如果代表们拿着既定政策的指示而来，把国家的威信置于法案通过之上，那么裁军会议的命运已经注定会失败。这点似乎大家都很明白，在最近频繁召开的一系列双边会谈中，政治人物都会讨论相关问题，为裁军会议奠定基础。我觉得这是非常珍贵的机制，因为两个人或团体聚在一起讨论事情，通常会比较有理性、诚实和冷静，免得有第三者在场时双方会觉得很拘谨。唯有充分详尽地准备后，将意外排除掉，因真心诚意创造出可信赖的氛围，大会才有希望成功。

在这些重大课题上，成功不是靠聪明机智，诚实自信才是正道。感谢老天，我向来认为，道德元素无法由才智取而代之。

我们不能只是等待与批评，必须全力以赴完成使命。这个世界的命运，掌握在世人之手！

55 论美国与一九三二年裁军会议

收录于一九三四年《我的世界观》。

今日的美国人非常关心国家的经济状况，而负责任的领袖最主要的是想致力改善国内严重的失业问题。比起平常的时候，如今美国人更少意识到它对世界其他地方的命运的影响，尤其是欧洲。

但是，经济力量的自由运作，不会自动克服当前的困难。我们需要社会的调控措施，让劳动与商品之间有更健全合理的分配；若是做不到这点，就连最富裕的国家的人民也会遭遇困顿。事实是因为科技的进步，造成所需劳动减少，在经济力量自由运作下，却无法让所有劳工都有工作。计划的调控与组织变得有必要，使科技进展能让大家都受惠。

如果经济情势无法以系统调控来整顿，那么处理国际政治问题更是棘手得多！几乎已经没有人相信，以暴力的战争作为解决国际问题的手段对人类是有利或有价值的。然而，对于战争这种早该被淘汰的野蛮遗迹，我们态度却不够坚定一致，没有积极追求防止战争的手段。我们需要反省并认清问题，勇敢承担起来，以坚定有效率的方法完成这项伟大的使命。

如果真的想要消灭战争，必须声明自己赞成国家释出部分主权给国际机构，若是出现争端时，也愿意让自己的国家服从国际法庭的裁判；必须以坚决不妥协的方式，支持全面裁军，正如不幸的《凡尔赛和约》所擘画的一样。除非废止激进的爱国军事教育，否则毫无进步的希望。

至今所有裁军会议通通宣告失败，这是过去几年来最让世界文明先进国家蒙羞之事。其失败不只是野心政客不择手段耍阴谋造成的，也是各国民众漫不经心的冷漠造成的；除非情况有所改变，否则一定会毁掉前人宝贵的成就。

我相信，美国人只是没有认清自己在这项课题上肩负的责任。

他们无疑这么想："如果欧洲因为自己人吵闹不休与作恶多端而毁了，就让欧洲毁了吧。威尔逊总统播下善良的种子，却在冰冷无情的欧洲人身上一无所获。我们美国强大安全，不用急着在别人的事情里搅和。"

这并非高瞻远瞩的态度。欧洲的困顿，美国有部分责任要负。美国一方面虽然再三强调，欲致力于帮助提振欧洲衰颓的经济与道德风气，另一方面却助长欧洲巴尔干化[1]，因此要分担政治道德败坏，以及由绝望而衍生的报复心态之责。我敢保证，这股气焰不会止于美国的门口，请大家睁大眼睛，提防四周啊！

事实很简单，可以这么说：要保存人类文明创造出来最优秀的东西，裁军会议将是你我最后一次的机会。关键就在大家身上，因为美国是世界上最强大，也相对最健全的国家，是举世的焦点与希望所在。

---

1 编者注：指一个地区分裂成为多个相互冲突对立的政治体。

56 裁军问题

收录于一九三四年《我的世界观》。

裁军计划要获得成功，最大障碍在于一般人不知道问题的困难艰巨。大部分的计划是逐步而成，如以民主取代君主专制。然而，我们现在关心的目标无法一步步渐进实现。

只要战争可能存在，各国为赢得下次战争的胜利，便会坚持做最好的军事准备。同时，为了让民众做好应战的准备，也免不了以好战的传统思想教育年轻人，鼓励狭隘的民族虚荣心，并且发扬好战精神。所谓“武装”，是表示同意为战争而非为和平做准备。因此，人们无法一步步卸除武装，必须一举成功，否则就完全失败。

在国家的历史中，要发生这种深远的改变，必须以强大的道德力量为前提，扬弃根深蒂固的传统。若是没有做好准备，愿意在发生冲突时由国际仲裁法庭决定各国的命运，并且毫无保留地签订这种条约，便是没有真正的决心避免战争，这就是全有或全无的情况。

不可否认的是，以前确保和平的尝试失败了，因为三心二意的裁军是不够的。

裁军与安全是一体两面。当所有国家承诺会落实国际机构的决议时，安全才能获得保障。

因此，我们现在站在分岔路口。我们选择的是和平的道路，还是继续走武力这种与人类文明不相配的老路子，一切都操在我们手上。一方面，个人自由和社会安全召唤着我们；另一方面，个人奴役与文明毁灭威胁着我们，就看我们如何选择自己的命运了。

57 仲裁

收录于一九三四年《我的世界观》。

短期内要推动全面裁军，唯有达成保证每个国家安全的共识，并设立一个永久独立于各国政府存在的国际仲裁法庭才有可能。

所有国家应无条件承担义务，不仅是接受仲裁法庭的决议，同时也要加以落实。

我建议设置各区的仲裁法庭，负责欧洲与非洲、美洲和亚洲三区，可将大洋洲分配到其中一区。超越上述三区仲裁法庭权限的问题，宜交由联合仲裁法庭负责。

58 致弗洛伊德

此私人信件大约写于一九三一年或一九三二年年初，
收录于一九三四年《我的世界观》。

亲爱的弗洛伊德教授：

您对探求真理的渴寻已经超过一切，这是多么让人钦佩啊！您清楚无比地指出，在人类心灵中，“侵略毁灭”的本能与“爱和生存”的本能绑在一起，无法分开。但是，在您精辟的分析下，同时可以看到您深深渴望追求人类于内于外都能免除战争的目标。这向来便是被尊奉为超越时代与地域之限制的道德与精神领袖所追求的伟大目标，从耶稣基督、歌德到康德，无一例外。虽然这些人想要将世人导入正轨的努力成效有限，然而他们都是公认的领袖人物，难道这不别具深意吗？

我深信，超脱地域之限制脱颖而出的伟大人物，都具有这样的理想。然而，他们却对政治事件的发展几无影响力。这个领域攸关国家的命运，但是看起来似乎都难逃统治者暴虐无道的主宰。

政治领导人或政府的地位，有的是由武力取得，有的是大众选择产生。不管是道德还是才智，他们都不是各国最优秀的代表。如今，知识精英对于国家的历史没有直接的影响力，由于不够团结，他们无法直接参与解决当代问题。难道您不认为，一群过去成就有目共睹、行谊举止公正无私的人自由组织起来，或许在这方面能带来改变？该组织具有国际性，成员需要经常交换意见来保持联系，若是可以在报纸上署名表现意见（署名在任何场合都是负责任的表现），或许可以形成一股可观的道德力量，有助于解决政治问题。当然，这种组织可能会染上让学术团体衰退堕落的通病，因为人性的不完美，这种危险总是紧紧相随。不过尽管如此，难道不应该冒险朝这个方向努力吗？我认为这是我们迫在眉睫的任务。

若是我上面说的知识分子协会能够成立，它也必须不断努力动员宗教组织，一起共同对抗战争。今天许多善良的人士在自怨自艾中耽溺，这个新组织可望给予他们鼓舞支持。最后，我相信若这个协会成立的话，由于组成分子在专业岗位上都备受敬重，对于国际联盟内同样为此伟大目标奋斗的成员来说，也可望形成珍贵的道德后盾。

比起世上其他人，我更衷心希望对您提出这番建议，因为您最不会变为被自己欲望蒙蔽的傻瓜。而且，您发自内心的深刻批判，背后都有最强烈的责任感支持。

59 和平

这篇文章表述了二十世纪三十年代盛行的观点，虽然现在普遍认为此文对和平事业之诠释已经过于狭隘，不过结论仍可适用，收录于一九三四年《我的世界观》。

确保国际和平的重要性，向来受世世代代伟人的肯定，然而现今由于科技进步，已将这个道德前提变成文明生死存续的问题；积极参与解决和平问题成为一种道德责任，任何有良心的人都无法推却。

我们必须体认到，势力强大的军火集团正在各国竭尽一切力量，阻止以和平方式解决国际争端，各国领导者唯有确实得到大多数民众的坚定支持，才能达成和平解决争议的伟大目标。在今日的民主政府里，国家命运操在民众自己手里，大家必须永远牢记。

60 和平主义者的问题

收录于一九三四年《我的世界观》。

各位女士先生：

很高兴有这个机会，跟大家浅谈和平主义的问题。过去几年，事件发展一再说明，我们绝不能再将对抗武力与好战浪潮一事留给政府！另外，众多成员要组成大型团体机构也是困难重重，无法让我们达成目标。在我看来，在这种情况下最好的方法是采取“良心拒服兵役”的激进方式，而且必须有团体组织的协助，给予各国这种勇敢的拒服兵役的行为以道义与物质的支持。在这种方式下，能成功让和平主义的问题受到瞩目，被视为一种真正的奋战，可以感召强大的精神。这是一种违法的抗争，但是当政府强迫人民做罪恶的勾当时，这就成了民众为真正的权利所做的奋战了。

许多人以正统的和平主义者自居，嘲笑这种做法绝非和平主义。我认为，在危急存亡之秋不应该仰赖这些人，世界大战殷鉴不远。

由衷感谢大家给我这个机会，能够表达个人的看法。

61 义务兵役制

收录于一九三四年《我的世界观》。

我认为，非但不应该容许德国推行义务兵役制，更应该阻止所有国家施行这种制度：开始时应该除佣兵外，其余皆不得允许，规模装备应该于日内瓦讨论。站在法国的立场，这也比眼睁睁看着德国推动义务兵役制好。而且，这么做可以避免对民众进行军事教育产生的致命心理冲击，以及牵涉的人权侵犯。

再者，若两个同意强制仲裁的国家把佣兵军队合编为统一组织，也有助于解决双方的所有争端，同时意味着双方可减轻财政负担并提高安全保障。这种合并的过程或许能推广扩大，演变成一种国际警察，最后国际警察再随着国际安全的确保而逐渐式微。

您愿意踏出第一步，与朋友们讨论这个提议吗？当然，我完全不是非要坚持这项提议不可，但我认为关键是要带着积极的计划前进；只有消极的政策，是不太可能产生实际效果的。

62 致和平之友的三封信

收录于一九三四年《我的世界观》。

I

我知道，在关怀人类命运的驱动下，伟大崇高的你们正悄悄完成一项至关重要的工作。虽然用心观察体会的人不多，但是这些人的力量将决定人类是否会陷入昏聩，而此昏聩竟然被许多受欺瞒的群众视为理想。

在一切太迟之前，或许各国得明白要退多少步，才能避免大家厮杀。事实已经证明，诉诸良心以及国际精神的力量并不足够，目前这些力量是如此薄弱，以至于竟容忍与文明最大的敌人和谈。屈服看似是政治智慧，实际上是违反人性的罪行。

我们不能对人类绝望，因为我们自己就是人。依然有您这样勇敢无惧的人存在，真是令人感到安慰。

II

坦白说，和平时期还采用征兵制的国家发出这样的宣言，在我眼里似乎毫无价值。我们必须努力奋斗，全面从兵役制度中解放。的确，法国不得不为一九一八年的胜利付出惨痛代价，因为那场胜利让法国子民自此陷入人类最不堪的奴役形式。

请在这场奋斗中，继续不懈努力。你们面对的是德国保守分子和军国主义者的强大同盟，若是法国不肯放弃全面征兵制，长期下来将无法阻止德国有样学样。德国人最终会夺得对等权利，到时候德军的人数会是法军的两倍，当然对法国没有好处。

唯有我们完全废除强迫征兵制，才有可能以和平共存、幸福安康与博爱世人等精神，来灌输教导年轻人。

我相信，当发起以良心拒服兵役的号召时，若同时有五万人响应，将形成势不可当的力量。在这方面个人难起作用，但任谁也不愿坐视我们当中最优秀的人才，在这种以愚昧、恐惧和贪婪三大势力为靠山的制度操纵下，投入毁灭一切的战争中。

III

您在信中提及的观点无比重要，军火业确实是人类最大的祸害，是民族主义泛滥背后隐藏的邪恶力量。

国有化或许有帮助，但是很难决定到底要包括哪些产业在内：航空产业吗？金属矿产和化学工业呢？

至于军火业和战争原料出口，虽然国际联盟多年来已经致力控管这种可恨的交易，然而众所周知，几乎一事无成。去年，我请教一位知名的美国外交官，为何日本没有受到商业制裁，迫使它终止军事计划呢？他的回答是："牵涉的商业利益太过庞大了。"人民若接受这种说辞，根本就没救了。

您以为我一呼百应吗？真是错觉啊！只要我不碍事，人们就会奉承我。但是，如果我追求的目标与他们的目标背道而驰，他们会立刻翻脸诽谤，以捍卫自身的利益，而旁观者多半作壁上观，真是懦夫啊！您曾经考验过同胞们是否具备公民道德勇气吗？大家默默遵守的信条是："别管事，少说话。"您可以确定的是，我会照您信中所说尽力而为，不过，恐难如您所愿立见成效。

63 积极的和平主义

收录于一九三四年《我的世界观》。

我认为自己很幸运，亲眼见证法兰德斯区人民[1]的和平示威。对

1 译者注：法兰德斯区人民（Flemish people）即比利时北部法兰德斯区内说荷兰语的族群。

所有关心未来的人士，我觉得需要大声说出来：“在这个反省并唤起良知的时刻，我心与你们同在。”

现今时局令人沮丧，我们切莫自我欺骗，若没有认真奋斗将不可能改善。大多数人不是毫不在意，便是容易受误导，少数真正有心做事的人真是屈指可数。想要继续操纵战争机器的阵营势力庞大，他们会不惜一切代价，使舆论沦为杀人的共犯。

今日，当权者在表面上似乎有意巩固长久和平。但是，从军备竞赛不断攀高这一点来看，很明显他们根本不足以与好战派抗衡。在我看来，若是希望能避免沦为战争的奴隶，只有靠人民自救，必须坚定宣示完全裁撤军备。只要有军队存在，任何严重的冲突都会导致战争。和平主义若不积极反对各国武装，注定不成气候。

但愿民众的良知和常识能被唤醒，让我们共同创造国家生命的新阶段；届时人们回顾战争时，会认为那是祖先们令人难以理解的脱序行为。

64 欧洲时局观察

收录于一九三四年《我的世界观》。

从现今世界（尤其是欧洲）的政治局势来看，经济需求已在短时间内发生质变，而我认为无论在实质还是心理层面上，政治发展都跟不上脚步。各国利益都应该置于更广大的国际社会利益之后。迈向新的政治思维与情怀是一场艰困的奋斗，因为我们要对抗的是数百年的传统，然而欧洲的存续必须仰赖这份成功。我坚信，一旦克服心理障碍，真正问题的解决就并非难事。想要创造适宜的氛围，最根本的在于志同道合者齐力团结。愿我们一起努力，成功搭造国际互相信赖的桥梁。

65 德国和法国

收录于一九三四年《我的世界观》。

法国和德国之间的互信合作，唯有法国获得不受军事攻击的保证才有可能。但如果法国提出这般要求，肯定会让德国视为挑衅。

不过，照下面的步骤似乎可行。让德国政府主动向法国提议，双方共同出席国际联盟会议，向所有会员国表示将遵守下列约束：

第一，服从国际仲裁法庭各项决议；

第二，协同国际联盟所有会员国，以所有经济和军事力量，共同对抗任何破坏和平或拒绝服从国际和平决议的国家。

66 文化与繁荣

收录于一九三四年《我的世界观》。

如果评估重大政治灾难对人类文明发展造成的伤害，必须记住高等的文化就像一株需要细心呵护的植物，仰赖一套复杂的生长条件，无论何时都只能在极少数地方茁壮成长。要开花结果，首先，需要一定程度的繁荣，使得小部分人可以从事与维持生命没有直接必要关系的工作；其次，要有尊重文化价值与成就的道德传统，由其他提供生活必需品的人们，提供这群人生活所需。

在上个世纪，德国这两方面的条件都实现了。整体来看，国家的繁荣程度中等但已然足够，尊重文化的传统风气鼎盛。在这个基础上，德国结出文化果实，对现代世界整体发展做出重大贡献。然而，今日虽然大致保留尊重文化的传统，经济荣景却已不再，德国产业界几乎完全被切断原料供应，这是工业人口生存的根基，也突然失去供应知识分子生活必需品的余裕。在这种情况下，借此维系的传统也势必瓦解，让果实累累的文化苗圃成为一片荒芜。

就人类是重视文化的物种而言，防止文化荒芜对人类有益处。文化对于解救眼前的危机有帮助，可重新唤醒现在被极端民族主义浪潮掩盖的群体，让他们享有更崇高的感情，使人类价值独立于政治与战火而存在。重视文化才能改善各国的工作条件，让国家得以生存，继而缔造文化的果实。

67 少数族群

收录于一九三四年《我的世界观》。

少数族群，尤其是从外貌特征即可判断者，被一起生活的多数民族视为次等人种，似乎是普遍之事。其命运之悲惨不仅在于遭受不公平的对待，让少数族群在社会经济方面自然居于劣势，同时也容易在多数族群的暗示影响下，使得大部分受害者也屈服于相同的偏见，将少数族群视为次等人。这种更糟糕的情况，可借与少数族群加强联系与刻意教育而克服，让他们在精神上享有自由。

美国黑人朝这个方向坚定前进，是值得肯定与支持的。

68 时代的继承者

收录于一九三四年《我的世界观》。

以前的人可以将知识文化的进步，单纯看成继承先人劳动的成果，让生活更加美好便利。但是，我们这一代的苦难却说明这不过是要命的错觉而已。

人类的遗产也带来诅咒，若要证明它利大于弊，我们还得加把劲。从前一个人只需在某种程度上从自我中心主义中解脱出来，就能成为社会上有价值的一员，今日却还必须克服以国家与阶级为中心的思想。唯有达到这样的高度，才能贡献一己之力，改善人类的命运。

面对这份时代最重要的要求，小国人民不管是在政治还是经济上都比大国人民更有优势，因为后者容易受到诱惑，以武力达到目的。现今荷兰和比利时之间达成的协议，是过去几年来欧洲情势中唯一的亮点，鼓舞我们寄望小国未来会担纲要角，放弃个别国家无限上纲的自决权，让世界避免与军国主义一起沉沦。

69 赢了战争，却输掉和平

一九四五年十二月十日于纽约亚斯特酒店第五届诺贝尔纪念晚宴演讲，收录于一九五〇年《晚年文集》。

今日，物理学家的处境与诺贝尔当年并无不同。诺贝尔发明了当时最有威力的炸药，杀伤力所向无敌。为了赎罪与减轻良心上的不安，他设立奖项来促进与实现和平。今日，一群参与制造有史以来最可怕与最危险武器的物理学家，即使没有罪恶感，也深受责任感折磨。我们不能不一再警告，也不能片刻松懈努力，一定要让世界各国（尤其是各国政府）明白，除非它们改变对待彼此，以及塑造未来的态度，否则势必挑起无法言喻的灾难。我们帮忙制造这项新武器，是为了防止人类公敌抢先制成；以纳粹的思维，那意味着无法想象的毁灭以及对全世界的奴役。我们将这项武器交给英美两国，是因为将他们看成全人类的依托与维护自由和平的战士。但是到目前为止，我们既没有看见和平的保证，也没有看见《大西洋宪章》[1]向各国承诺的自由保障。我们赢了战争，却输掉和平，强国曾经团结奋战，如今却在和平协议上四分五裂。世人曾享有免于恐惧的自由，然而事实上自战争结束后，恐惧却急剧增加；世人曾被保证享有免于匮乏的自由，如今虽然有些人生活富裕，但是大部分人却面临饥饿穷困；国家曾许诺自由与正义，但是从过去到现在，我们再三目睹悲惨的景象，所谓的“解放部队”射杀追求独立和社会平等的民众，以武力支持既得利益的政党与个人。领土问题和权力之争，虽然已是过时的老问题，却仍然压过对大众幸福与公平正义的追求。请容我特别以犹太同胞的例子来说明白，这只是个普遍的例子。

若纳粹暴力只针对或主要针对犹太人，世上其他国家就会袖手

---

1 编者注：一九四一年八月，美国总统罗斯福与英国首相丘吉尔为了因应第二次世界大战而提出《大西洋宪章》，其中宣示不扩张领土、不违背人民意愿而变更领土、民族自决、各国经济与社会合作、海上航行自由等原则。

旁观，甚至与公然犯罪的纳粹德国政府签订协议条约。后来，当希特勒快要占领罗马尼亚和匈牙利时，马伊达内克和奥斯威辛两处集中营都已落到盟军手里，那时候大家都知道纳粹用毒气室来杀害犹太人，但营救罗马尼亚和匈牙利犹太人的努力却都落空了，因为英国政府对犹太移民紧闭巴勒斯坦的大门，也没有其他国家愿意收容这些被抛弃的人。让他们被抛进了像在被占领国家的兄弟姐妹一样被消灭的命运。

我们永远不能忘记斯堪的纳维亚各国、荷兰和瑞士等小国的英勇作为，以及家园被占领，却竭尽所能来保护犹太人性命的民众。我们也不要忘记苏联的人道精神，当纳粹军队往波兰推进时，他们是唯一为几十万犹太人打开大门的大国。但是，在一切未能阻止而发生的事情之后，今日又如何呢？欧洲正在重新划分领土，但未将居民的意愿挂在心上，欧洲的犹太人仅存战前的五分之一，仍然被拒绝进入巴勒斯坦的避风港，留给他们的仍然只有饥寒交迫与敌意环伺。即使是今天，没有国家愿意或能够提供他们一块地方，让他们能够安居乐业。许多人仍然被盟军安置在条件恶劣的集中营中，为他们处境的不堪和绝望留下证明。民主原则是这些人被拒于巴勒斯坦之外的借口，但实际上西方列强支持“白皮书”[1]禁令，只不过

1 编者注：一九三九年英国首相张伯伦颁布了一份白皮书，规定五年内犹太人可再移民七万五千人，此后不再接受犹太移民，并指出除非得到巴勒斯坦人的支持，否则英国不会容许一个犹太国家的成立。这份白皮书被许多犹太人视为对犹太人的背叛，但阿拉伯人也并不满意，他们希望完全停止犹太人的移民。

是屈从于五个地广人稀的阿拉伯国家施加的威胁而已。当英国外相告诉可怜的欧洲犹太人，表示他们应该留在欧洲，因为那里需要他们的天分才干，另一方面却劝告他们不要抢在队伍前面，以免引来新仇旧恨的迫害，这真是讽刺啊！唉，想想六百万牺牲者，他们实在也不想被纳粹推到队伍前头啊！

战后世界的景象并不是一片光明。就物理学家而言，我们不是政客，也从来没想过沾染政治。但是，我们知道一些政客不知道的事情，并感到有义务大声说出来，提醒那些有责任的人：没有侥幸安逸的退路，必要的改变已经不能再无限延宕，也没有时间锱铢必较。现今局势需要有勇气的大作为，让我们对整个政治概念的态度进行彻头彻尾的改变。愿促使诺贝尔设置巨额奖金的精神，那种推动人类之间互爱互信与宽容的精神，能够在当权人士心中绽放，否则人类文明将注定被毁灭。

70 军国主义思想

取自纽约《美国学人》一九四七年夏季刊。

在我看来，现今国际情势的关键点在于我们面前的问题无法被孤立看待。首先，有人可能提出这样的问题：基于种种理由，私人经费来源已不足以应对学术研究需求，日后学术研究机构须更加仰赖国家经费的支持，那么是否意味着为了研究，也可以将征收的税金交付到军队手中呢？就这个问题，明智之士肯定会回答：“不！”显然，研究经费该如何做最佳分配事关重大，应当交给对这类问题最有经验的科学研究人士才适合。

然而，如果通达事理的人还是宁愿将大部分经费分配给军事机构，只能说是他们重视自己的政治前景，更胜于对文化层面的关切，那么我们应该来探究这些“务实”政治观点的起源与影响。我们很快会发现这些问题不过是冰山一角，只有放在更广泛的架构里才能全盘评估并做出正确判断。

我这里要谈的思维，对美国来说是新的东西。这些想法的出现，是因两次世界大战将所有力量集中在赢得战争的军事目标，所以发展出“军事第一”的思维与心态，后来又因为突然的胜利，更加助长了这种心态。这种心态的特点是将罗素铿锵有力的名言“赤裸的权力”看得无比重要，超越人我关系的一切作用与影响。特别是德国人受到俾斯麦的成功所误导，经历了这种心态与思维的转变，结果不到百年他们就完全毁了自己。

我必须坦言，战后美国的外交政策让我不禁想到德皇威廉二世的态度，而且不只是我，其他人也有同样痛苦的联想。军国主义思维的特征在于认为物质因素如原子弹、战略基地、常规武器、原料物资等是最重要的，而人的欲望与想法（即心理因素）被认为是不重要或次要的。个人被降级成为工具，变成一种“人力物资”。在这种思潮下，指引我们抱负志向的正常目标消失不见了，而军国主义思维高唱“赤裸的权力”本身就是目标，这真是人类最荒诞离奇的错觉了。

在这个时代，军国主义比以往更加危险，因为攻击武器比防卫武器更加强大。因此，必然会导致预防性战争，随之而来的是普遍缺乏安全感，牺牲国家应给予民众的照顾与福利。在这种情况下，政治上的猎巫行动、各种控制（如教学研究与媒体监控等）似乎无从避免，在平日大众会抗拒并给予限制，今日却因为军国主义的思维占上风，而无法发挥作用。所有价值都会逐一受到重新审视，凡是未能满足军国“乌托邦”目的者，都会被斥为无用。

在我看来，除提出一个有远见、诚实、勇敢的政策，在超国家基础上建立安全保障外，没有其他方式可帮助我们摆脱现状。让我们衷心期盼，我们就能够找到足够多有道德力量的人士，在这条道路上好好带领我们的国家。那么，这里讨论的问题也不复存在了。

71 “世界一家”得奖感言

一九四八年四月二十七日于纽约卡内基音乐厅演讲，收录于一九五〇年《晚年文集》。

你们加诸我身上的这份荣誉，让我感动莫名。在漫长的一生中，我已接收到同胞们诸多肯定，让我愧不敢当，必须承认愧疚永远超过欣喜。但是，以前从未像今日一样，得奖带来的痛苦远远超过快乐。对真正在乎和平与理性正义的人来说，今日必定迫切感到政治是如此善恶不分。但是不管如何，也不管前头有什么样的命运等着，我们都可以确定，若是没有关心人类全体福祉者的不懈努力，人类的命运甚至会比现在还要糟糕。

在此危急存亡之际，我们必须对同胞说的始终如一：在政治层面上，“武力万岁”的信仰占了上风，这股力量已经完全失控，连原本只想把武力当作工具的人都无法控制。我认为，提议将国家军事化不仅会立即带来战争威胁，同时也会逐步摧毁民主精神，以及这片土地上人类的尊严。宣称国际事件迫使我们武装起来是错误的，必须全力予以驳斥。事实上，从其他国家的反应来看，美国重新发展军备只会适得其反，反而构成倡导者所提建议的前提。

通往和平与安全的唯一道路，是建立超国家组织的道路。各国进行片面武装，只是凸显普遍的不安与困惑，而无法形成有效的保护。

72 给知识分子的信

预计在波兰弗罗茨瓦夫知识分子和平大会上宣读的信息，但是未能发表，后于一九四八年八月二十九日发表。

世界各国的知识分子与学者今日在此聚会，肩负历史的重责大任。我们有充分的理由感谢法国和波兰的同仁，让大家齐聚在此为重大的目标努力，期待有识之士共同发挥影响力，促进世界和平与安全。这是古老的问题，柏拉图最早也为此努力奋斗，运用理性和谨慎来探求人类问题的答案，而非受人类祖先遗传下来的直觉和冲动所钳制、操控。

经过惨痛的经验教训，我们已经明白理性思考不足以解决社会生活中存在的问题。尖端先进的科学研究对人类往往带有悲剧的含义，因为一方面，科技发明让人们从辛苦劳动中获得解放，让生活更加富裕舒适；另一方面，也使人们变成科技环境下的奴隶，心里感到惶惑不安。而最大的灾难是创造出让人类大规模毁灭的武器，这真是令人痛心的悲剧。

这悲剧已叫人痛苦不堪，然而或许更加可悲的是，虽然在科学技术领域产生了许多杰出优异的学者，但是对于长久以来让大家感到纷扰不安的种种政治冲突与经济紧张，人们却无法找到合适的解决之道。毋庸置疑，国家内部和国家之间经济利益的对立抗衡，是当今世界局势危险重重的主要原因。至今，我们还无法成功发展出一种政治经济组织，可以确保世界各国和平共存；我们也还无法成功建立一种制度，可以杜绝战争，且永远消除大规模毁灭性的杀人武器。

帮助建造越发可怕有效的毁灭性武器，是我们科学家可悲的命运。我们必须思考自己肩负神圣庄严的责任，应该尽一切力量防止这类武器用在残酷的目的上。对我们来说，还有什么更重要的任务？还有什么社会目标更接近我们的心灵？这就是为何这次大会肩负如此重要的使命，我们在此共商大计，必须建立连接世界各国的精神与科学桥梁，必须克服国界造成的可怕障碍。

在较小型的社会群体中，人类在打破反社会的政权上已有一些进展，如城市生活，甚至有些国家内的社会生活都是这样子。在这样的社会里，传统与教育发挥调节作用，让生活在社群团体里的人们享有包容的关系。然而，国家之间的关系仍然主要是无政府状态。我不认为在过去几千年来，人类在这方面获得真正的进步，国家之间的冲突太过频繁，仍然由武力或战争决定；只要实际上有可能，随时随地都会激发无穷的野心，渴望追求更大的权力。

长久以来，国际事务的无政府状态为人类造成难以言喻的痛苦和毁灭，一次又一次阻碍人类的发展，并且残害身心安宁，有时候几乎将一切摧毁殆尽。

此外，各国愿意随时为战争做准备，也对人民的生活产生其他反响。在过去几百年来，各国控制人民的权力持续增长，不论是民主法治国家还是由暴政统治的国家都不例外。主要由于现代工业设备集中的缘故，国家为了维持人民之间的和平和秩序，职责已逐渐变得更加复杂广泛。为了保护民众免受攻击，现代国家都需要建立强大与不断扩大的军事设施。此外，国家也认为教育民众正视战争的可能性是必要之事，而这种“教育”不仅摧残年轻人的精神灵魂，对于成人心态也有不利的影响。没有国家能避免这种堕落，甚至在平和的国家里，这股氛围仍然弥漫在民众之间。因此，国家已然成为当代的偶像，其暗示力量鲜少有人可以逃离。

但是，战争教育是一种错觉。过去几年来，科技发展已经创造出全新的军事形势，并且发展出可怕的武器，能在几秒内造成大规模破坏与伤亡。既然科学尚未找到针对这些武器的防御之道，现代国家再如何发展军备，也无法确保民众的安全。

那么，我们如何才能得救呢？

只有一个超国家组织单独掌握制造或持有这些武器的权力，人类才可望获得保障，免于无法想象的破坏与毁灭。然而，在现在的状况下，很难想象各国会交出权力给超国家组织，除非该组织拥有法律上的权利与义务，解决导致战争的一切冲突。在这种制度下，各国主要职责将是处理国内事务，至于与其他国家的关系，则仅限于不会涉及国际安全的议题和问题。

遗憾的是，迄今没有迹象显示，各国政府已认识到现今人类的处境已经迫切需要革命的手段来改善了。我们的处境与过去无法相比，因此，以往或许有足够的措施，如今已不足以应对。我们必须革新思考行动，也必须有勇气革新世界各国之间的关系。昨日的陈词滥调无法用于今日，更何况明日，让全世界的人们都认知到这点，是有史以来知识分子肩负的最关键、最重要的社会功能。而知识分子具备足够的勇气，能够割舍与自己国家的纽带，并引导世人以最激进的方式改变根深蒂固的民族传统吗？

巨大的努力是不可或缺的。如果现在失败了，超国家组织以后还是会建立，只不过会建立在大半已成废墟的世界上。但愿我们不需要制造出世界级的毁灭性灾难，才能终止现今国家间无政府的状态。时间紧迫，若要行动就要趁现在。

73 为什么要社会主义？

取自一九四九年五月纽约《每月评论》。

一个不是经济与社会问题专家的人，就社会主义这一主题发表意见，是否恰当呢？从许多理由看来，我相信是无妨的。

让我们先从科学知识的角度来思考问题。天文学和经济学之间，在我看来并不存在方法论上的根本差异：两个领域的科学家都企图为一类特定范围内的现象找到可普遍适用的规则，让这些现象彼此之间的关联尽可能清晰易懂。然而在现实层面，两者间确实存在方法论上的差异。在经济学领域，由于观察到的经济现象常常受到许多很难独立评估的因素影响，所以不容易发现一般规律。此外，从人类历史上所谓“文明阶段”开始累积的经验，在很大程度上绝非完全受经济因素的影响与限制。例如，历史上多数大国之所以存在，是因为征服其他国家。征服者让自己成为被征服国家在法律上和经济上的特权阶级，他们霸占土地，指派自己人担任教士。这些人控制教育，让社会的阶级划分成为永久的制度，并创造一套价值体系，让人民不知不觉地受其引导支配。

然而，历史传统可以说是昨日之事，无论在哪里，我们都还没有真正脱离范伯伦[1]所称人类发展的“掠夺阶段”。所以说，我们观察到的经济现实仍属于这个阶段，推演出来的法则也不能适用到别的阶段。既然社会主义真正的目标正是克服并超越人类发展的掠夺阶段，那么现今阶段的经济科学对于未来的社会主义，就不能达成指引作用。

其次，社会主义是以社会道德目的为导向的。然而科学本身无法创造目的，遑论强行灌输到人们身上；科学至多只能提供达成某些目的的手段。但是目的本身是由具有崇高道德理想的个人所构想出来的，若是这些目的未夭折，并发展出充沛的生命力，就会被许多人采纳和实践，自觉不自觉地带动社会的缓缓前进。

基于这些原因，在面对人类的问题时，我们应该小心不要高估科学与科学方法的力量；我们也不应该假定，在面对会影响社会组织的问题时，只有专家才有权利表达意见。

---

1 编者注：美国知名的经济学家、社会学家，对资本主义提出深刻的批判。著作有一八九九年出版的《有闲阶级论》（*Theory of the Leisure Class*）及一九〇四年出版的《企业理论》（*The Theory of Business Enterprise*）

一段时间以来，已有无数的声音宣称人类社会正经历一场危机，其稳定性受到严重破坏。这场危机的特征是，个人对于所属的群体（不论大小）都冷漠以对，甚至抱持敌意。为了说明我的意思，我要讲一件亲身经历的事情，前些时候我和一位聪明又好脾气的先生谈论下一场战争的威胁，我认为那会严重危害人类的生存，指出只有建立超国家组织才能避免这种危险。然而，这位客人却无动于衷，冷冷地回我说："为什么您会强烈反对人类灭绝呢？"

我相信，在短短一个世纪以前，没有人会轻率地说出这种话。说这话的人，曾经力求内心平衡，但是失败了，于是产生绝望。这番话所表达的痛苦、寂寞与孤单，是今日许多人内心真实的感受。其产生的原因是什么？有解决之道吗？

提出这样的问题很简单，但是很难得到肯定的答案。我会尽量试试看，虽然我相当明白我们的心意与努力常常是自相矛盾、模糊不清的，无法用简单易懂的形式表达。

人是一种兼具孤独与社会性的生物。作为孤单的人，会试图保护自己与至亲的生存，会满足个人欲望并发展其天生的才能。作为社会的一分子，会寻求同胞的认可和赞同，分享大家的喜怒哀乐，并改善众人的生活条件。唯有这些各式各样与互相冲突的努力同时存在，才能凸显出一个人的独特本质，并且决定一个人达成自我内在平衡以及贡献社会福祉的能力。这两种驱力的相对强弱，很有可能主要是由遗传决定的，但是最后成就的人格，主要是由个人发展中所处的环境、成长中的社会结构、沿袭的社会传统，以及社会对某类行为的评价所共同塑造的。“社会”这个抽象概念指的是，个人与古往今来所有时代人物直接与间接关系的总和。一个人能够自己进行思考、感觉与工作，但是不论在身体、心智与情感方面，都深深依赖社会，所以不可能在社会的框架之外来思考或了解一个人。是“社会”提供一个人食物、衣物、住所、工具、语言、思考形式以及绝大多数的思考内容；个人的生命是通过从古至今亿万人的努力与成就而来的，他们都隐藏在“社会”这个小小词语的背后。

因此，显然个人对社会的依赖是自然界中无法抹煞的事实，正如同蚂蚁和蜜蜂一样。不过，在蚂蚁和蜜蜂的一生中，包括最小的细节，都是由不变的遗传本能所决定，而人类的社会模式和相互关系却是各式各样，且容易改变。记忆力、重组能力以及语言沟通的天赋等，让人类大有可为，不再受限于生物本能的必然性。这类的发展可从传统、制度与组织看出来，从文学、科学、工程成就以及艺术作品看出来，也解释了为何人类可以通过自身行为影响一生，以及在这个过程中自觉的思考与愿望扮演了何种角色。

经由遗传，人在出生时会获得固定不变的“生物素质”，包括人类特有的天生冲动与欲求。此外，人在一生中会得到一种“文化素质”，经由传播沟通与各种形态的影响而从社会中获得，随着时间推移而演化，并会在很大程度上决定个人与社会的关系。现在人类学通过所谓“原始文化”的比较研究，指出随着主流的文化模式与社会组织形态的不同，人的社会行为可能相差甚大。基于这点，企图改善人类命运的人士或许可以抱有希望：人类不会因为生物特性的关系，就注定会彼此毁灭，或是听任残酷或自作自受的命运摆布。

若问到社会结构与文化态度该如何改变，才能尽可能让人类的生命获得满足时，我们应该谨记在心，有些条件是无法改变的。上面提到基于实际需要，人的生物本质不易改变，再者，过去几个世纪的技术和人口发展已经创造出一些不易变动的条件，在人口相对稠密的地区，为生产生活必需品，必须有极细的分工和高度集中的生产设备。回顾过去，个人或小型的社群完全自给自足的恬淡时光，已经一去不复返；讲得夸张一点，人类现在已经组成一个生产与消费的地球村了。

到这里，可以扼要说明这个时代危机的本质，这个问题牵涉到个人与社会的关系。个人比以往更加意识到自己对社会的依赖，但是并未将这种依赖视为一种正面资产，一种有生命的联系，或保护的力量，反倒认为是对自己的天赋权利，甚至是经济生活的威胁。再者，人在社会中所处的位置，会让天生自私自利的驱力不断增强，而天生较薄弱的社会驱力则严重衰退；所有人不论在社会中的位置如何，都会经历这种衰退的过程，不知不觉成为利己主义的囚犯，感到不安与孤独，无法简单享受生活的乐趣。我们的一生短暂而脆弱，唯有奉献给社会时，才能找到人生的意义。

在我看来，资本主义社会的经济无政府状态是今日真正的祸害根源。我们眼前看到的是一个巨大的生产者社会，成员们为了夺取他人集体劳动的成果而争斗着，不是靠暴力，而是靠严格遵守规则。在这方面，重点是了解生产工具（包括制造消费商品与资本商品所需的全部生产力）可以合法成为私有财产，而且大部分已经是私有财产了。

为简单起见，在下面的讨论中，我会将不享有生产工具的人统称为“工人”，虽然这与一般习惯用法不同。生产工具的拥有者居于购买工人劳动力的位置，而工人利用生产工具制造新商品，成为资本家的财产。这个过程的重点是工人生产商品与获得报酬之间的关系，都是以实际价值衡量。在劳动契约是“自由”的情况下，工人得到的报酬不是由生产商品的实际价值决定，而是依照工人最低的生活所需，以及有多少人竞争工作，和资本家需要多少劳动力来决定。重要的是明白即使在理论上，工人的报酬也不是由产品的价值来决定。[1]

私有资本倾向于集中在少数人手里，部分是因为资本家之间的竞争，部分是因为科技进步与劳动分工增加，导致大型生产单位的形成，牺牲了小型的生产单位。这些发展的结果是造成私有资本的独占垄断，其权力庞大到甚至是民主的政治社会都无法有效监督。事实确实如此，因为立法机关的成员是由政党选出的，大部分受到私人资本家资助或影响，他们基于实际需求，将选民与立法机关分开来，造成人民的代表实际上并未充分保护弱势者的利益。再者，如今无可避免

1 编者注：可以参考《共产党宣言》中对工人阶级的描述：“他变成机器的单纯的附属品，要求他做的只是极其简单、极其单调和极容易学会的操作。因此，花在工人身上的费用，几乎只限于维持工人生活和延续工人后代所必需的生活资料。但是，商品的价格，从而劳动的价格，是同它的生产费用相等的。因此，劳动越使人感到厌恶，工资就越少。”

的是，私人资本家直接或间接控制了主要信息来源（新闻、广播和教育），因此，事实上大多数时候公民都难以形成客观的结论，遑论明智行使政治权利。

因此，以资本私有权为基础的经济制度里，最常见的情况有两大原则：第一，生产工具（资本）为私人拥有，而所有者可以任意随情况处置；其次，劳动契约是自由的。当然，在这个意义上，“纯粹”的资本主义社会是不存在的，尤其经过漫长艰苦的政治斗争后，有些行业的工人已经得到多少有些改善的“自由劳动契约”。然而整体看来，今日的经济与“纯粹”的资本主义相差无几。

生产是为了谋取利益，而非为了赢利，并没有法令规定所有有能力以及有意愿工作的人都有就业机会，一支“失业大军”几乎一直存在，工人经常害怕失去自己的工作，而失业与薪水微薄的工人无法造就一个有利可图的市场，消费者商品的生产受到限制，引起严重的经济困顿。科技进步往往造成更多失业，而不是减轻工作的重担。资本家追求赢利，再加上彼此之间的竞争，都造成资本累积与运用的不稳定，导致严重的经济衰退。无限制的竞争会造成巨大的劳动力浪费，使我前面提到的个人社会意识萎靡不振。

我认为，戕害人性是资本主义最大之恶。我们整个教育制度深受其害，将夸张的竞争心态灌输给学生，训练他们崇拜成功与贪婪，为日后就业做准备。

我深信只有一种办法来消除这些严重的弊病，就是建立社会主义经济，并且由教育系统培养学生以社会目标为导向。在这种经济中，生产工具由社会拥有，并采用计划的形式加以运用。计划经济会根据社会需求来调整生产，会分配工作给所有能够工作的人，并且保障男女老少的生活。个人所受的教育除了可促进天赋才能的发展之外，也会帮助培养对同胞的责任感，取代现今社会对功名利禄与权势的歌颂。

尽管如此，必须记住计划经济不是社会主义的全部。这样的计划经济也可能造成个人的彻底奴役，因此实现社会主义需要解决一些极为困难的社会政治问题：鉴于政治与经济权力的高度集中，有没有可能防止官僚系统独揽大权且唯我独尊？个人权利应该如何保护，以确保民主力量能够制衡官僚权力呢？

74 国家安全

一九五〇年二月十三日参加罗斯福总统夫人有关氢弹影响的电视节目进行的谈话。

由衷感谢罗斯福夫人，让我有机会对当今最重要的政治问题表达自己的信念。

就现今军事技术而论，欲通过国家军事力量实现安全，恐怕是会导致灾难的幻想。由于美国是全球第一个成功制造出原子弹的国家，更是助长了这种幻想，这就是为何现今美国主流想法是以取得决定性的军事优势为目的，认为通过这种方式可以吓阻所有潜在的敌人，将众人殷切期望的安全带给美国乃至全人类。简单来说，过去五年来我们大家遵循的格言是：不惜一切代价，以强大的军事力量来获得安全。

这种机械的和军事技术性的心理倾向已经招致无可避免的后果。现在外交政策的一举一动，都只受单一观点的主宰，即我们该如何行动，以便发生战争时取得最大优势？包括：在全球所有战略要地建立军事基地；加强潜在盟国的军事与经济力量；对内，将庞大的经济势力集中在军队手上；对年轻人施以军事训练；严密监督民众（尤其是公务员）的忠诚度，使得警察势力日益扩张；恐吓具有独立政治思考的民众；通过广播、报纸与学校，对民众潜移默化地灌输教条主义；以军事机密为由，不断压缩公共信息的范围。

美苏之间的军备竞赛原本应该只是一种防卫措施，现在却演变成为歇斯底里。双方都急如星火，在层层机密的高墙掩护下进行大规模毁灭武器的制造。在大众眼中，氢弹是可望实现的目标，总统郑重宣布已加速发展。倘若真的成功，在一瞬间以放射性物质毒化大气，并造成地球生物的完全毁灭，都已在科技上成为可能。这种发展有如鬼魅般挥之不去，俨然已经势不可当，步步导致不可避免的后果。最终，昭示的正是人类的全面毁灭。

有没有办法破除人类作茧自缚的困境呢？我们所有的人都应该了解，尤其美苏两国的主政者，或许能够消灭外在的敌人，但却无法摆脱战争引发的心理阴影。只要每个举动都是为应对未来可能的冲突而产生，那么永远不可能实现和平。因此，一切政治举动的出发点应当如下：我们应该怎么做才能实现和平共处，甚至是各国坦诚合作呢？首要问题是消除相互的恐惧和不信任，郑重放弃暴力（不只限于大规模毁灭武器）无疑是必要的。然而，这种放弃要达到效果，必须同时设立一个超国家的仲裁和执行机构，赋予其可对国际即时的安全问题做裁决的权力才行。纵使各国只是声明会忠诚合作，实现所谓“有限权力的世界政府”，也会大幅降低战争迫在眉睫的危险。

归根究底，人类之间的和平共处主要是基于互相信任，其次才是有赖于法庭与警察等机构来维持，对于个人与国家皆是如此，信任基础在于诚恳沟通与互动。

至于国际管控呢？嗯，也许可以作为维持秩序的次要手段，但莫高估其重要性，或许才是明智的。想想美国禁酒令施行的年代，就足以让人三思了。

75 追求和平

一九五〇年六月十六日，联合国广播电台在爱因斯坦的普林斯顿家中书房里进行的录音采访。

问题：世界命运仅系于一线的说法很夸张吗？

答：不夸张。人类的命运一直是系于一线……但此刻更甚过往，尤其迫切。

问：我们该如何唤醒所有民众正视当今严峻情势？

答：我认为这个问题有答案。为战争发生做准备并不是解决之道，我们要有这样的信念：若想要免于军事灾难的威胁，唯有通过耐心谈判与设立解决国际争端的法律基础才能办到，而这需要强大的执行机构做后援，也就是某种世界政府。

问：当前的核军备竞赛可能会导致另一次世界战争，不过有些人主张这是防止战争的方法。您认为呢？

答：军备竞争并非防止战争的方法，朝这个方向走会让我们更加接近全面性的毁灭。军备竞赛是防止公开冲突最糟糕的方法；相反地，若是没有进行超国家层次上的全面裁军，真正的和平是不可能实现的。我再说一遍，军备，竞赛无法保护我们免于战争，而是会无可避免地导致战争。

问：是否有可能同时为战争做准备并建立世界共同体？

答：争取和平与为战争做准备两者不兼容，在这个时代更是如此。

问：我们能防止战争吗？

答：有一个很简单的答案。如果我们有勇气决定追求和平，我们便会有和平。

问：如何做到？

答：借由坚定的意志达成协议，这是不证自明的道理。我们不是在参加一场竞赛，而是在处理人类面临的最严峻情势。若是没有下定决心以和平的方式解决事情，将永远无法和平解决。

问：您如何看待接下来十年或二十年核能对于文明的影响呢？

答：这无关紧要，现有技术能够达到的范围已经够令人满意……如果正确使用的话。

问：您对于一些科学家预测人类生活会出现深远改变有何看法？例如，我们每天只需要工作两个小时？

答：我们都是一样的人，没有真正深刻的改变。我们每天工作五小时或两小时并不那么重要，我们的问题是国际层次的社会与经济问题。

问：对于已经存在的原子弹库存，您有何建议呢？

答：送至一个超国家组织。在和平时期，必须有一定的保护力量，因为单方面裁军是绝对不可能的。武器一定只能托付给一个国际组织，没有其他可能性，全面裁军只能由超国家政府主导。对于安全问题，不应该只看技术层面，追求和平的意志与愿意为此目标迈出每一步，是最重要的。

问：个人对于战争或和平，可以有何作为？

答：个人可以让任何参选人（如国会选举）做出明确的承诺，愿意为国际秩序奋斗，并且答应为此限制国家主权。每个人都参与舆论意见的表达，必须真正了解有何需要，也必须有勇气站出来说话。

问：联合国无线电台以二十七种语言对全世界每个角落广播。这是危急存亡之秋，您有什么话希望我们向全球民众传达呢？

答：总的来说，我相信甘地的见解是当代所有政治人物中最具启发性的。我们应该努力传承其精神奋斗，以非暴力手段为使命而战，对于我们相信是邪恶的事情，更是不要参与。

76 “文化是世界互信互谅的基础”

取自一九五一年十二月《联合国教科文组织信使报》。

为了掌握《世界人权宣言》的完整意义，应该充分认识催生联合国与联合国教科文组织的世界局势。过去半个世纪的战争带来毁灭性破坏，让每个人都体认到，以今日科技进展的水平，唯有在超国家机构和行为规范的基础上，才能保障各国安全。我们都知道，长远来看唯有各国共组世界联邦，才能避免一切毁灭性冲突。

在这种状况下，联合国成立了，这是国际秩序的一个良好开端。不过，这个组织只是各国政府代表的集会，而不是以个人信念为基础独立行事的人民的代表。此外，联合国的决定于各国政府不具约束力，也没有具体方法可以强制执行决议。

因为拒绝某些国家入会，联合国的功效作用又进一步削弱，这种排挤严重影响该组织的超国家特性。然而本质上来说，国际问题终于可以摊在阳光下讨论，有利于和平解决争端与冲突。一个超国家的讨论平台存在，容易让民众逐渐习惯经由谈判协商维护国家利益，而不是动用武力。

我认为，这种心理或教育作用是联合国最珍贵的特质。这个世界联邦需要有新的忠诚为前提，即超越国界的责任感。这种忠诚要发挥真正的作用，必须拥抱比纯政治议题更宽广的视野，而不同文化群体之间的互信和理解，彼此给予经济与文化援助等，都是补充要件。

曾经，战争造成了大众的心理冲击，再加上狭隘军国主义与强权政治思维的打压，让我们失去了信心，唯有靠这样的努力才能重拾信心。若是缺乏互谅互信，是不可能出现有效力的机构可以确保各国的集体安全。

联合国增设联合国教育、科学与文化组织，该组织的作用在于推广文化事业，比联合国更能够摆脱强权政治带来的瘫痪效应。

联合国体认到，唯有享有健康与独立的人民，才能创造健康和谐的国际关系，因此精心拟定一份《世界人权宣言》，已于一九四八年十二月十日由联合国大会通过。

这份宣言建立一套普遍认同的标准，旨在保护个人，防止经济剥削并维护发展，促成个体在社会架构内能够自由从事自己的活动。

在所有联合国成员国之间推广这些标准，是一种重要的目标。为此，联合国教科文组织筹办三周年庆祝，旨在呼吁大家重视这些诉求。

为避免引发无止境的争论，这份宣言尽可能避免写成严谨的法律文件形式，虽然这份用心不见得完全成功。这份文件也不可能将不同国家悬殊的生活条件完全考虑在内，而且免不了需要容许对条款有不同的解释。但是，宣言的精神明白无误，可作为一般判断和行动的准则。

给予这些准则形式上的承认是一回事，然而，不管形势如何变化，自始至终都能奉行不渝又是另外一回事，公正的观察者从宗教组织的历史中便可获得明鉴。唯有当联合国用本身的决议和行动来落实《世界人权宣言》的精神，宣言才会发挥效力。

77 消除战争威胁

写于一九五二年九月二十日，刊登于日本东京的《改造》杂志一九五二年秋季号。

在制造原子弹的过程中，我只参与了一个动作：签署一封致罗斯福总统的联名信，呼吁迫切需要进行大规模的实验，以便探索是否有可能制造出原子弹。

我完全明白，万一计划成功将对人类造成的可怕威胁。但是，德国人正在研究相同的问题，而且有可能成功，迫使我走出了这一步。虽然我一向是坚定的和平主义者，但是我没有其他办法。在我心中，战争时杀人完全不比平常杀人罪行要小。

然而，各国只要没有决心共同行动消除战争，并且以合法与和平的方式来解决冲突并保护利益的话，就会觉得必须为战争做准备。大家感觉必须准备好一切手段，纵使是最令人厌恶的方式，这样才不会在军事竞赛中落后。这条道路必然导致战争，在当前的环境下意味着大规模的毁灭。

在这些情况下，只限制战争使用的武器毫无作用，唯有彻底消除战争与战争的威胁才有帮助，这是人人必须挺身奋斗的目标。每个人都必须下定决心，不要被迫做与这个目标背道而驰的事情，这对于具有社会意识的个人是很强烈的要求，但并不是不可能达到的。

甘地是这个时代伟大的政治天才，他已经为我们指出方向。他让我们亲眼见证，一旦找到正确的道路，人们可牺牲到多么大的程度。他为印度解放的努力，鲜活证明坚定信念所支配的意志，比看似坚不可摧的枪炮弹药更为强大。

78 文化衰落的症状

刊登于一九五二年十月《原子科学家公报》第八卷第七期。

思想和科学研究结果自由无碍的交流，对科学的健全发展与各方面的文化生活都很重要。我认为，美国政治当局对于个人之间知识的自由交流进行干预，无疑已经造成严重的伤害。首先是在科学研究的领域出现伤害，一段时间过后，在技术和产业界也会看到明显的效应。

政治权力对科学生活的侵入，在阻碍美国科学家与学者旅行国外，以及外国科学家欲造访美国时特别明显。强盛国家搞这种小动作，只是病灶极深的表面症状而已。

警察机关干涉科学成果的口头和文字传播自由，造成普遍对政治不信任的态度以及个人的焦虑胆怯，自缚手脚以避免受当局怀疑或威胁到经济地位；这些都只是症状而已，不过却凸显事态之严重。

然而，对我来说真正的重病是世界大战造成的心态，主宰我们所有的行动，让我们相信和平时期就得规划生活和工作，确保在战时能够获胜。这种态度导致人们认为，一个人的自由与生存都受到强敌的威胁。

这种态度解释了为何有我们上面归为“症状”的一切讨厌事情。若不加以治疗的话，势必导致战争，造成深远的破坏，美国的政府预算即明显一例。

唯有克服这种强迫的观念，才能以理性的方式，来解决真正的政治问题。那就是：在这个资源不断缩减的地球上，我们该如何做出贡献，让人类的生活变得更加安全与宽容呢？

倘若无法除去病根的话，我们自己是不可能治好上述一切症状的。

第三部分

论犹太人

ON THE JEWISH PEOPLE

79 致州务部长黑尔帕赫博士的一封信

响应黑尔帕赫教授在一九二九年刊登于《福斯日报》的一篇文章。本文收录于一九三四年《我的世界观》。

敬爱的黑尔帕赫先生：

拜读过您关于犹太复国运动和苏黎世会议的文章，作为一位犹太复国运动的强烈支持者，我觉得必须做回应，纵使只有简短的一些话。

犹太人是一个由血缘和传统相系的社群，不只是拥有宗教而已。世界上其他人对于犹太人的态度，足以证明这点。当我十五年前来到德国时，我第一次发现自己是一个犹太人；这不是犹太人对我的提醒，而是外邦人（非犹太人）的态度让我明白这点。

犹太人的悲剧在于他们是一群具有特定历史的人，但是没有一个共同体能让他们保持团结。结果造成个人渴望有稳定的根基，其极端的表现是道德沦丧。我认识到，犹太民族的唯一救赎之道，是一个社会的共同体，让世上所有犹太人都可依附；这份归属将帮助他能够忍耐承受其他世人的仇恨羞辱。

当我看到堂堂正正的犹太人受到不当的丑化时，那番景象总让我心里淌血。我看到学校、报纸漫画和无数德国主流社会的势力，如何试图削弱犹太同胞的自信，连最优秀的人也不例外，我觉得这不该继续容许下去。

然后，我明白唯有一个能让全世界犹太人齐心奋斗的共同事业，才能让犹太民族重拾健康。那正是赫茨尔的伟大成就，他大声疾呼犹太人根据一贯的心愿，在巴勒斯坦建立一个家园，或更准确地说是建立一个中心，这是一个值得让大家努力的目标。

您称这为“民族主义”，这番指控也有部分事实。“共同体”的目标总是被冠上那种难听的名字，但是如果没有这个目标，在这个充满敌意的世界上，我们求生不得，求死不能。不管如何，这个民族主义的目标不是权力，而是追求尊严与活力。如果我们不是生活在心胸狭隘和贪婪暴力的人们当中，我会是第一个抛掉民族主义之人并乐于支持四海一家。

比如说，若因犹太人想要成立一个“国家”，便据此声称犹太人不是德国的好公民，而忽略了这个“国家”正是缘于德国多数民众容不下犹太人。面对这种排挤，犹太人永远无法获得安全，不论我们自称是一个民族还是种族。

为求简洁扼要，我只能坦率直言。不过从您的文章当中，我知道您是注重道理而非拘泥形式之人。

80 致一名阿拉伯人的信

收录于一九三四年《我的世界观》。

一九三〇年三月十五日

亲爱的先生：

您的来信带给我莫大的快乐。让我知道你们也有解决当前难题的善意，值得我们两个国家共同努力。我相信这些困难的心理层面大于实际，若是双方都带着诚实和善意，是可以克服的。

让目前处境这么糟糕的原因，是犹太人与阿拉伯人在委任统治者前将彼此当成敌手。这种处境对双方都不利，唯一改变之道是找到双方都能同意的仲裁者。

现在，我来说明自己认为该如何来解救目前的难题，先补充说这纯粹是个人意见，未与他人讨论过。我用德文写这封信，是因为我不擅英文写作，而且我想要承担一切责任。我相信，您能够找到合适的犹太朋友来翻译。

成立一个咨询委员会，由犹太人和阿拉伯人各派出四名代表，必须独立于所有政党团体之外：

每方小组成员如下：

一名医生，由医学学会选举产生。

一名律师，由律师选举产生。

一名工人代表，由工会选举产生。

一名神职人员，由神职人员选举产生。

这八人每周举行一次会议。他们承诺不会只维护专业部门或国家的利益，而是依良心行事，尽全力促进所有国民福祉。他们商议的谈话应该是秘密，严禁泄露任何消息，即使是私下也不行。当每方不少于三人同意任何事项时，得做成决议后公布，但只能以全体委员会之名为之。若有成员持不同意见，可以选择退出，但仍负有保密义务。若是上述选出来的代表不满意委员会的方案，可以更换代表。

纵使这个“咨询委员会”没有明确的权力，也可以逐渐整合分歧，并联合起来代表这个国家的共同利益，扫除一时的短视。

81 犹太共同体

一九三〇年十月二十九日在伦敦萨沃伊酒店发表的演讲，
收录于一九三四年《我的世界观》。

亲爱的女士先生们：

我天性爱好安静思考的生活，要改变并不是容易的事。但是面对

ORT（技能贸易促进协会）和 OZE（犹太人卫生协会）等犹太慈善团体的呼吁，我无法继续装聋作哑。一如过去我所做的那样，我为了受到压抑的犹太建国诉求而做出回应。

犹太团体四处飘散，其地位是政治世界的道德晴雨表。因为犹太民族是没有防卫能力的少数族群，其独特性在于保持了一份古老的文化传统，还有什么比得上其他民族对待他们的方式，可称为更可靠的政治道德与正义指标呢？

此刻这个晴雨表的指数很低，我们深受其苦。但是这种低潮让我更坚定信念，我们有责任巩固维护犹太社会。犹太人的传统中素有对正义和理性的热爱，为了现在与未来所有民族的好处，需要坚持不懈。在近代，这份传统诞生了斯宾诺莎和马克思。

想维护这份精神的人们，也必须注意这份精神所寄托的身体健康。OZE 协会真正关照到我们这些人，在经济衰退特别严重的东欧，夜以继日帮助那里的同胞维护身心健康。至于 ORT 协会，正试图消除犹太人从中世纪以来便遭受的严重社会与经济困顿，因为犹太人不准从事生产性的工作，只能被迫从事商业性的工作。要真正帮助东欧各国的犹太人，唯一的方法是允许他们从事新的行业，这正是全球犹太人奋斗的目标，而 ORT 协会也正在成功应对这个严峻的问题。

现在，我们呼吁英国的犹太同胞，共同来帮助这项先进人物所开启的伟大事业。过去几年，甚至是过去几天所带来的失望，必定特别触动大家的心弦。不要哀叹命运，而应将这些事件看成继续坚守犹太共同体使命的理由。我相信这么做的话，将会间接促进全体人类的目标，而我们应将其视为最高目标。

切记，困难险阻是任何社会获得健康和力量的宝贵源泉。我敢肯定，若是我们的睡床由玫瑰铺成，犹太共同体是无法保存几千年的。

不过，我们还有一个很好的慰藉。虽然我们的朋友为数不多，但是其中不乏情操高贵之士，他们具有强烈的正义感，一生致力于提升人类社会，帮助个体从屈辱压迫中解放出来。

我要告诉大家，犹太民族的生存和命运主要不是取决于外部因素，而是在于我们自身。我们的责任是忠于道德传统，尽管要经历强风暴雨，但是这种精神让犹太民族存活了数千年。在服务生命时，牺牲是一种美德。

82 重建巴勒斯坦之我见

爱因斯坦原本对于宗教事务并不太感兴趣，但是自一九二〇年起，他观察到第一次世界大战后德国的反犹太主义蔓延，于是成为犹太复国主义运动的坚定支持者。一九二一年，他与后来成为以色列第一任总统的魏茨曼教授到访纽约，为犹太民族基金和耶路撒冷希伯来大学（成立于一九一八年）募集资金。第二次访美则在一九三〇年。至于文中收录的前三场演讲稿，是他在一九三一年到一九三二年第三次访问美国时发表的；第四场演讲发表于许多年前，是一九二一年他刚从美国返回柏林时所发表；第五场演讲比较晚，是一九三三年他定居于普林斯顿之前所发表。以上皆收录于《我的世界观》。

I

十年前，当我第一次有幸代表犹太复国主义事业来演讲时，几乎我们所有的希望都着眼于未来。今日，我们可以欣喜地回顾过去十年，因为这段时间犹太人民凭借着团结的力量，在巴勒斯坦成功完成了一件出色的建设工作，远远超出我们那时的期盼与希望。

过去几年降临的严峻考验，我们也成功挺住了，在崇高目标的带领下奋战不懈，稳步迈向未来。英国政府最新声明将对犹太复国事业做更公正审慎的判断，我们对此予以郑重感谢。

但是，我们绝不能忘记这次危机的教训：犹太人和阿拉伯人之间建立良好的关系，并非英国人的事情，而是我们自己的事情。我们（也就是阿拉伯人和我们自己）必须达成有利的合伙计划，可以同时满足双方要求。我们的目标在于以公平及有益于双边国家的方式来解决问题，其重要性与价值不亚于建设巴勒斯坦本身。记住，瑞士比任何国家更能代表一种高级的政治发展，因为由不同的族裔建立一个稳定的社会，要面对更多的政治难题。

百废待举，但赫茨尔的目标至少有一项实现了，巴勒斯坦的工作让犹太民族展现惊人的团结；缺乏这份乐观，就没有办法健康存在。

我们为了共同使命而付出的一切，不只是为了在巴勒斯坦的弟兄们，也是为了全体犹太民族的幸福与荣耀。

II

今天我们共聚一堂，回顾年代悠久的犹太共同体的命运与问题。犹太共同体具有良好的道德传统，在逆境中永远展现生命力。长久以来，犹太共同体孕育出展现西方世界良知的人们，是人类尊严和正义的捍卫者。

只要我们自己关心这个社群，它就会继续存在，造福人类，尽管事实上我们还没拥有一个独立的组织。大约十年或二十年前，一群高瞻远瞩之士在令人永志难忘的赫茨尔带领下，呼吁犹太民族需要一个精神中心，以便在艰困时期巩固团结意识。因此，出现了犹太复国主义的思潮以及在巴勒斯坦的屯垦工作，让我们有幸见证其成功，至少是充满希望的一个开端。

我觉得很光荣，也很高兴看见这份成就对重振犹太民族的贡献。因为犹太人在世界各地都是少数族群，不只暴露于外在的危险威胁，也受制于内在的心理特质。

过去几年来，建设工作面临重重危机，至今尚未完全克服。但是最近的报告显示，全世界（尤其是英国政府）已经肯定我们为犹太复国主义理想奋斗的高尚出发点。此刻，让我们感念领袖魏茨曼先生，他的热情与谨慎带领这项美好使命迈向成功。

在艰难险阻中，也有一道曙光，让我们再度看到将全世界犹太人团结成为一个命运共同体的意愿如何强烈。危机会让我们澄清对巴勒斯坦问题的态度。一切清楚显示，我们并不是为求创造一个政治社会，我们的目标是按照犹太人的古老传统，建立一个世界上最广义的文化群体。为此，我们要与阿拉伯的弟兄肩并肩，用一种开放大气与有价值的方式解决问题。在这里，我们有机会展现数千年来从族人殉难历史中学到的道理，若是选择正确的道路，我们将会成功，为世人树立良好的典范。

不论我们为巴勒斯坦做了什么，一切都是为了整个犹太人民的荣耀与安康。

III

我很高兴有机会对年轻人说几句话，这个国家一向是犹太人的忠实盟友。面对巴勒斯坦的困顿，大家莫感气馁，这类事情考验我们这个共同体的求生意志。

英国当局的一些议决和声明已受到公正批评。然而，我们不可以让事情到此为止，而是该从经历中吸取教训。

我们需要高度重视与阿拉伯人的关系。在细心呵护下，未来我们才可望避免形势紧迫，让有些人乘隙挑衅。这个目标完全在我们能力所及的范围，而从今往后的建设工作，也都会以维护阿拉伯人民真正利益的方式进行。

在这种方式下，我们便能避免经常请求强权介入调停，因为这对犹太人和阿拉伯人都不是乐意见到的事情。因此，我们不应该只遵守神圣天命（providence）的教诲，也应顾及自身的传统，这为犹太社会带来了意义和稳定。犹太共同体不是政治共同体，也永远不会变成政治共同体，这是唯一让我们生生不息的源泉，也是唯一让犹太共同体正当存在的基础。

IV

过去两千年来，犹太民族的共同资产不外乎它的历史。犹太民族在世界各地飘零，除了细心守护的传统，并没有什么共同点。个别的犹太人当然有伟大的作品，然而犹太民族整体似乎没有余力共创伟大的成就。

然而，现在一切都改变了。历史为我们树立了一个伟大崇高的任务，让我们积极合作共建巴勒斯坦。许多著名的犹太人士已全心投入以实现这个目标，建立一个被全体犹太人视作自己事业的文明中心的机会就在我们面前。我们灌溉希望，在巴勒斯坦建立本民族文化的家园，将有助于唤醒近东，共同迈向崭新的经济与精神生活。

摆在犹太复国运动领袖眼前的不是政治目标，而是社会与文化目标。在巴勒斯坦的犹太社会，必须追求《圣经》里祖先所确立的社会理想，并在现代文明生活中为自己赢得一席之地，成为全世界犹太人的精神中心。为了符合这份理想，在耶路撒冷建立一所犹太大学，成为犹太复国组织最重要的目标之一。

过去几个月我去了美国，帮助犹太大学筹募资金。这项事业的成功是很自然的，感谢美国犹太医生的努力不懈与无私奉献，我们已经成功募足款项来创办医学院，并且马上展开初步的工作。在这次成功后，我相信其他学院随后也能很快募集到经费。医学院首先以研究为主，并致力于维护国人健康，这是整个发展工作中极重要的一个项目，大规模的教学日后才会再提上日程。现在，已有一批高素质的研究人员表示愿意到耶路撒冷大学任职，医学院的建立似乎已上轨道。我再加上一点：已经设立了一个特别的大学基金，与一般国家发展基金完全分开。在我们访问美国的三个月期间，国家发展基金已经筹募到相当的款项，这要感谢魏茨曼教授和其他犹太复国运动领导人孜孜不倦的努力，以及主要来自中产阶级牺牲奉献的精神。最后，尽管当前经济困顿，但我诚挚呼吁德国的犹太人尽力捐输，共同在巴勒斯坦建立犹太人的家园。这不是慈善事业，而是一项事业，关系到世界各地的犹太人，成功后必定让大家都感到至为骄傲。

V

对我们犹太人而言，巴勒斯坦不只是一项慈善或屯垦事业，还是犹太民族至关重要的问题。巴勒斯坦不只是东欧犹太人的避难地，更是整个犹太民族合作精神重新觉醒的体现。现在是不是这种合作意识被唤醒与巩固的正确时刻呢？对于这个问题，我觉得于情于理，都得逾越界限，给一个肯定的答案。

让我们回顾过去一百年犹太人在德国的历史。一个世纪以前，犹太先辈除了少数例外，都住在贫民窟。他们生活穷困，未享政治权利，因为宗教传统、生活习惯和法律限制等阻碍，与外邦人隔绝；才智发展仅限于犹太文学，欧洲知识分子自文艺复兴时期开始的突飞猛进的文化发展，与犹太人几乎无关。然而，这些不起眼、卑微的人比起我们享有一个很大的优势：每个人确确实实属于一个群体，完全融入其中，感觉到自己是尊贵的一分子；社群对他别无要求，不会教他违反自然的思考习惯。在那些时候，犹太先辈外在内在都是很可怜的民族，但就社会性而言，他们享有令人羡慕的精神平衡。

然后解放到来，一下子打开个人梦想的种种可能性。少数人迅速取得上流的社会经济地位，贪婪汲取西方世界辉煌的科学与艺术成果，热情地投入其中，创造出价值深远的贡献。同时，他们模仿外邦人的外在生活形式，并采纳外邦人的风俗礼仪和思考习惯，结果更加背离自己的宗教和社会传统。在所居住的国家中，他们似乎已丧失自我身份认同，混入主流人口与组织文化中，以至于过了几代之后，身上就没有残留多少犹太民族的痕迹了。在中西欧，犹太民族的完全消失眼看就要发生。

然而，事实的发展并非如此，其他民族似乎有种阻止他们融合的本能。不管如何在言语举止，甚至在宗教信仰上大幅改变自己，仿效周遭的欧洲人，犹太人和多数族群之间的隔阂永远都难以消除。这种天然的陌生感是反犹太主义盛行的最终原因，这是那些善意的宣传不应忽视的。各民族想追求自己的道路，不想与他人混合；唯有互相宽容尊重，才能改善情况。

往这个方向走的第一步，是犹太人应该重新唤起身为犹太民族的自觉，因为重拾自尊自信是民族健康生存之必要条件。我们必须学习，让先祖历史发扬光大，并且作为一个民族再度担起振兴民族文化的重任。在人类文明的发展上，一个人光扮演好个人的角色并不足够，也必须和同胞共同挑起整个民族应该担负的责任。唯有如此，才能使犹太人重建健全的社会。

我希望大家从这个角度出发，看待犹太复国主义运动。今天，历史已经赋予我们积极参与重建故土经济和文化的任务。热诚有天赋的人已经铺好道路，许多杰出的犹太人已经准备好全心投入这项事业。愿每个人彻底明白这项工作的重要性，为之贡献自己的力量。

83 巴勒斯坦建设团

收录于一九三四年《我的世界观》。

在犹太复国主义组织中，“巴勒斯坦建设团”的工作最能使当地人直接受惠。这群人最难能可贵的地方，在于他们用双手劳动，将沙漠改造成蓬勃发展的定居点。这些劳动者是从整个犹太民族中自愿站出来的，他们是强壮、自信与无私的精英分子；他们不是无知的劳动者，将自己双手的劳力卖给出最高价的人，而是受过教育、有思想的自由分子，他们在这块荒芜的土地上和平奋斗，让整个犹太民族直接和间接受惠。我们可以尽量减轻他们沉重的负担，如此即珍惜人类最宝贵的生命，因为首批开垦者在这片不适人居的土地上奋斗，是危险而艰巨的工作，涉及巨大的个人牺牲。唯有亲眼见证者才能知道这是多么真切，而出力改善这些人的装置设备，便是在关键处帮助这项义举。

再者，这批劳动者拥有能与阿拉伯人建立健全关系的力量，这是犹太复国运动最重要的政治任务。当权者递嬗流转，最终为各国命运定调的是人与人之间的关系。因此，支持“巴勒斯坦建设团”同时也会促进巴勒斯坦最为珍贵的人道政策，有效抵抗狭隘民族主义的暗潮汹涌，避免让整个政治世界和巴勒斯坦那个小小的政治世界因而受苦。

84 犹太人的复兴

收录于一九三四年《我的世界观》。

我欣然答应您来信中的请求，同意出面代表哈约瑟对匈牙利的犹太人做出呼吁。

犹太人民族意识和荣誉感的最大敌人，是生活富足安逸而造成的潜意识上的严重堕落，以及因为犹太社会结构的松动，衍生出的对周遭外邦世界的心理依赖。人性中最高贵之素质唯有全心投入社会，才可望茁壮成长。因此，失去与自己同胞的联系，同时却被居住地的人们视为外国人，导致了犹太人的道德危机。在这种情况下往往会衍生卑鄙而无趣的自私自利的心态。目前犹太人承受的外在压迫尤其沉重，但是这份痛苦为我们带来好处，让犹太民族的生命开始复活，这是上一代人做梦也想不到的。在犹太人团结意识重新唤起的情况下，几位高瞻远瞩之士投身发起巴勒斯坦屯垦计划，虽然面对难以克服的重重障碍，但是目前屯垦已见蓬勃发展，我认为最终将获得成功。这份成就对于世界各地的犹太人都意义非凡，巴勒斯坦将成为所有犹太人的文化中心、受严重迫害者的避难所，以及优秀犹太人才的活动场所，也将实现团结统一的理想，让全世界的犹太人心中感到安全踏实。

85 基督教和犹太教

收录于一九三四年《我的世界观》。

如果将先知建立的犹太教和耶稣基督传授的基督教中拿掉那些后来附加的东西，尤其是教士添加的部分，去芜存菁后的教义将能够治愈人类社会所有的弊害。

这是每一位君子之责，在自己分内不断努力，尽量让这份纯人性的教义成为一股蓬勃的力量。若是一个人能真诚地朝这个方向尝试，没有让同时代的人击垮或踩在脚下，那么他和社会都是幸运的。

86 犹太人的理想

收录于一九三四年《我的世界观》。

真心追求知识、近乎狂热地热爱正义与渴望个人独立等，是犹太人的传统特征；因此，我很庆幸身为犹太人。

今日那些摧残理性与个人自由的理想，并企图用武力建立可耻奴隶制的人，视我们为不共戴天之仇敌。历史给了我们一道难题，但是只要继续做忠于自由正义和真理的人，我们将不只是历史最悠久的民族，同时也可望创造丰硕的果实，让人类更加崇高伟大。

87 反犹太主义和年轻学子

收录于一九三四年《我的世界观》。

身为犹太民族，只要我们住在贫民区里，就必须忍受物资匮乏，甚至是人身危险等问题，但并没有社会或心理的问题。随着从事行业的解禁，犹太人的地位改变了，尤其是从事专业知识工作的犹太人。

在学校里，年轻的犹太学子受到社会上的民族主义的影响，他尊敬这个社会，从中得到精神寄托与归属感。另一方面，这个社会却待他有如异族，怀有一定的轻蔑和敌意。于是，受到这种心理层次的优越感暗示影响，而非他本身的功利思想，让他背叛了民族与传统，认定自己完全属于其他民族，对外对内试图掩饰彼此并非互惠平等的关系的事实，而这却往往白费心机。这个可怜虫，在他人眼中永远都是认证过的犹太佬。在大多数情况下，都不是因为被迫或个性软弱盲从才沦落至此，而是如我所说，是一个人数与影响方面占优势环境力量造成的。他当然知道，许多令人敬佩的犹太子民对欧洲辉煌的文明做出重要的贡献，然而，除了少数例外，他们不都跟他一样屈从于环境吗？

在这种情况中，就像许多心理疾病，治疗之道在于明白自己的病因。我们必须意识到自己外族人的身份，并且从中推出合逻辑的结论。试图用理性思辨的方式，去说服别人相信犹太人也具有一样的才智特质，并没有作用，因为这些人的态度都是反理性的。相反地，我们必须从社会方面解放自己，主要靠自己满足自己的社会需求。我们要有自己的学生社团，对于外邦人采取礼貌而谨慎的态度，并且按照自己的方式生活，不要染上饮酒作乐与决斗单挑的风俗，那与我们的天性不合。一个人有可能同时是一个文明的欧洲人和一个好公民，以及一个忠实的犹太人，热爱同胞与祖先。如果我们记住这点，并有所作为的话，具有社会性质的反犹太问题便可迎刃而解了。

88 对犹太复国运动的责任

一九三八年四月十七日于纽约准将酒店由美国“全国劳工支持巴勒斯坦委员会”举办的“逾越节第三次宴会”上发表的演讲，一九三八年四月二十八日发表在华盛顿特区的《新巴勒斯坦》周刊上。

自从罗马皇帝提图斯蹂躏耶路撒冷以来，犹太人社会极少经历像现在这么大的压迫。在某些方面，现在我们确实遭遇更大的困阻，因为今日移民的可能性比过去更为有限。

然而，不管经历多少悲伤，不论生命遭受多少打击，我们也会度过这个时期。像我们这样纯粹由传统因素组成的社群，外来的压力只会让我们更团结坚强。今日，每一个犹太人都感觉到，要做个犹太人，不只对于自己的同胞，同时对于整个人类都有庄严的责任。毕竟，要成为犹太人，首先意味着要承认并遵守《圣经》里面立下的为人原则；若没有这些，就不会有健康幸福的人类社会了。

今天我们在此聚会，是因为关注巴勒斯坦的发展。在这个时刻，必须先强调一件事：全体犹太人都应该诚挚感谢犹太复国运动。这项事业已经重新唤起犹太人共同体的意识，且成效卓著出乎一切人意料。在巴勒斯坦的成就，是由世界各地自我牺牲奉献的犹太人所促成的，将许多弟兄从悲惨的处境中解救出来，尤其是有助于让不少犹太年轻人走向愉快创造的人生。

这个时代的恶疾就是因为盲目仇恨造成的民族主义的过分夸张，

让我们在巴勒斯坦的工作进入最困难的阶段。白天耕作农田，晚上需要持枪守卫，防止狂热的阿拉伯不法分子入侵破坏。企业精神凋零，也出现一定程度的失业（以美国标准衡量仍不算严重）。

我们在巴勒斯坦的弟兄以团结和信心面对这些困难，值得我们钦佩。有工作的人自愿捐赠，让失业的人仍可维持生活。大家依旧士气高昂，深信理性与平静终将获胜。每个人都知道，骚乱是由那些存心想让我们，尤其是英国丢脸难堪的人蓄意煽动的；也都知道，一旦外国补助取消的话，一切造反作乱便会停止。

不过，我们在其他国家的弟兄也绝不会落后于那些在巴勒斯坦的人。他们不会失去热诚的心，而是会无比坚定地站在背后支持这项共同的事业，这是不用多说的。

对于分治的问题，我还有一点意见要说。与其建立一个犹太国家，我比较希望看到与阿拉伯人达成和平共处的合理协议。除了实际的考虑，我对犹太教本质真正的了解，让我对于成立犹太国家持反对立场，不管其边界、军队和统治权如何受限。我担心这将永久戕害犹太人的内心，尤其忧虑我们发展出狭隘的民族主义来伤害自己，违背了在没有犹太国家存在时，与狭隘民族主义坚决对抗的传统。我们不再是马加比时代的犹太人，回归政治意义上的“国家”，相当于我们抛弃了先知圣贤开启的共同体精神。若是最终外在需求迫使我们承受“国家”这道枷锁时，且让我们以智慧和耐心承担吧。

再来谈一点目前整个世界的心态，犹太人的命运也攸关于此。反犹太主义一直是少数牟取自利者用来欺骗世人的最廉价手段。这种用欺骗建立并用恐吓来维持的暴行，最终会自食其果而自取灭亡。长年累月的不公不义会激发强化人类的道德力量，让公众生活得以解放与提升。但愿犹太社群能度过苦难折磨，为解放力量的释放做出贡献。

89 为什么他们仇恨犹太人？

一九三八年十一月二十六日接受纽约《科利尔》杂志采访。

我要从一个很古老的寓言故事开始说起，这个故事稍微有更动。不过，这个寓言故事可以鲜明勾勒出政治上反犹太主义的源头：

牧童对马说：“您是地面上最高贵的动物，生活理当幸福无忧。事实上若不是那卑鄙奸诈的鹿，您的幸福将圆满无缺。那鹿自幼锻炼，脚步比您快速敏捷，往往抢先找到水源。他和同伴到处将水喝光，让你们落得无水解渴。和我联手吧！我的智慧和指引将可带领你们，脱离这种悲惨屈辱的窘境。”

由于被嫉妒仇恨蒙蔽，马儿答应了。他低头让牧童套上缰绳，失去了自由，成为牧童的奴隶。

在这个寓言里，马代表人民，牧童代表企图完全掌控人民的阶级或派系，而鹿则代表犹太人。

我可以听到你说："这个故事绝不可能！没有动物会像寓言故事中的马一样愚蠢。"但是让我们再想一想，马因为口渴很痛苦，当他看到鹿轻巧敏捷地跑在前头，莫名的虚荣心很容易被挑起。你若没有经历过这样的痛苦和烦恼，可能会觉得很难理解盲目仇恨让马轻信谗言。然而，这匹马很容易受诱惑蒙蔽，因为先前的不愉快让他容易犯下错误。有句话说得很对，给别人公正明智的建议很容易，但是给自己公正明智的建议却很难！我真心认为：我们都太常扮演马的悲剧角色，而且还有一再受诱拐欺骗的危险。

这个寓言中的场景，在个人和民族的命运中一再上演。简单地说，这是特定人士或群体将仇恨厌恶的情绪，转嫁到其他个体或群体身上的一种过程，因为后者较欠缺有效防卫的能力。但是为何寓言中鹿的角色往往由犹太人担任呢？为什么犹太人经常会招致群众的仇恨呢？主要是因为几乎所有国家都有犹太人，而且他们四处分散，以致无法保护自己免受暴力攻击。

最近几个例子可以证明这点：十九世纪末，俄国人民在暴政统治下积怨已深，在外交政策上的愚蠢错误又让他们群情激愤，人民的怒气接近一触即发的临界点。在千钧一发之际，俄国统治者试图转移焦点，煽动群众将仇恨和暴力转向犹太人。在俄国政府血腥镇压一九〇五年惊险的革命后，他们又不断故技重演，有效帮助这个可恨的政权一直维持到第一次世界大战快结束时。

德国输掉由其统治阶级掀起的世界大战后，马上指责犹太人煽动战争在先，又指责犹太人造成战争失败。假以时日，这种耳语得逞生效，让犹太人陷入危险之中，不仅保护了特权阶层，并且纵容了一小撮不择手段的暴徒将德国人民完全绑架。

在历史上，犹太人被控犯下的罪行可谓层出不穷，以便美化对他们所施加的各种暴行。谣言指称，他们会对水井下毒、谋害孩童用来祭祀，更被诬指有系统地手段主宰经济与剥削全人类。伪科学书籍污辱他们是危险卑劣的民族，素有为牟私利而挑起战祸和煽动革命的恶名，他们可以同时是危险的改革者和阻碍社会进步的大敌。犹太人被控借口同化而伪装混入，伺机破坏各民族文化。同时，也遭指控冥顽不灵，无法融入任何社会。

这些指控真是超乎想象，虽然煽动者都知道这并非事实，却再三动摇与影响了群众。在动荡不安的时代，群众本易流于仇恨和残暴；在和平时期，这些人性特质也会偷偷流露。

到这里，我只谈到对犹太人的暴力和压迫，还没有谈到心理和社会现象上的反犹太主义本身。即使在对犹太人没有任何特别外在攻讦的环境下，它仍无所不在。这种潜在的反犹太主义是怎么来的？我相信，在某种意义上，它可以当成民族生活中一种正常的表现。

在一个国家中，任何群体的成员彼此之间总是会比其他人更紧密，因此，只要有群体特别突出的话，国家就免不了有摩擦。我相信，纵使全国人民都达成一致，也不是好事。在每个社会中，相同的信念、目标与共同利益会培养一个群体，化为某种意义的“单元”

行动。这些群体之间一定有摩擦存在，如同个体之间会存在厌恶敌意那般。

形成团体的必要性，在政治领域最容易理解，即政党的形成。若是没有政党的话，任何国家民众的政治利益必定会受损，也没有论坛以自由交换意见。个人会受到孤立，无法伸张自己的信念。况且，政治与人类其他文化生活领域也并无不同，当性情相投与目标相近的人互相刺激和批评时，政治信念才能成熟茁壮。因此，就像大家都知道的那样，宗教纷扰严重时，很可能涌现不同的教派，彼此间的对立会刺激整体的宗教生活。另外，大家也知道中央集权，也就是消灭不同的群体，会导致科学和艺术的片面和贫瘠，因为集权统治会限制甚至压抑任何对立的意见和研究潮流。

究竟什么是犹太人?

群体的形成对于人类各方面的作为都有一股激发作用，也许最主要是因为不同的群体之间，会因为各自所代表的信念和目标而竞争奋斗。犹太人也形成这样的群体，具有独特明确的特征，而反犹太主义不过是由非犹太人因犹太群体而生的一种敌对态度。这是一种正常的社会反应，但因它引起的政治迫害，虽存在却未受正式承认。

到底犹太族群的特征是什么呢？首先，到底什么是犹太人呢？这个问题没有明确的答案，最显而易见的回答如下：犹太人是具有犹太教信仰的人。这个答案很肤浅，用一个简单比喻很容易看出来。试问这个问题："什么是蜗牛呢？"一个类似的回答是："蜗牛是住在蜗牛壳里的动物。"这个答案不尽然全错，但不够完全，因为蜗牛壳只是蜗牛的产物之一。同样地，犹太教信仰不过是犹太社群的特征之一而已。再者，大家都知道蜗牛脱去外壳后，不会就不算是蜗牛了；同理，犹太人（正式）放弃自己的信仰后，仍然是一名犹太人。

每当试图说明"群体"的重要本质时，就会出现这类的难题。

从古至今，数千年来维系犹太人的最重要的联结是社会正义的民主理想，加上所有人彼此之间的互相宽容。即使是最古老的犹太教经文，都充满了这些社会理想，对基督教和伊斯兰教发挥强大的影响，也对人类很大部分的社会结构产生良性影响。在这里应该记得周休一日（安息日）的引进，对于所有人都是一大福音。摩西、斯宾诺莎等人虽然看起来没有类似之处，但是他们都是为社会正义的理想而牺牲奋斗，都是由先祖传统带他们走上这条布满荆棘的道路；犹太人在慈善事业上的成效斐然，也是来源于此。

犹太传统的第二个特征是高度重视各式各样的才智与精神活动。我深信，光是这种对精神活动的高度尊重，即可说明犹太人为何对各方面的知识进步都能做出贡献。考虑到他们人数相对少，再加上外在阻力横生不绝，其成就值得所有人衷心赞美。我深信，这不是因为天赋异禀的缘故，而是因为特别尊重智力成就，在犹太人中创造出一种气氛，特别有利于各种天分的发挥；同时，也有一股强烈的批判精神存在，避免盲目服从世俗权威。

在这里，我只提出这两项我认为是最基本的传统特质。在大大小小的事情上，这些标准和理想都显露无遗：由父母传递灌输给子女；为与朋友谈天说地时增添色彩；在宗教经文里充满身影；为犹太族群的生活印下戳记。在这些鲜明的理想中，都可看见犹太人的精髓要素。虽然在实际日常生活中，这些理想并未完全实现，也是很自然的事情。若是想要简单指出犹太族群的重要特色，那便是对理想的追寻不倦。

压迫是一种刺激

在前面，我将犹太主义看成具有传统的社群，然而另一方面，不论是敌是友，往往认定犹太人是一个民族，代代相传的先天特质成为其行为特征。这个观点有其分量，因为数千年来犹太人主要都是族内通婚，如果原先就是同一族群，这种习俗确实会保持人种纯正；如果是混合族群的话，便不能制造纯一性。然而，犹太人毋庸置疑是混合的种族，就像其他文明族群一样。真正的人类学家会同意这点：相反的论点都属于政治宣传的范畴，必须加以反驳。

也许除传统外，犹太族群在世上一直遭遇的压迫和敌意，反倒促使这个民族更加蓬勃成长。数千年来能继续存在，这无疑是主要理由之一。

综合上述特征的犹太族群，大约有一千六百万人，不到人类的百分之一，或相当于现今波兰人口的一半。作为一个政治因素，其意义微不足道。更何况犹太人散布全球，绝不是有组织的整体，这意味着他们难以行动一致。

若仅凭敌人之言形成对犹太人的印象，必定会得到他们代表世界强权的结论。乍看之下，这简直太荒谬了，但是就我看来，它背后有一定的意义。犹太族群本身可能毫无力量，但是纵使面对层层阻碍，个人成就加在一起可谓处处成绩斐然。因为犹太族群中有一股昂扬的精神，所以激发了个人潜能，做出自我牺牲的努力。

因此，那些想继续蒙蔽大众的人，便对犹太人产生仇恨。在这个世界上，他们最害怕的就是独立知识分子的影响。我在这里看到今日德国对犹太人的仇恨高涨，对纳粹党人来说，犹太人不仅是把人民的憎恨从他们这些压迫者身上转移走的手段，更是不能被同化的元素，无法驱使他们无条件接受政治教条，因此只要犹太人存在一天，便会威胁到纳粹的权威，因为犹太人坚持对一般大众的启蒙。

纳粹刚夺取政权，就大张旗鼓举行焚书仪式，进一步证明这个观念正是问题的核心。从政治观点上来看，这个举动根本毫无意义，只能理解成意气用事。基于这点理由，我认为比起其他许多具有重大目的与实用性的举动来说，这件事更加值得深思。

在政治和社会科学领域，过于宽泛的解释当然不妥当。当思考充满这种延伸推广，往往会因为错误解读因果顺序，而无法正确描述出事件真正的全貌。然而，完全放弃概括意味着干脆放弃理解，基于这点，我认为还是必须承担概括的风险，只是必须注意会有不确定性。秉持这项原则，我希望从一般的观点，审慎提出我对反犹太主义的概念。

在政治生活中，我看到两种相反的思维不断抗衡斗争。第一种是乐观趋势，相信个人与群体生产力的自由发挥将促成良善的社会。这派人士承认对在群体和个人之上的中央权力有其需要，但它只应拥有组织与管理方面的权力。第二种是悲观趋势，认定个人和群体的自由互动会导致社会的破坏，因此社会需要完全以权威、盲从与胁迫为基础。不过，事实上这种悲观趋势并非完全悲观，因为它对渴望与掌握权力与权威的人充满信心。第二种趋势的追随者是自由与独立思考教育之敌，更是政治上反犹太主义的信徒。

在美国，人们口头上称颂的都是第一种趋势，然而第二种趋势却也势力强大、处处可见。虽然这帮人多以各种借口包装其真正本质，他们真正冀望的是由少数人暗中掌控生产手段，成为人民在政治和精神上的主宰。他们企图运用反犹太主义及对其他群体的敌意为武器，未见稍歇。所幸迄今这些作为都宣告失败，因为民众尚保有健全的政治直觉。

因此，若是我们能坚守这条原则的话，未来可望继续保持下去。这条原则就是：当心鼓簧之舌，尤其是企图贩卖仇恨之徒。

90 欧洲犹太人何去何从

为“犹太联合促进协会”进行的电台演说，一九三九年三月二十二日播送，收录于一九五〇年《晚年文集》。

犹太人民承受的迫害史不绝书。然而，现在中欧对犹太人发动的战争，又是全新的一章。在过去，我们身为《圣经》的子民，却遭受迫害；而今日，我们正是因为身为《圣经》的子民，而又继续遭受迫害。敌人的目的不仅是毁灭我们，更是想要破坏《圣经》和基督教传达的精神，而这股精神正是让中欧和北欧文明崛起的力量。如果敌人得偿所愿，欧洲将成为废墟。因为在残暴、恐惧和仇恨的基础上，人类社会是无法长久存在的。

唯有邻邦之间的宽容理解，对于公平正义的坚持不屈，并且向同胞伸出援手才能保障个人安全，并让人类社会长久延续。聪明才智、发明创造和组织机构都无法充当替代品，以取代教育中这些最重要的部分。

在欧洲目前的动荡局势下，许多犹太团体被迫离开家乡，数十万男女老少被赶出自己的家园，绝望地在世界各地徘徊。今日犹太人民的悲剧，反映出现代文明根本结构所面临的挑战。

对犹太人和其他族群受压迫，最悲惨的是创造了难民潮。许多科学与文艺方面的杰出人士，被逐出他们用聪明才智丰富滋养的土地。在经济衰退时期，这些流亡者对于重振经济和文化曾做出努力，许多难民都是实业界和科学界的一流人才。他们对世界的进步，做出有价值的贡献。他们想要报答当地人的热情接纳，携手促进新经济的发展并增加就业机会。据我所知，在英国接纳的犹太难民已经直接为一万五千名失业者创造了就业机会。

身为德国前公民，我有幸能离开那个国家，我想我可以为这里和其他国家的难民同胞说话，感谢世界上的民主国家以难能可贵的方式迎接我们。我们所有人对新的国家亏欠太多感谢，对于现居住国家的经济、社会和文化工作都应该以最佳的贡献回报。

但是，令人关注的严重问题是可能成为难民的人数正在不断增加。过去一周以来，捷克斯洛伐克的局势发展让潜在的难民人数暴增数十万。犹太团体素来具有民主精神和公共服务的崇高传统，然而如今又要面临一大悲剧。

犹太人奉行《圣经》义理对于人与人之间关系的教诲，衍生出一份韧性，让犹太人生存绵延数千年之久。在这些年的痛苦磨难中，我们乐于助人的意愿正受到最为严峻的考验，每个人都要亲自面对这项考验。我们会屹立不倒，像我们的父辈一样。除团结自强外，我们别无自卫之道，更要知道今日牺牲受苦，全是为了一个重大神圣的使命。

91 以色列的犹太人

一九四九年十一月二十七日为“犹太联合促进协会”做的电台广播，收录于一九五〇年《晚年文集》。

对于犹太人来说，最重要的使命便是用无比充沛的精力和牺牲奉献的精神，来巩固我们在以色列完成的事业。想到这一小群充满活力、有思想的人所完成的一切，我们心中充满欢喜赞美，但愿这能给予我们力量，接受现今局势带来的重大责任。

然而，回顾这项成就时，让我们莫忘其背后的使命：拯救分散各地处于危险的弟兄们，让他们在以色列团结起来，共创一个共同体，实现犹太人在悠久历史中形成的道德理想。

其中一个理想，在于以互相理解和自我约束而非暴力为基础，维持长久和平。想到这一点，欣喜之情可能蒙上几分担忧，因为目前与阿拉伯人的关系远未实现这份理想。若是没有别人干扰，我们得以好好发展与邻居的关系，可能早就达成和平的理想了；因为我们渴求和平，并且也了解未来的发展将有赖于和平。

我们无法保持巴勒斯坦的统一，让犹太人和阿拉伯人能够自由和平共处，与其说是我们或邻居的过错，不如归咎于委任统治。若是一个国家主宰他国，如英国托管巴勒斯坦的情况，那么很难避免采用恶名昭彰的“分而治之”的手法。用白话来说，这意味着：在被统治的人民中制造不和，使他们无法团结，共同摆脱枷锁。纵使枷锁已经除去，然而坏种子已经结出果实，在未来某段时间内仍然可能造成伤害，但愿这段时期不会太长。

巴勒斯坦的犹太人不是为自身利益争取政治独立，而是为散居各国处境危险的犹太同胞争取移民自由权，以及为所有渴望与自己人生活在一起的人争取移民自由权。这样说不夸张：他们竞相牺牲奉献，在历史上也许是绝无仅有的。

现在，暂且不谈与数量远占上风的敌人对抗而牺牲耗损的生命财产，也先不提在荒芜的土地上当开拓先锋的疲惫辛劳。我想到的是在筚路蓝缕的情况下，这里的人们还要做出更多的牺牲，以便未来十八个月内迎接超过全国三分之一人口的犹太移民涌入。想了解其中的意义，只要以美国犹太人做类似比喻：假定美国没有限制移民的法律，想象这里的犹太人自愿在一年半的时间内，从其他国家接纳超过一百万名的犹太移民移入，照顾他们并让他们融入美国经济中。这将会是一项艰巨的任务，但这与我们以色列弟兄所面临的责任仍然相去甚远。因为美国是地广物博的国家，生活水平及生产能力都很高，这些方面让居住在小小巴勒斯坦的犹太人难以望其项背。再者，纵使没有大量移民的额外负担，当地居民也已过着俭朴辛苦的生活，四周随时有敌人威胁。想想以色列犹太人这种自愿付出的同胞之爱，所意味的艰苦与个人牺牲何其大。

以色列犹太区的经济实力，尚不足以完成这项艰巨的事业。自一九四八年五月开始移民到以色列的三十多万人口中，有超过十万人迄今没有房屋或工作，必须集中住在临时帐篷中，生活条件之艰苦让所有人蒙羞。

这份伟大的工作，绝对不能因为美国犹太人未能给予充分与及时的援助而功亏一篑。在我心中，这是给予所有犹太人的一份珍贵礼物，让他们能够有机会积极参与这项美好的任务。

第四部分

论德国

GERMANY

92 一九三三年三月声明

收录于一九三四年《我的世界观》。

只要仍有选择，我只愿意住在享有政治自由、宽容，以及法律之前人人平等的国家。政治自由意味着在口头和文字上有表达自己政治观点的自由，宽容指尊重每个意见。

目前，德国并不存在这些条件。许多为促进国家间互相了解做出重大贡献的人士，包括著名的艺术家，都在德国受到迫害。

任何社会有机体像个体一样，都有可能变得心理不健全，特别是在艰困时期。通常国家会克服这类不健康，但愿德国能尽快复原，在未来像康德和歌德这样的伟人，不光是受到缅怀称颂，而且他们所教导世人的原则真正能流传于公众生活与意识中。

93 与普鲁士科学院之间的书信往返

收录于一九三四年《我的世界观》。

一九三三年四月一日普鲁士科学院发表反爱因斯坦声明

据报载，爱因斯坦在法国和美国时参与煽动暴行的活动，普鲁士科学院同仁皆感愤慨难当，即刻要求给出解释。在此期间，爱因斯坦宣布退出学院，理由是在当前政府下，他无法继续在普鲁士科学院任职。同时，身为瑞士公民的他，似乎打算放弃一九一三年获聘学院院士时顺带取得的普鲁士公民资格。

普鲁士科学院对于爱因斯坦在国外从事煽动活动，特别感到痛心。所有院士虽然严格禁止政党活动，但是向来与普鲁士同心同德，而且重视忠于国家的概念。因此，对于爱因斯坦的辞职，学院没有理由感到遗憾。

普鲁士科学院

常务秘书恩斯特·海曼博士

爱因斯坦致学院声明

一九三三年四月五日于勒柯克（近奥斯坦德）

我从可靠的消息来源得知，科学院在一份官方声明中提到："爱因斯坦在法国和美国时参与煽动暴行的活动。”

在此声明，我从来没有参与任何“贩卖暴行”的活动，也必须重申，我从来没有在任何地方目击这样的活动。我看到的，是民众一而再，再而三地复述传诵德国当权者的官方声明与命令，并奉行以经济手段消灭德国犹太人的计划。

我发给新闻界的声明是表明我想向学院辞职的意愿，并且放弃普鲁士的公民身份。我之所以走出这一步，是因为不希望生活在个人在法律之前未享有平等，也享受不到言论与教学自由的国家里。此外，我提到目前德国群众集体陷入精神错乱的状态，并谈到一些原因。

我曾写过一份文件，允许“国际反对排犹主义联盟”使用，以便号召大众的支持，但是完全没有打算给报社使用。文中，我也恳请所有明达之士，如果对岌岌可危的文明理想还保有忠诚的话，应全力防止大众的歇斯底里进一步恶化，如今在德国已经很不幸地出现可怕的症状了。

科学院在发表这一声明之前，要找到我原本的文件，应当是轻而易举之事。德国报界也歪曲了我的言论，不过在今日新闻界受到钳制的情况，这件事也不让人意外。

我愿意为我说出的每个字负责，也希望科学院将我的声明让每位院士与德国大众都知道。我在世人面前受到公然诬蔑，贵院也插了一手。

普鲁士科学院两封回函

一九三三年四月七日于柏林

敬启者：

作为普鲁士科学院首席秘书，我谨确认收到您三月二十八日宣布辞去科学院职位的来信。

科学院于一九三三年三月三十日的院会，已认可您的辞职。

科学院对事态发展深感遗憾，遗憾在于您身为地位最崇高的科学权威，与德国人共事多年，也担任院士多年，理当熟悉德国人的性格和思考习惯，竟然选在这个时刻与海外一群人勾结起来，这群人部分无非是扭曲事实，散布错误观点与恶毒谣言，深深伤害了德国人民。我们曾经满怀期待，像您担任科学院院士已有多年，不管政治立场为何，应该跟我们站在同一边来捍卫德国，共同对抗漫天谎言。在这些恶意中伤的场合，有些话卑鄙无耻，有些话荒唐可笑，不管如何，倘若由您出面为德国人民说句好话，也许会在海外造成极大的反响。然而，您的证词却反帮敌人一把，他们不仅是现今德国政府的敌人，更是德国人民的敌人。这已经造成我们极大的痛苦和失望，纵使没有收到辞职信，无疑也让我们不得不与您分道扬镳。

冯·菲克尔敬上

一九三三年四月十一日

科学院在此声明，本院于一九三三年四月一日发出的声明不仅是根据德国报纸的报道，更是根据外国的报道，尤其是法国与比利时，爱因斯坦先生对此并未否认。此外，在这之前，学院已经看到他给“反对排犹主义联盟”那份流传甚广的声明，文中声称德国退化到远古的野蛮不化。再者，尽管爱因斯坦先生在声明中否认参与任何贩卖暴行的活动，然而学院认定他至少并未挺身而出，驳斥不公的质疑与诬蔑，在学院看来，这本是他身为高等研究员的职责之一。相反地，爱因斯坦先生却发表一份声明。他是举世闻名的学者，这番话注定在外国会被敌人滥用，他们不仅是现今德国政府的敌人，更是全体德国人民的敌人。

普鲁士科学院

首席秘书冯·菲克尔与海曼

爱因斯坦的回复

一九三三年四月十二日于比利时勒柯克海滨

收到七日来信，对于信里你们表露的心态，我感到深恶痛绝。

至于事实，我只能答复如下：你们对我行为的说法，充其量只是将发表的声明换个形式而已，谴责我参与反对德国人民的恶意诽谤宣传。在上封信中，我已经表明这种指控是子虚乌有，纯粹是一种诬蔑。

你们又说道，若我能“为德国人民说句好话”，也许会在海外造成巨大的反响。对此，我必须回复如下：照你们建议所作的证词，等于是要我抹杀终身捍卫的正义与自由信念。这样的证言不会如你们所言，是为德国人民说句好话，而是在为某些人的罪行背书；德国人民曾在文明世界赢得一席之地，那些人却意图破坏其中可贵的理念与原则。若是我对此视而不见，作出这样的证词来粉饰太平，便是间接促成现有一切文化价值的腐败崩坏。

正因如此，我觉得有必要从科学院辞职，你们的来信只证明我这样做是正确的。

94 与巴伐利亚科学院往来信函

收录于一九三四年《我的世界观》。

巴伐利亚科学院

一九三三年四月八日于慕尼黑

致爱因斯坦教授：

在回复普鲁士科学院的信件中，您提到目前德国的现况是您辞职的原因。几年前巴伐利亚科学院选您为通讯院士，而我们向来与普鲁士科学院和其他的德国科学院都保有密切的关系，因此您从普鲁士科学院辞职，势必影响同我们的关系。

所以，我们想要请教您，在经历与普鲁士科学院之间的事情后，如何看待与我们巴伐利亚科学院的关系。

巴伐利亚科学院院长

爱因斯坦的回复

一九三三年四月二十一日于勒柯克海滨

我曾说明从普鲁士科学院辞职的理由，在目前的情况下，我不愿当一个德国公民，或是保留德国教育部底下的任何职位。

不过，这些理由本身与我和巴伐利亚科学院断绝关系并无直接关系。我请求从院士名单除名，是出于另外一个理由。

科学院的首要工作在于促进与保护国家的科学生活。然而就我所知，现在有为数不少的德国学者、学生以及专业人才，在德国被剥夺一切就业谋生的机会，德国的学术团体却只是袖手旁观，默不吭声。纵使是屈就外界压力才这么做，我也不愿意属于有这种作风的团体。

95 回复参加反对排犹会议之邀请

以下是爱因斯坦对于受邀参加“法国反德国排犹主义宣示”的回复，收录于一九三四年《我的世界观》。

这个邀请极为重要，让我仔细从各个角度思考，因为攸关我心中最挂念的一个问题。最终，我的结论是无法参加这项意义重大的活动，理由有两点：

第一，我还是一个德国公民；第二，我是一个犹太人。至于第一点，我要补充说明自己一直都在德国的机构工作，而且在德国极受敬重。尽管我对那里发生的可怕事情深感遗憾，也应该强烈谴责政府竟允许发生这些恐怖的反常事件，然而我个人还是不宜参加由外国官方发起的活动。为了让你们能够理解这点，现在假设有个处境类似的法国公民，与著名的德国政治人物联手发起抗议法国政府的行动，纵使他完全明白抗议活动有其正当性，但是我料想你们还是会视这位法国同胞的作为为对国家不忠。如果佐拉觉得在发生德雷福斯案件的时候，有必要离开法国，他还是绝对不会让自己涉入由德国官员发起的抗议活动，不管多么认同他们的行动。他还是会谨守界限，以个人立场为同胞的作为感到羞愧。

第二点，对于不公不义以及暴力的抗议，若是纯粹因个人热爱正义以及基于人的感情而发，那是无比珍贵的。而我是一个犹太人，视其他犹太人为弟兄，上面的情况并不适用于我。对我来说，对于犹太人的不公不义，等同于对自己的不公不义，我不能当法官审理自己的案子，而必须等待公正客观的局外人做裁判为宜。

这些都是我的理由。不过，我想补充一点，我向来尊重钦佩法国传统浓烈的正义感，这是法国传统最崇高的特质之一。

96 致华沙犹太人区战争英雄

取自一九四四年纽约《波兰犹太人协会公告》。

在对抗德国有组织的谋杀中，他们以犹太民族的身份战斗死去。这些牺牲激发各地犹太人的凝聚力，让大家在苦难中团结为一，共同为实现更美好的人类社会而努力，这是先知明确树立的目标。

如果这个世界还有正义存在，如果各国未忘记共同的责任，整个德意志民族均应为大屠杀负责任，而且整个民族都要受到惩罚。为纳粹党撑腰的是德国人，当希特勒的演说与著作赤裸裸地露出无耻的意图、绝对不可能被误解时，德国人却把票投给他。对于无辜受迫害的人，德国人是唯一没有认真抵抗并帮忙保护他们的民族。当德国被彻底击败，开始悲叹自己的命运时，我们不能再次上当受骗。而是要牢牢记住，他们存心利用别人的善良，准备对全人类做出最后，也是最卑劣的罪行。

第五部分

对科学的贡献

CONTRIBUTIONS TO SCIENCE

97 理论物理的定则

一九一四年普鲁士科学院开幕演讲。爱因斯坦于一九一三年成为普鲁士科学院院士，希特勒上台之后他便辞去此一职位（参见本书《与普鲁士科学院之间的书信往返》），本篇文章发表于一九一四年《普鲁士科学院会报》。

各位先生：

首先我要最诚挚地感谢您，给予我这样的人以最高荣誉。获选为科学院院士让我不再受事务所扰，得以全心投入科学研究。即使我没能达到你们的高度期望，希望你们还是能接受我诚恳的感谢。

或许在这个场合诸位会容我谈谈我的领域，也就是理论物理和实验物理的关系。我的一个数学家朋友前几天半开玩笑地对我说："数学家能做很多事情，不过他们从不做你要他做的那件事。"当实验物理学家有求于理论物理学家的时候，往往也会有同样的感觉。为什么理论物理学家这么"不听话"呢？

理论家通常以假设为基础推导出结论。他的工作通常有两部分：

首先他必须发现自然原理，接下来从这些原理中推导出结论。在学校中的训练能够让他从容胜任第二个步骤，因此当某个领域或是现象的基本原理已然为人所知时，如果研究者够聪明而且勤奋的话，肯定能获得成功。然而，建立基本原理的这个第一步骤，在本质上却是完全不同。这不但学不到，也没有系统性的方法可遵循。科学家必须从复杂的现象当中归纳一般规则，并精确地写下方程式，才能从自然榨出原理原则。

在理论成功建立之后，经充分的演绎，往往会发现一些新的关系，远超过当初理论所依据的自然现象范畴。个别的实验现象若无法引出可以作为理论基础的原则，那么对理论家就一点用也没有。在不了解基本的原理原则之前，面对一堆独立的现象，其实理论家是很无助的。

这就是当今理论家在热辐射原理以及低温分子运动领域所面对的窘境。大约十五年前，所有人都以为只要根据伽利略与牛顿力学，把它运用在分子运动以及麦克斯韦电磁学理论上面，便能解释所有物质的电学、光学以及热力学性质。然而，普朗克发现若要建立与实验符合的热辐射公式，在计算过程中所用到的假设将与古典力学南辕北辙。普朗克必须引进量子假说，且这些假设接下来被实验完美地证实。即便我们知道在质量不大、速度不快、加速度不高的状况下，伽利略与牛顿的古典力学也并不完全正确，也只能看成一种近似的理论。即使理论物理学家孜孜不倦，至今仍没有办法推导出能够取代古典力学，并满足普朗克热辐射与量子假说的力学定律。我们不得不承认，虽然热肯定是由分子运动造成的，但我们对于这种运动的动力学的了解程度，和牛顿之前天文学家对于行星运动的了解一样粗浅。

我刚才列举的现象缺乏的是能够进行理论描述的基本原理。相反地，有时候很清楚的理论却会推导出完全超乎现实经验的结论与预测，这时候就需要多年的实证研究，才能检验理论所根据的基本原理是否正确。相对论的发展正属于这个范畴。

相对论来自对空间与时间基本观念的分析。根据运动物体光学，我们知道真空中光速恒定，这原理使我们放弃光的以太理论，它所引出的新理论还能够解释为何地球上的实验没办法检测地球的横向运动。相对论原理指出，两个进行相对匀速运动的坐标系中的自然定律并没有差别。这个理论现在不但已经实验验证，也简化了人们对于一系列时空现象的系统性了解。

另外，从理论的角度出发，相对论仍未完备，因为它只处理匀速运动的问题。如果匀速运动在物理上没有特殊绝对意义，我们也要探讨非匀速运动是否也如此。若以这个假设作为出发点，我们可以得到确切形式相对论的推广，在这个推广中，引力与动力学紧密相连。不过，现在我们并没有能够检验这个假设的实验事实。

归纳方法与演绎方法在物理学上相辅相成，共同追求重要自然问题的答案，希望在我们合作之下能够马上出现重大突破！

98 科学研究的原则

一九一八年于柏林物理协会庆祝普朗克六十岁生日的演讲，发表于一九三四年《我的世界观》。普朗克担任柏林大学理论物理学教授多年，对物理学最杰出的贡献在于一九〇〇年提出的量子论，为日后现代原子物理学的发展奠定了重要根基。普朗克之后，爱因斯坦在此新领域做出重要贡献，提出了光量子也就是光子理论（一九〇五年），以及比热理论（一九〇七年）。爱因斯坦比任何人都更早认识到，量子概念不仅撼动了当时物理学的根基，而且其影响普遍存在。

在科学的圣殿中，有许多伟人圣哲。他们对科学都做出重大贡献，不过出发点各有不同。对有些人来说，他们从事科学工作的原因在于能够拥有高人一等的智慧上的优越感，科学像是一种竞赛，他们是为了享受成就以及满足企图心而从事科学工作；有些人则完全从实用与利益的角度看待科学。如果上帝的使者降临，把这两种人都逐出科学殿堂，还能留下来的人大概寥寥无几。而我们今天的主角普朗克先生绝对经得起这种检视，他享有今天的地位是实至名归。他纯洁的出发点，正是我们敬爱他的原因。

我当然知道，在这种半开玩笑的想象中所采用的严厉标准，会把许多重要的科学家扫地出门，人们所知的科学现象，大多数是由这些人所发现的，就算是“天使”有时候也会难以定夺。不过我很肯定的是，如果所有科学家都属于这两种人，我们所知的科学殿堂是不可能建立的，这就像只有藤蔓而没有巨木作为支柱，无法产生茂密的森林。对他们来说，成为科学家只是阴错阳差，他们也可以当工程师、官员、企业家，在这些领域获得名利。我所谓具有纯正出发点的科学家是什么样子呢？他们多半有点特立独行，不善交际，彼此之间除了科学之外也没有什么特别的共同点。他们为什么能进入科学殿堂呢？这是一个很难的问题，也没有一个简单的答案。我同意叔本华所说，人类从事艺术和科学工作的一个重大原因，是为了逃避日常生活的庸俗与无望，以及无尽欲望的枷锁。与世无争的本性让他们逃脱世俗，进入客观思考的世界，这就像闹市的居民急于逃离拥挤嘈杂的环境，躲到深山寻求宁静，欣赏无垠亘久的美景。

这当然是一种消极的出发点，不过这些可敬之人也有正面积极的动力源。他们想要用最简单、最清楚的方式建立世界的图像，然后用这个图像取代现实世界，借此掌握它、征服它。虽然画家、诗人、哲学家、自然科学家的活动内容各异，不过这种超然的态度却是他们共同的处世之道。他们客观的世界图像成为心里的依靠，在混乱的个人经验当中建立平和与安定。

理论物理学家的世界图像是什么样子的呢？它对于世界的描述最严谨精确，往往只有数学公式才能达到这种高标准。它能够描述的现象，却因此有着严重的限制。理论物理学家往往只能处理自然经验中最简单的现象，稍微复杂的事件就超出了理论物理的精确与完整逻辑能处理的范畴。换句话说，我们为了最高的纯粹度、清晰度绝不模棱两可，而牺牲了完整性。这种彻底了解自然界的一小部分，却胆怯地放弃所有其他较复杂麻烦的现象，到底有什么好处？这种局限性的理论有什么资格冠上“宇宙理论”这种伟大的称号呢？

我认为这个名字是实至名归，因为理论物理一般定律的结构，是对所有自然现象都适用的。用这样的演绎推理结构，应该能够对于所有的自然过程——包括生命本身——都提出描述，也就是理论，除非推理过程远超出人类智慧所及。物理学家的宇宙图像不够完备，并不是因为这种方法有什么基本的缺失。

物理学家的重大挑战就是找到一般的基本定律，能够据此以演绎的方法建构宇宙。不过，这些基本定律的发现却不能用演绎的方法，而需根据直觉，以及对于经验的深度了解。因为有这种方法学上的不确定，你可能会怀疑说不定许多理论物理系统都具有同样的正当性，这种看法也有它的道理。不过物理学的发展史一而再，再而三地证明，在所有可能的建构当中，总有一个脱颖而出，成为最成功的理论。在对物理学有所了解的人当中，没有人会否认唯有世上的种种现象能决定它们背后的理论系统，虽然我们不能用逻辑证明这两者之间有一对一的关系，这就是莱布尼兹所说的“先天性和谐”。物理学家常常抱怨知识论学者忽略此一事实。我想这就是几年前马赫与普朗克争论的症结所在。

掌握这种先天性和谐是普朗克一生致力的目标，他展现了无穷的耐心与毅力，拒绝接受较简单容易的道路。我的很多同事常将其归功于他的强烈个人意志与纪律，我不同意这种说法。我认为，刻意的决心是不能达到这种高度的，普朗克的勤奋完全是由衷而出，就像宗教性的崇拜或是恋人的爱一般。现在他正坐在那里微笑，听着我可笑幼稚的颂词，不过我们对他的敬爱是不需要解释的。希望他对科学的热爱，能够在他做出这么多贡献之后，更引导他解决当代物理学最重要的问题，能够成功地以单一逻辑系统完整地描述量子理论、电磁学与力学。

99 谈相对论

应《伦敦时报》邀请撰写，发表于一九一九年十一月二十八日。

我很高兴在此为《伦敦时报》的读者介绍相对论。由于先前我和学院派的辩论完全徒劳无功，最后是靠英国天文学家和物理学家结束争端，因此我要对他们致以最高的谢意。贵国科学家劳师动众、竭尽心力来测试大战时敌国理论家所提出来的理论，充分彰显了你们优良的科学传统。虽然光线在引力场中所受到的影响是一个非常客观的课题，我还是忍不住以个人的立场表达由衷感谢，因为贵国的研究成果，我才能在有生之年目睹相对论最重要的预言得到证实。

物理理论有很多种。大多数理论是建构式的（constructive），即用相当简单的方程式作为出发点，借以建立复杂现象的图像。例如，气体动力学理论的目标是用分子的运动来解释物质的机械性质、热学规律，以及扩散现象。当我们说了解一系列自然现象时，代表的是能用一建构式的理论来描述这些现象与过程。

除了这一类重要的理论之外，还存在第二类被我称为“原理式理论”（principle-theories）者。这种理论采用的是分析而非综合的方法。它们的出发点并不是假设性的原理，而是靠经验发现的自然律，进而成为自然过程或其理论表象所必须满足的数学方程式。例如，在热力学中，以“永动机不可能”这点由经验得来的自然律作为出发点，再以分析的方法推导出热学现象必须满足的基本条件。

建构式理论的优点是它的完整性、灵活度，以及清晰的条理。原理式理论的优点在于其逻辑的完美以及基础的可靠性。

相对论属于原理式理论，想要了解其本质，我们必须了解其所根据的基本原理。在开始解释之前，我必须先说相对论是由两部分所组成：狭义相对论和广义相对论。狭义相对论不但是广义相对论的基础，也适用于除了引力现象之外的所有物理现象。广义相对论则描述引力以及引力与其他自然力的相互作用。

古代希腊人都知道，要描述物体的运动必须以另一个物体作为基准。车子的运动必须相对地球表面才有意义，而行星运动则必须相对于远方的恒星才有意义。在物理学当中，事件与运动的测量基准称为坐标系。牛顿和伽利略的力学，只有在坐标系的辅助下才能公式化。

力学原理并不是在所有的坐标系下都成立。必须要求坐标系本身不能旋转或是加速，我们熟悉的力学定律才会成立，而这种坐标系称为惯性坐标系。惯性坐标系的运动状态，并不是唯一的。根据力学原理，所有相对于某惯性坐标系进行匀速直线运动的坐标系，也都是惯性坐标系。“狭义相对论原理”将此原理从力学推广到所有的自然现象，换句话说，若坐标系 C' 相对坐标系 C 进行匀速运动，则任何在系统 C 中成立的自然律，在系统 C' 中也必定成立。

狭义相对论所根据的第二个原理，是“真空光速恒定”。不论观测者或光源的运动状态如何，在真空中光线的行进速度都是恒定的。物理学家对于此原理的信心来自麦克斯韦电磁学与洛伦兹理论的成功。

这两个原理都获得经验强力的支持，但在表面上似乎互相矛盾。狭义相对论靠着修正运动学，也就是时空概念的物理学，才成功地将两个原理纳入单一逻辑架构。于是，两个事件是否同时发生必须先指定参考坐标系才有意义，而且量尺的长度与时钟速率会与坐标系之间的相对速度有关。

然而，伽利略与牛顿的古典物理学，与新的相对论动力学无法结合。如果上述两个基本原理成立的话，自然定律必须遵守一套数学条件，因此物理学必须接受修正。例如，高速运动的质点必须满足新的物理定律，而在带电基本粒子的实验中，这些现象已经确认。狭义相对论最重要的结论，是关于粒子系统静质量的，我们发现系统的惯性与能量有关，于是我们可以推论，静质量不过是潜在能量的表现罢了。

质量守恒定律不再独立存在，而只是能量守恒定律的某种特例。

狭义相对论原来是麦克斯韦与洛伦兹电动力学的专属规律，不过已经暗示着新的推广。物理定律的一贯性，是否仅限于匀速直线相对运动的坐标系统？自然界为什么要管我们选用什么运动状态的坐标系？如果只是为了描述物理律方便而选择坐标系统，其运动状态不应有任何限制才对。自然律应该完全与坐标选择无关（广义相对性原理）。

广义相对性原理的成立，可从一个大家熟知的经验得知。这就是物体的质量与惯性是由同一个参数所控制（惯性质量与引力质量的等效），想象一个相对于惯性系统匀速旋转（牛顿力学定义）的坐标系，它所感受的离心力应该被视为惯性的表现，至少根据牛顿力学是如此。然而，离心力也和物体质量成正比，这和引力殊无二致，我们为什么不能把这坐标系视为静止，而将离心力视为引力呢？这显而易见的道理，却不容于古典力学。

以上简单的讨论显示，广义相对论必须提供引力理论，仔细分析探讨之后，更加强化这一期待。不过，理论的实际发展过程比想象困难许多，因为我们不得不放弃欧几里得几何学。换句话说，物体在空间的运动定律，将不受欧氏几何学规范。这就是我们所谓“弯曲空间”的意义，“直线”“平面”等熟悉的概念，在物理学中会失去原来的特殊地位。

统御时间空间与运动学的广义相对论，无法与其他物理学分割，物体的几何性质与时钟速率，会受引力场影响，而引力场本身又是由物质分布所决定的。

新的引力理论与牛顿理论相去甚远，不过两个理论的预测在实验上却十分接近，因此日常经验无法分辨它们。能够区分两个理论的现象有：

一、行星椭圆轨道的旋转（在水星轨道已获证实）。

二、受引力场影响的光线弯曲（由英国科学家所摄得的日食照片所证实）。

三、大质量恒星光谱线的红移现象（未证实）。[1]

这个理论最吸引人的地方，在于逻辑的完备性。它预测的结论只要有一个是错的，那么整个理论就必须放弃。在不完全摧毁架构的前提下进行修正，几乎是不可能的事。

大家不用觉得牛顿的古典力学会完全被这个理论取代。他所奠定的方法、获得的成果，是如此伟大，将永远在自然哲学中享有不可取代的地位。

后记：贵报所报道关于我个人与生活的片段，有一部分纯粹出自记者无尽的想象力。相对论在这方面也有它的应用性：现在德国人称我为“德国学者”，而英国人称我为“瑞士犹太人”；若有一天我成为全民公敌，德国人会反过来以“瑞士犹太人”称呼我，而英国人会叫

1 原注释：此现象之后已获证实。

我“德国学者”。

100 几何学与日常经验

一九二一年一月二十七日于普鲁士科学院的演讲。

数学在科学当中之所以享有崇高地位，在于其定理与结论是完全确定而不得置疑的。其他科学领域的结论，却或多或少可受争议，也常有被新发现所推翻的危险。不过，其他的科学家也不用羡慕数学家，因为这些不可撼动的数学定理所描述的只是想象中的结构，而不是实际的事物。而且，从共同的公设出发，并用大家接受的演绎方法来推导，得到确切的结论其实也没什么好大惊小怪。不过数学享有好名誉还有另外一个原因。数学赋予精确自然科学某种程度的确定性，要不是它，自然科学将会是模棱两可。

不过，数学毕竟是人类思考的产物，而非根基于经验，怎么能如此成功地应用在自然界的实际事物上呢？这个谜题，从古至今困扰着所有智者。人类的理性思考，难道真能在不借助经验的情况下，了解真实的世界吗？

我认为，回答这个问题的关键在于，描述真实的数学定理并非确定成立；而确定成立的数学定理，往往和真实有一定距离。这个观察在近年来数学界“公设化”的倾向之后，变得再清楚不过。公设化运动把数学中逻辑推理的部分和客观或直观成立的部分划清界限，而且主要强调前者。

从这种观点出发，我们要怎么看待几何学的公设呢？例如，考虑以下公设：“给定空间中任意两个点，存在唯一一条直线连接它们。”从古典数学和现代数学的观点各自如何看待这个公设呢？

早期的诠释是这样的：每个人都知道直线是什么、点是什么。至于这个知识是从人类心智本身能力而来，还是从经验而来，从两者的结合，甚至其他来源而来，这个问题超出数学讨论的范围。数学家把这个问题留给哲学家去探讨。以这个知识作为出发点的公设，数学才正式开始，而所有的公设都是不证自明，也就是“先验”的知识。

比较现代的诠释是这样的：几何学所处理的是我们称为“点”“直线”等物体，我们不必假设自己对这些物体有其他真实了解，只假设如上述的公理独立于经验和直觉，简单而纯粹地成立。这些公设只是人类心智的产物，而几何学的其他定理都是从它们出发，并经逻辑演绎的结果。从另一个角度看来，公设定义了几何学所能处理的对象，哲学家石里克在他知识论的书当中，很恰当地称公设为“隐性定义”。

坚持现代公理化路径的数学家所采取的这种态度，把数学中所有外在的成分完全排除，也消灭了先前有关数学基础的谜题。然而，这种清理门户式的做法，也让数学对于真实世界中的事物和我们直觉中的事物无从置喙，在公设化几何学当中，“点”“直线”只是空洞的抽象词汇，赋予它们真实意义则超出数学的范围。

另外，数学，特别是几何学的滥觞，出自描述真实物体的实际需要。几何（geometry）这个词本来就是测量地球的意思，而测量地球要用真实的标尺放在地表，测量两者的关系。我在此称这些真实物体为“似刚体”。显而易见，除非放弃空洞的抽象公设而把真实物体与经验引入几何学，否则纯粹公设化几何学本身对于似刚体一筹莫展。要达到这一点，我们只要再加入一条假设：“真实物体之间的关系，可以用三维空间欧几里得几何学来描述。”这么一来，欧氏几何学中的诸多定理就可以用来描述似刚体的行为。

这样所完成的几何学，显然属于自然科学。事实上，它可以看成最古老的物理学。其正确性仰赖经验与归纳，而不光是逻辑推演。我们可称之为实用几何学，与纯粹公设化几何学相区隔。我们可以问宇宙的几何学是否为欧氏几何，这实用几何学问题具有清楚的意义，而且，还可以借由经验来回答它。物理学中，所有的长度测量都属于实用几何学范畴，地理与天文学的测量亦然，我们采纳“光循直线前进”这个经验法则时，所说的直线当然是实用几何学的直线。

在此，我赋予实用几何学特殊重要性，因为我是靠它才发展出相对论的。在相对论中，相对于惯性系统旋转的坐标系当中，刚体运动法则不受欧氏几何学与洛伦兹压缩所规范，如果把非惯性系统列入等效考虑，我们必须放弃欧氏几何学。反之，庞加莱这位尖锐而深具洞察力的思想家，一开始就否定公设化欧氏几何学与真实刚体的关系，因此他很自然地推论：因为欧几里得几何学的简洁性，它在公设化几何学中具有独特地位。庞加莱主张，公理化几何学本身对真实世界无从置喙，唯有与物理定律合并才行，既然如此，不论物理实在的本质为何，应该能够保有欧氏几何才对。如果理论与实验之间出现冲突，应该修正物理定律而保存公理化欧氏几何学。我必须承认，如果否定真实的刚体与几何学的任何联结，人们的确应尽其所能地保有欧氏几何学的简洁。

为什么庞加莱等人信誓旦旦声称真实刚体与几何学没有任何关系呢？这是因为仔细检视自然界的物体，会发现它们不是完美刚体。它们的几何性质，也就是点和点的相对关系，会随着温度和外力等参数而改变。因此，乍看之下几何学和物理真实的关系似乎已消失殆尽。庞加莱于是主张几何学（G）本身对真实世界不具预测性，只有在与物理定律（P）结合之后才行。换句话说，经验与物理实验所检验的是 G+P 的合并。他认为，G 可以任意选择，若实验推翻理论，只要修正 P 中的一部分，让 G 与 P 的整体结合满足实验即可。这种观点把公设化几何学和物理学中约定俗成的部分，看作在知识学上完全等价。

严格来说，庞加莱当然没有错。理想标尺、时钟等相对论所采用的物体，的确在真实世界中不存在。时钟这种复合结构，也不是点、粒子等不可约化的元素，照理说不应该独立地成为理论的基础。不过我坚信，现阶段理论物理学仍然不够了解原子结构与固体性质，或是时钟本身，因此不得不纳入这些概念上的理想测量工具，作为理论的一部分。

有人质疑，既然自然界没有完美的刚体，那么只能描述完美刚体性质的理论，在自然界不是一点用都没有？乍听之下这个说法似乎命中相对论的要害，但其实不然。因为，只要充分了解测量工具的组成与性质，我们就能说在一定的准确度下，它们是够好的刚体。在应用上，我们用这种似刚体作为测量工具。

实用几何学运用的原理都是经验所能及的。假设在现实世界中的硬棍两端标下记号，并称一对记号为“尺寸”，如果两根棍子各自都标上了一组尺寸，若将两根棍子并排发现记号吻合，我们称这两个尺寸相等。根据这样的定义，我们假设：在某时某地确立相等的两个尺寸，在任何时间、任何地点都会相等。

这假设，不但在实用欧氏几何中成立，也是其推广——黎曼几何学与相对论——的根基。根据经验，这个假设显然成立，我在此仅提出另外一个需要它的理由：光在空间的行进，可以把时间间隔转换为尺寸，反之亦然。因此以上关于尺寸的陈述，在相对论中对时间间隔应该也成立。换句话说，两个在某时某地以同样速率行进的时钟，不论在何时何地都会用同样速率行进。我们所观测的化学元素光谱的频率极为精准恒定，正是实用几何学原理成立的实验铁证。这就是为什么我们能够谈论四维时空中的黎曼度规，而不只是抽象的公设几何学。

因此，我认为宇宙究竟是欧几里得空间、黎曼空间，还是其他结构，是一个物理问题，只能经由经验来提供答案，而不是可以为讲求方便而任意约定俗成的。在很小的时空尺度中，欧几里得空间与黎曼空间非常接近，但两者还是有本质上的不同。

当然，我所提出的几何学物理诠释在分子尺度就会溃散，不过即使是讨论基本粒子的组成，这种几何观还是有它的重要性。在讨论带电粒子、力场等问题时，我们还是可以试图用几何概念，虽然黎曼几何原本是为宏观的刚体所定义的，并且这种推广是否成立还有待实验检验。我们已经知道，温度这个概念无法推广到分子尺度。或许，当几何学推广到分子尺度时，一样会失去意义。对于这一点，我们还不清楚。

要把实用几何学的概念推广到宇宙尺度，则没有那么困难。虽然有质疑者称，物体的尺度越大，它的性质和理想刚体就差得越多。不过，这现象不可能有什么基本重要性。因此，我认为“宇宙是否无限大”是完全合理的实用几何学命题。我甚至不排除天文学有朝一日可以回答这个问题。毕竟，广义相对论就是这样解决的。宇宙大小有两个可能性：

一、宇宙空间无限大。这个可能性，只有在物质平均密度趋近于零时才会成立。也就是说，在考虑越大体积的空间，恒星等物质的平均密度就会越小，宇宙才可能无限大。

二、宇宙空间有限。如果物质平均密度在大尺度上有限，则这个可能性必然成立。平均密度越小，宇宙空间体积就越大。

在此我要提出一个支持有限宇宙的理论依据。广义相对论告诉我们，物体的惯性受引力场影响，当邻近有越多物质时，其惯性就越大。早先马赫主张把惯性完全看成物体与宇宙中其他物体相互作用的结果。我认为这是一种很合理的看法。事实上，从牛顿开始，引力完全是由物体之间相互作用所描述。然而，广义相对论方程式显示，唯有有限空间，才能让惯性纯粹由物体相互作用中产生。

许多物理学家与天文学家反对这种看法。前面提到，只有诉诸实验才能区别这两种可能性。我们要怎么样进行这个实验呢？乍看之下，似乎可以借着测量附近宇宙的平均密度来区别。但这是没有希望的。可视恒星的分布非常不均匀，我们或许可以测量银河系的平均密度，然而不论搜寻的空间多大，永远也无法确定这个空间以外是否有其他恒星，因此测量平均密度似乎是不可能的事。

另一个方法，虽然还是极端困难但可行性却较高。广义相对论和牛顿理论的偏离，在大质量星体附近较明显，因此我们在水星轨道首先观察到它。如果宇宙空间有限的话，相对论和牛顿理论还有另一个可能看得到的区别。用牛顿理论的语言来说，引力场除了可由一般物质产生，还来自另一种布满整个空间、带有负质量密度的物质产生。不过，由于这种质量密度极为稀薄，只有在最大尺度的引力系统中才可能侦测到。

若已知银河系中恒星的质量以及统计分布，根据牛顿定律，我们能够计算让银河系维持大小而不塌缩或飞散所需的引力场大小以及恒星的平均速度。接下来，把所预测的平均速度与观测到的恒星速度比较，若测量到的恒星速度比牛顿力学所预测的慢，则代表大尺度下引力吸引力比牛顿力学所预测的稍弱，这可以看成证明宇宙空间有限的间接证据，甚至可以用来估计宇宙的尺度。

我们人类能够想象三维空间有限而无边界的宇宙吗?

一般人会很快地说“不能”，但这是错误的答案。接下来，我要向大家说明这是办得到的事。事实上，只要运用一点想象，再加上一点练习，我们就能很习惯并接纳有限宇宙。

首先，我们回到知识的本质。空间几何与物理理论并没有直接图像，而是由一套观念所组成。这些观念，把许多虚构和真实的感官经验结合，而“想象”某个理论，代表的是汲取与该理论相关的感官经验组合。在前例当中，人类对于三维空间有限宇宙中物体相对位置的感官经验付诸阙如，自然无从“想象”。这当然是很简单的道理，不是什么了不起的洞见，不过实在太多人问这个问题，我觉得仍然有很多人不接受，于是在此赘述重申。

当我们说空间无限的时候，是表达了什么意义呢? 这代表着我们可以把无限多个物体排成一条直线，而永远不会填满空间。假设我们手上有许许多多同样大小的方块，根据欧几里得几何学，可以在上下、左右、前后都持续堆放方块，而占据任意大的空间。若空间无限大，这过程永远不会因为空间用完了而停止，因此“空间无限大”的更精确说法是: 根据欧氏几何学堆放规则，空间相对于实际刚体无限大。

无限大连续体的另一个例子是平面。在平面上我们可以放上许多比邻的正方板子，根据欧氏几何学我们可以放上无限多个板子。也就是说，相对于板子来说平面是无限大的。因此，我们称平面为二维无限大连续体，而空间是三维无限大连续体。我在此假设读者已经熟悉维度的概念。

我们接下来以有限却没有边界的二维连续体作为例子。想象一个大的球体，和许多大小相等的小圆纸板。把一个小圆板在球体表面上到处移动，会发现球的表面并没有边界存在，因此我们可以说球体的表面是没有边界的连续体。而且，若把许多小圆板紧密排列铺在球体表面，可以把它的表面完全填满，再也放不下任何小圆板。这代表球体表面是有限的连续体，相对于小圆板来说，球的表面积是有限的。其实，球表面是非欧几里得几何的二维连续体，也就是说球面上物体之间的相对关系并不满足欧几里得平面几何。这可以从以下说明得知：把一个小圆板周围以六个小圆板紧密环绕，然后开始继续向外堆，除了最外面的圆板以外，每个圆板外面都有六个圆板，依此类推。如果在欧氏平面上排列，则这个过程没有尽头，除了最外圈，每个圆板都与六个圆板接触（见图一）。然而，若在球面上排列，一开始状况和平面上类似，而且若小圆板半径越小，就越有可能维持保有六个圆板接触的状态，不过，当所铺盖的面积占球面显著比例之后，就会发现越来越难保有六个圆板接触，而这种困难在平面上绝对不会发生。用这种方法，住在圆球表面的生物，即使不能离开表面也能靠着测量“发现”自己生活的空间并不是欧几里得平面，而是二维球面。

图一

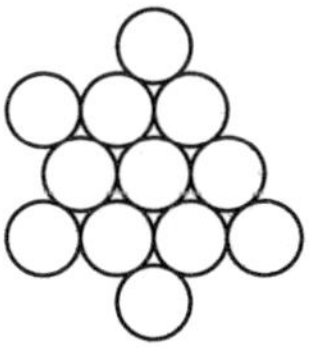

相对论的最新结果显示，我们所居住的三维空间也可能是球形。也就是当考虑的尺度最大时，物体之间相对位置的关系，不由欧几里得几何学所描述，而与球面上的几何学相似。这当然超乎我们所有人的经验，你会抗议“没有人能想象这种东西”，“这真是胡说，我可以想象二维的球面，但三维的球面根本不存在”。

我们必须试图超越这个思考障碍，有耐心的读者就会发现其实这并不是难事。以下继续探讨二维球面的几何性质以做说明。在图二中，此处 K 代表球面，在 S 点与平面 E 接触（原本应该无限大的平面在此以矩形边界表现）。L 是球面上的圆盘，想象球面上的一点光源 N，位于 S 的相反位置，让球面上的每一点都在平面上投射出影子，而圆盘 L 在平面 E 上产生的影子称为 L'，它会随着圆盘在球面上的位置变动而跟着移动。当圆盘 L 位于 S 点时，L 与 L' 几乎重叠。当圆盘开始远离 S 向上移动时，平面上的阴影 L' 也会离开 S 点向外移动，而且越来越大。当圆盘L移至光源N时，阴影移到无限远，而且变得无限大。

图二

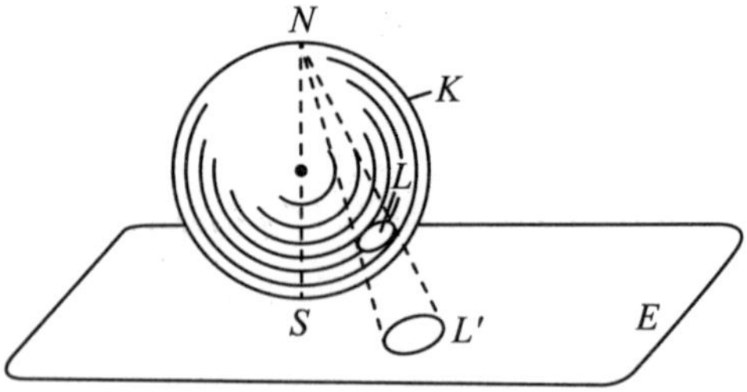

现在我们自问：阴影 L' 在平面 E 的几何学为何？显然，这和圆盘 L 在球面上的几何学一模一样。球面上的任意图样在平面上都有相对的阴影，若 K 是两个接触的圆盘，则圆盘的阴影也会接触。其他球面上的几何关系，对阴影也都适用。球面上的物体若满足刚体法则，则在平面上的影子也是刚体。由于球面上只能放下数量有限的圆盘，平面上圆盘的影子数量也就有限。

有人会说："这太荒谬了，影子怎么会是刚体，只要拿一根尺去量它，就知道它的大小一直在改变。"然而，如果用来定义大小的标尺其表现行为和圆盘影子一样呢？如此一来，我们就不再能说当 L 离开 S 时，所造成的阴影会越来越"大"，因为这句话不再有任何意义。我们只能说，影子的几何学和球面上的几何学一模一样。

我们要记住，除非离开平面，而把阴影和球面上的圆盘做比较，否则我们不能再说阴影的大小越来越大。就 L' 的几何学来说，S 点在平面上的位置也不具有特殊地位，就像 S 点在球面上没有什么特殊地位一样。

这个例子当中所用的二维球面几何学，可以帮助我们想象三维的情形。假设三维空间中有一点 S，而且我们手上有许多小圆球 L'，可以用来测量、堆积。想象这些圆球并非欧氏几何学的一般刚体，而像上例中圆盘的阴影：当它离 S 越远，其半径（根据欧氏几何学定义）会随着增加。

现在请读者想象一下，熟悉圆球 L' 的几何性质，假设我们的宇宙当中，这些圆球就是所谓的刚体，而不存在一般我们所熟悉的欧氏刚体。由于标尺离开 S 点也会变得越来越大，我们不再借着测量推论圆球半径的改变。这空间图像应该就是非常清楚的三维球面表现。我们可以说，空间是均匀的，因为空间上的特定点附近的排列方式，在所有的点也都成立[1]。而且，空间是有限的，因为整个宇宙不能塞下无限多个球，因为它们越远就越“大”。

用这种方式，在欧氏几何学的辅助之下，我们可以建立很清楚的球面几何图像。在更多实例辅助之下，能够更严谨、更深入地建立关系。同样地，我们也可以建立对于所谓椭圆几何的直观图像。今天最主要的目的在于说服大家，人类想象的能力是可以包括非欧氏几何学的。

---

1 原注释：这一点不需计算就能理解，只要看看二维球的例子即可，小圆盘在球面上的排列不受位置影响。

101 相对论

一九二一年于伦敦国王学院发表的演讲，收录于一九三四年《我的世界观》。

很荣幸有这个机会到英国首都演讲。贵国是理论物理最重要概念的发源地：牛顿的质量与引力概念、法拉第与麦克斯韦的电磁场概念，皆为物理学建立新的根基。相对论可以说是对于麦克斯韦与洛伦兹伟大理论的最后总结，试图将包括引力在内的所有物理现象结合。

我要向大家强调的一点是，相对论并不是源于纯粹的臆测，它的出发点，在于希望让物理理论完美地解释观测现象。相对论并不是无中生有的革命，而是顺着一条几世纪以来就很清楚的道路而行。放弃关于时间与空间的既定概念，并不是随心所欲的武断，而是根据观测事实而为。

真空中光速恒定的定律，已得到电磁学与光学的证实，而所有惯性系统的等价（狭义相对论原理），也借由迈克耳逊的著名实验清楚地确立，这两者的结合让我们必须令时间为相对，也就是说，每个惯性系统必须有自己的时间。在发展这些概念时，我发现先前人们对于经验与时间、坐标系统的关联思考得不够透彻。相对论的一大课题，就是把一般概念和实验事实进一步厘清。我们所用的原则，是物理概念必须清楚、毫不含糊地导引出可观测的现象。根据狭义相对论，时间和空间的绝对性在于它们可以由静态的时钟和标尺直接测量，但其相对性则在于它们受惯性系统运动状态影响。在古典力学中，时间与空间各自保有绝对性；而在相对论中，由时间与空间结合所形成的四维连续体（闵可夫斯基时空）才得以维持绝对的本质。坐标系统间的相对速度对于长度与时间的影响，以及质量与能量的对应关系，都是从将时间与坐标视为测量产物而得来的结论。

广义相对论则来自物体惯性质量与引力质量的等价，古典物理学对于这一点提供不出任何解释。若将相对性原理推广到具有相对加速度的坐标系系统，就会看得出这一点。在相对惯性系统加速的坐标系中，会出现引力场，也就是说，本于惯性与引力场等价的广义相对论，同时也提供了引力场的理论描述。

将进行相对加速的坐标系统列入考虑，并与狭义相对论结合，会发现引力场附近刚体的行为会违反欧几里得几何学。引力场中时钟的速率也出现类似变化。因此，我们要再度推广时间与空间的概念，因为原来标尺与时钟的测量方法已经失效。这种弯曲空间的广义度规，先前已由数学家高斯和黎曼完整建立。基本上，在很小的时空区域，狭义相对论的度规仍然可以成立。

这么一来，时空坐标不再具有独立真实性，时空必须和引力场的数学量结合，才具有真实性。

广义相对论还有另一项重要结论。马赫认为，如果我们以描述、操作式定义细究运动本质，则只能探讨物体之间的相对运动。然而，牛顿力学却不能完全由相对运动出发，因为力学中的加速度是绝对的概念。从这一点看，牛顿理论是不完备的。因此，牛顿引进了绝对静止空间，用来定义相对加速度。这种做法在逻辑上自洽，但总是让人很不满意。因此，马赫试图改写力学方程式，让物体的惯性从它和宇宙中其他物质总和的相对运动中而生，而非牛顿所假设的绝对加速度。现在看来，他的尝试注定要失败。

不过，他的出发点却非常具有启发性。在广义相对论的架构下，空间的物理性质受物质引力场影响，这让马赫的原理得到部分支持。我认为，只有在宇宙空间封闭的条件下，才能对这个问题提出一个令人满意的解答。只要宇宙质量密度不是零，不论它多小，广义相对论的数学结果都会指向这个结论。

102 河流蜿蜒的原因以及所谓巴尔定律

一九二六年一月七日于普鲁士科学院诵读，发表于德文期刊《自然科学》第十四期。

大家都知道河流往往不会循着坡度最大的直线下流，而会弯弯曲曲地前进。地理学家也都知道，北半球的河道右侧通常侵蚀得比较厉害，而南半球的河流则相反，这就是所谓巴尔定律。许多人试着解释这个现象，我也不确定这里所提出来的解释，对于专家来说是否了无新意。其中一部分肯定是前人已经知道的，不过我没有找到能够彻底解释这个现象的专家，于是在此简短陈述一个定性的解释。

首先，流速越快的话，水流接触河岸之处的速度会越快趋近于零，这会让河岸侵蚀越烈。不论侵蚀是机械过程还是有物理化学成分（地表的溶解），这假设应该都会成立。因此，我们应该专注于影响河壁流速梯度的因素。南北半球在这一点的差异，是由环流间接造成的。接下来，我们进一步讨论。

我在这里先提出一个大家都可以进行的简单实验。想象一个斟满茶水的平底杯，杯底有些茶叶沉淀。用汤匙搅拌茶水，会让这些茶叶很快地集中在杯底中央。这个现象的解释如下：液体的转动会造成离心力，如果液体像固体一般转动，则离心力不会造成任何效应。然而，杯壁会对液体流动造成阻力，因此在周围的流体角速度会比中心附近还小。这样一来，杯底水的角速度以及所造成的离心力，都会比上层的流体小。这个效应的结果，会产生图一所示的环流，这种运动模式会越来越显著，直到杯壁的阻力让它停止继续增强。于是，沉淀的茶叶会被这种流动扫到中央，证明了这种运动模式的存在。

图一

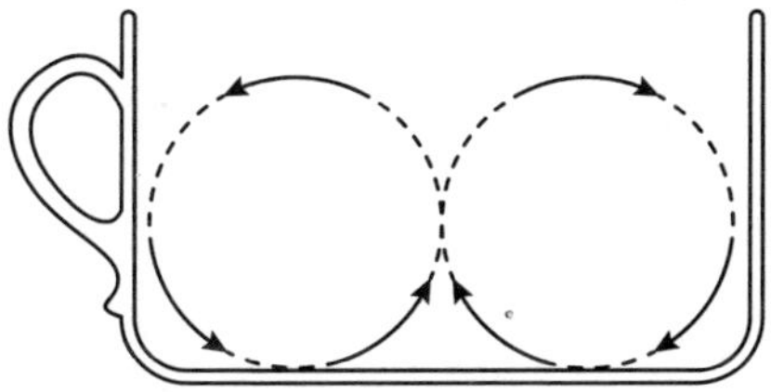

在弯曲的河道，类似的现象也会发生（图二）。弯道的水流也受离心力作用，从 A 点向外推向 B 点。由于阻力的关系，离心力在河底较低，这会让河水产生如截面图所示的循环运动。即使河道没有转弯，也会因为地球自转而产生些微的循环流动。这是因为地球自转会产生科氏力，作用方向和水流方向垂直，其强度为每单位流体质量 $2v\Omega\sin\phi$，其中 v 为流体速度，Ω 为地球转速，而 ϕ 是当地纬度。同样由于河底阻力，科氏力会造成图二所示的环流。

图二

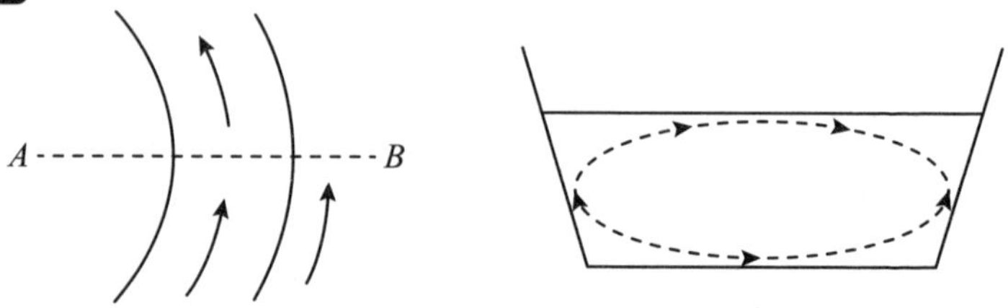

在介绍完这些基本概念后，可以回来看看河流截面速度的分布，这是影响侵蚀最重要的因素。我们必须先了解，具有紊流本质的速度分布是怎么产生并维持的。如果原本静止的水突然产生均匀加速度而开始运动，则河流接口速度分布一开始会是均匀的。河壁边界条件最后会让流速向中间增加，但这需要一段时间才能达到稳定态。前文讨论的循环流动形态要在阻力作用一段时间之后，才能渐渐建立。

从流体动力学的角度，速度分布的稳定态是以如下方法建立的。一开始流场满足势流时，所有的涡流线都集中在河壁边界。接下来，它们离开边界往河流截面的中间移动。随着时间演进，涡流线分布的范围会渐渐扩大，让边界的流速梯度渐渐下降。内部的涡流线会在滞力的作用下耗散而消失，其位置由从边界生成的新涡流所取代，最后达成似稳定的速度分布。在这里很重要的一点，是稳定速度分布需要相当长的时间才能达到。因此，即使微不足道的作用力只要长时间持续作用，也会对截面速度分布造成影响。现在我们来考虑由河流弯道或科氏力所产生的循环流动（如图二所示），会对流速分布造成什么影响。由于河流中上部的流速最快，顺时针方向的环流会把这些流体推向右边河岸；反之左边河岸则接收从河底而来、速度较慢的水流。这么一来，右岸的侵蚀肯定会比左岸还强烈。这个解释仰赖的重点在于控制流速分布的内部阻力、耗散和环流一样，都是缓慢的过程，因此会对流速分布造成显著的影响。

这就是河流蜿蜒的原因。除此之外，我们还可推出其他的结论。侵蚀不但在右岸较强，而且在右岸的底层也较强。于是，河底的截面形状会倾向于如图三所示。

图三

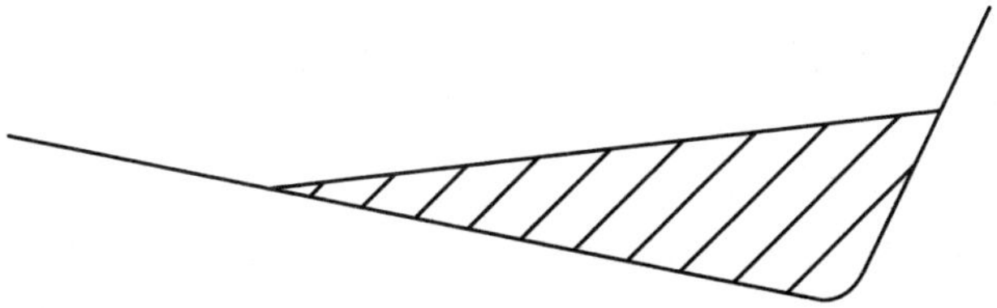

更进一步地，表面的河水通常由左岸而来，因此会比下面一点的

河水流得慢。这是一个已经观察到的现象。而且，环流具有惯性，因此它在河流弯曲度最大处的下游才会达到最高峰，因此河流弯曲度最大处的下游，才会出现左右岸最不对称的状态。因此，在长时间侵蚀之下，河流弯道会随着时间推移向下游前进。最后，河川的截面越大，环流就会越慢被阻力吸收，因此在弯道的行进率会随着截面增加而增加。

103 牛顿力学与其对于理论物理发展的影响

牛顿逝世两百周年纪念演讲，发表于一九二七年德文期刊《自然科学》。

两百年前，牛顿与世长辞。我们在这个场合缅怀这位天才，他对于西方思想、研究的巨大影响前无古人、后无来者。他不仅是优秀的创新者，定下许多重要的科学方法；他同样也非常善于掌握当时的实验结果，对于数学与物理学的证明更有惊人的天赋。因为这样，他值得我们最高的崇敬。不过，牛顿的传奇不仅仅在于他的天赋异禀，命运更把这号人物置于人类智慧史的转折点。在牛顿之前，我们甚至没有一套完整的物理因果律系统，用以描述隐藏在经验世界背后的各种现象。

毋庸置疑，古希腊时代的自然学家就已经认为，所有的物质与相关现象都必须化约为原子运动来理解，甚至包括生命本身。同样毋庸置疑，笛卡儿用他自己的方式，重新研究这个问题。不过，这差事对理想化的哲学家来说野心太大。在牛顿之前，物理因果律没有任何值得一提的结果，也因而没有任何证据显示因果系统的确存在。

牛顿志在回答这个问题：如果在给定时刻知道所有天体的位置与运动状态，能不能据此计算并完全预测接下来的运动呢？开普勒根据第谷·布拉赫的观测数据所归纳出来的行星运动经验定律[1]，是如此简单而成功，亟待解释。这些定律已经完整地回答了行星“如何”绕着太阳转：循椭圆轨道；在同样时间径长扫过同样面积的扇形；并遵守长径与周期的关系式。不过这些定律不是自因果律而出，而是三个在逻辑上不相干的法则。而且一旦中心星体不是太阳，第三定律就不能直接适用（换句话说，行星绕太阳的周期和卫星绕行星的周期没有任何关系）。更重要的一点，这些定律是描述运动整体的性质，而不是描述给定瞬间系统将如何运动；用现代语言来说，开普勒定律是积分形式而不是微分形式。

微分形式的定律才能满足现代物理学家对于因果律的要求。牛顿最重要的成就之一，就在于发现这些微分形式定律。光是想出这些概念是不够的，因为将两者连接的数学方法，在当时还相当地原始粗糙，于是牛顿发展了整套微积分的数学理论。我们不需要追究，莱布尼兹

1 原注释：现在每个人都知道，牛顿从行星运动定律出发而发现基本运动定律是辉煌之举。不过，大家似乎已经忘记开普勒从观测到的视运动推导出真实轨道，也是令人惊叹的成就。

到底是不是独立地发展了这些数学方法。因为无论如何，牛顿绝对要发展完备的微积分才能充分表述他的物理理论。

在此之前，伽利略已经在运动定律方面做出初步但重要的贡献。他发现惯性定律以及自由落体定律。他发现重力场中自由落体的垂直速度，随着时间均匀地增加，我们现在看来，从伽利略的运动定律到牛顿的运动定律似乎只有一线之隔，但大家要注意，伽利略的这两个运动定律也是对于运动整体的描述，而牛顿的定律却是研究质点在一瞬间如何受外力影响而运动。牛顿在得到这种微分形式的运动定律之后，才可能广泛地将它应用于所有形式的运动。他从当时已经相当成熟的静力学借用了力的概念，为了将力与加速度连接而引入了质量的概念，虽然现在看来他给予质量的定义是虚幻的。现在物理学家对于微分方程式已经如此熟悉，我们很难想象牛顿当初靠着取极限得到这些定律所需要的惊人抽象能力，而且在这个过程中还得顺便发明了质量这个新的概念。

不过，光有运动定律还不够，因为运动方程式要在外力已知的条件下才能解。牛顿发现，作用在物体上的外力，是由附近所有质点的位置所决定的，这无疑是从行星运动当中得到的灵感。做出这项补充之后，他终于找到完全描述运动的因果概念。总之，牛顿从开普勒行星运动定律出发，发现万有引力定律，并洞察到星球所受到的外力和地表引力是同样的现象，这个过程已经众所周知。“运动定律与引力定律的结合”，让人们只要知道某个受引力影响的系统在特定时刻的状态，就能够计算该系统过去与未来的所有运动状态。牛顿的理论系统具有逻辑的完备性，因为系统中所有质量的加速度正是由这些质量本身所造成的。

根据这些简单的物理基础，牛顿成功地精确描述行星、月球、彗星的运行，并解释潮汐现象与地球转轴的进动，这些演绎计算的成就也是前所未见。发现天体运动背后的物理，居然就是每个人日常生活都熟悉的引力，这实在是令人惊异的事。

牛顿创造了令人满意的力学理论架构，成为十九世纪末以前理论物理学家所有研究的基础，不过他的影响不仅如此。所有物理现象，都可以化约为运动定律。即使是力学以外的现象，只要找到广义的运动定律，即可用同样方法描述。牛顿本人，就假设光是由惰性粒子所组成，并尝试以运动定律的方式建立光学理论。即使是光的波动理论，也使用了以牛顿运动定律为根据的连续介质力学。牛顿的运动学方程式，也是热力学的唯一根基，而在这方面的应用不仅仅导致了能量守恒定律的发现，建立了极为成功的气体理论，并为热力学第二定律提供了更深层的意义。近代电学与磁学的发展，也遵循牛顿的研究模式（电磁物质、超距作用力）。法拉第与麦克斯韦在电动力学与光学方面的工作，是牛顿以来在理论物理方面最具革命性的成就，然而其架构也没有超脱牛顿的基本想法。麦克斯韦、玻尔兹曼、开尔文爵士不厌其烦地把电磁现象化约为想象中的连续介质的力学相互作用。不过，在这方面有限的成功，导致十九世纪末以来，人们在基本观念上逐渐改变。最近理论物理终于超脱了牛顿两百年来给大家限定的模式。

牛顿的基本原理在逻辑上是如此完整，只有实验事实才可能对它进行改写。在开始讨论这个课题之前，我必须强调牛顿本人对于他的理论的局限性，比任何后代科学家都还清楚。我对他的真知灼见抱着无上的敬意，不过在此稍加讨论他的理论的弱点：

一、牛顿理论基于实证，并试图减少与直接经验无关的基本观念，在他的著作中处处都可见到这个做法。不过，他却引进了绝对的时间与空间概念。近年来，他常常因此而受到批评。然而，牛顿至少在这一点上相当前后一致，他了解到观测所得的几何量（如两个质点之间的距离），以及这些几何量与时间的关系，仍然无法完全描述物理运动，牛顿用著名的旋转水桶实验证明了这一点。因此，除了这些可观察量之外，物体运动仍受其他因素左右。他将这“其他因素”看作物体与“绝对空间”的相对关系，虽然他知道这绝对空间必须具有物理实体，这种做法才会有意义。

聪明的牛顿清楚地指出这一点，刚好也是他理论的弱点。就逻辑上来看，物理理论必须摒除这种大有问题的概念，才会更加完整，也就是说理论中只容许定义清楚的关系（质点、距离），不过古典力学做不到这一点。

二、万有引力被描述为瞬间作用的超距力，这和我们日常生活中熟悉的过程背道而驰。对于这项批评，牛顿的响应是万有引力定律来自经验的归纳，这只是暂时的处理方法，而非最终的解释。

三、物体重量与惯性是由同一参数（质量）所决定的，牛顿对于这个重要的事实无法提出任何解释，虽然他也注意到其特别之处。

这三点都无损于其理论在逻辑方面的完整。最多，这只代表科学家在试图建立描述自然现象的完整观念之际，几项无法满足的偏好与期望。

牛顿的运动理论原本是理论物理的全部，然而它在麦克斯韦的电学理论出现时受到第一个挑战。人们发现，物体之间电磁作用的影响在空间以有限速度前进，而并不是瞬时运作的超距力。除了质点、运动之外，法拉第发现“场”这个新概念具有物理真实性。一开始，人们试图根据力学的观点，把场解释为想象中的介质（以太）的物理状态（如运动和张力等），然而不论怎么尝试这种做法都以失败告终，于是人们开始将“电磁场”视为最终、不可化约的物理实体。我们要感谢赫兹，他的实验切实地建立场的存在，让物理学家终于从古典力学思维的纠结中走出；我们也要感谢洛伦兹，才停止寻找场的真相，现在看来支持场的仅仅是物理真空（或是以太），而即使是牛顿力学真空也具有物理作用。在这两人之后，人们已经不再相信瞬时超距力的存在，引力作用也不例外。虽然，由于知识不足，人们仍然无法建立取代牛顿的引力理论。一旦扬弃瞬时超距力，人们也从电磁场理论得到灵感，试图把牛顿运动定律修正为力线、力场的形式。虽然这些研究不太成功，但人们终究已经开始检讨力学基本概念，而不再把牛顿理论奉为颠扑不破的真理。

麦克斯韦和洛伦兹的理论不可避免地导致狭义相对论的诞生，而由于相对论放弃了绝对同时的观念，当然也排除了瞬时超距作用。相对论指出，物体的质量也不是定值，而和能量含量相关（质能等价）。牛顿运动定律，只能看为相对论的近似，只有在速度很小时才成立；而在新的运动定律中，光在真空中的速度是速度的最高极限。

广义相对论则是场论发展的最后一环。在数值方面，它只稍微修正了牛顿理论，不过在物理意义上，它却彻底改变引力理论。惯性、引力，以及标尺、时钟等测量工具的性质，全部化约而由单一场值来决定，而这个场本身是由物质来决定（这是泊松引力场定律的推广，而泊松理论亦是根基于牛顿引力理论）的。时空的真实性并不因此而稍减，然而牛顿为了建立力学理论所赋予时空的绝对性，却已经不再。换句话说，时空不只会影响其中的物体，其本身也会受物体影响。而广义的惯性定律，则取代牛顿运动方程式的功能。从这里的讨论，大家应该能了解，从牛顿理论进展到广义相对论，才得以克服之前所说的三项问题。而且，看起来从新的场方程式中，或许可以直接推导出运动定律。只有达成此一目标之后，才能说纯粹的场论已经完成。

从技术的角度，牛顿力学也为场论奠定重要基础。连续介质的牛顿力学，无可避免地扯上偏微分方程式，而这正是场论最早的语言。

从这个角度来看，牛顿把自然定律设定为微分形式，正是影响随后发展最关键的一步。

我们对于自然过程的观念在过去出现了很多变化，不过都可以看成牛顿基本想法的有机演化。虽然，现在场论的研究仍然如火如荼，在实验中所发现的辐射定律、原子光谱、核辐射等现象，似乎已经显现场论的局限。然而，场论在其他方面却如此成功，让我们很难放弃它。许多物理学家坚持，在这些实验现象之下，我们不仅要放弃微分形式的物理定律，甚至自然科学的基础——因果律本身，都应该废弃。也就是说，不论何种形式的时空理论，只要和物理事件一一对应，都不可能成立。他们的意见，是很难驳斥的。力学系统只能拥有特定的能量值，也就是能级，几乎已经直接观测到了。乍看之下，这似乎不可能从场论的微分方程式中得到。然而，具有场论特性的德布罗意－薛定谔理论，却很意外地得到与实验相符合的离散能级。这个做法把微分方程用在共振态，但却必须放弃粒子的局域性和严格的因果律。牛顿心目中的自然本质，也就是因果律与微分定律，是不是终究会被废弃？我们现在还不得而知。

104 科学真理

回答一位日本学者的提问，发表于一九二九年庆祝爱因斯坦五十寿辰的文册。

一、对于“科学真理”这个词，很难赋予一个精确的含义。“真理”这个词，在经验事实、数学命题或科学理论方面，各有不同的意义。至于“宗教真理”，对我来说则是完全不知其意。

二、科学研究可以减少迷信，因为科学鼓励人们以因果关系的视角去思考和看待事物。在所有高深的科学工作背后，有一种类似宗教的感情，对于世界的理性或可理解性抱持一定的信念。

三、这种坚定的信念是对经验世界中展现的高超理性怀抱深挚的感情，正是我对“上帝”的概念；按照一般说法，或可称为“泛神论”（斯宾诺莎）。

四、至于传统的宗教派别，只能以历史和心理的角度作考察，对我而言一文不值。

105 开普勒

为纪念开普勒逝世三百周年所写的文章，发表在一九三〇年十一月九日德国《法兰克福日报》。

在这个焦虑不安的时代，人世变化而难以寻得乐趣，缅怀性情淳朴高尚的开普勒先生，特别令人感到慰藉。在开普勒的时代里，还不确定自然受法则的支配。他对自然法则的存在必须抱持极大的信念，才能获得必要的力量，数十年全心投入辛勤的工作，全心研究行星运动与数学法则。他一切工作都是独自进行的，没有人支持，也极少人了解。若要好好纪念他，我们应当明了其问题和解决的步骤。

哥白尼已让聪慧之士打开了双眼，知道若想清楚了解天体行星的视运动，最佳办法将是就把众行星看作围绕静止的太阳运转。若是行星环绕太阳做匀速圆周运动，从地球上推论出其轨道会容易许多。事实上，行星轨道并非正圆，因此涉及的现象复杂许多，使得这差事更加困难。先前第谷·布拉赫实际观测行星运行轨迹，分析这些数据才能进一步发现满足这些运动的原理原则。

从观测行星轨迹反推出真实轨道是极困难的事。尤其，我们不要忘了无法看到行星在空间真正的位置，而只能从地球上看到当时它在什么方向，更何况地球本身又以未知的方式绕太阳运转，这些困难似乎难以克服。

开普勒必须在混乱中寻找秩序，他知道首先要设法了解地球本身的运动。若是只有太阳、地球和恒星，而没有其他行星，这简直就是不可能之事，因为在这种情况下，实际上就只能观察太阳—地球连线在一年中变化的方向（太阳对于恒星的视运动）。即使当时还没有望远镜，肉眼的观测准确度就已经可以发现太阳—地球连线的方向，全都位于相对恒星静止的平面上。借由这种方式，也能确立太阳—地球连线是如何绕转太阳，他发现这种运动的角速度在一年之中呈现有规律的变化。不过这没有多大用处，因为还是不知道地球与太阳的距离在一年之中的变化；唯有知道这距离，才能确认地球轨道真正的形状和运行方式。

开普勒找到一个巧妙的方法摆脱困境。从观测太阳得知，在一年的不同时间里，太阳对于恒星背景的视路径会有不同的速度，但是在天文年的同一点上，该项运动的角速度永远相同。也就是说，当指向相同区域的恒星时，太阳—地球连线的运转角速度也总是相同。这样就可合理假设地球轨道是封闭的，每年地球都在轨道上做相同的运转，这并不是理所当然，或“先验”（a priori）的。对于哥白尼体系的追随者而言，几乎可以肯定其他行星的轨道也具有同样性质。

这无疑让事情变得简单一些。但如何确定地球轨道的真正形状呢？想象在轨道面的某处，有一盏明亮的灯 M，若是这盏灯永远保持相同的位置，就可成为地球轨道进行三角测量的一个定点，地球上的人们每年任何时候都可以看见该点。假设这盏灯 M 距离太阳比地球距离太阳更远，借助这盏灯就得以确定地球的轨道，方法如下：

首先，每年总会有一个时刻，地球 E 恰好在太阳 S 和灯 M 的连线上。如果此时从地球 E 看灯 M，我们的视线就会与 SM（太阳—灯）重叠。现在将 M 在天空中的位置记下来，再设想地球在不同的时间与不同的位置上，既然从地球可以看到太阳S与灯M，那么三角形SEM中的E角便可得知。而直接观察太阳，也知道SE相对于恒星的方向，SM相对于恒星的固定方向也一并确认了。在三角形SEM中，我们也知道S的角度，因此可在一张纸上随意画下底边SM，因为我们知道E和S的角度，便可以画出三角形SEM。在一年之中可以重复进行多次，每次在纸上画出地球E之于固定底边SM的位置，旁边标注日期，那么便可确认地球的轨道，当然还说不出绝对大小。

不过，有人会问，开普勒去哪里找这盏灯M呢？他的天才，以及在此显得仁慈无比的大自然，让他找到了这盏明灯。他注意到，火星年（即火星绕太阳一圈的周期）的长短是已知的。在某个时刻，太阳、地球和火星会非常接近排成一条直线，由于火星在封闭的轨道上运转，一个火星年后它会回到轨道上的这一点，两个火星年后亦然，依此类推。因此，在这些特定的时刻，SM永远是固定的底边，而地球总是在轨道的不同点上，所以在这些时刻观察太阳和火星，便可确定地球真正的轨道，那时火星就扮演着我们想象中的灯。就这样，开普勒发现地球轨道的真正形状与运转方式，而我们这些欧洲人、德国人甚至我故乡的施瓦本人等，都非常尊崇钦佩他。

既然实际确认地球轨道了，也知道SE直线在任何时刻的真正位置与长度了，对开普勒来说，便不太难计算其他行星的轨道和运动了，至少原则大抵如此。不过，这项工程还是很大，尤其是当时数学仍然不甚发达。

现在谈谈开普勒人生中第二项同等艰巨的工作。他现在已知行星运行的轨道，于是试图从数据中推导出运动定律。首先必须猜测轨道曲线的数学性质，然后用许多已知的图形去尝试描述，若是不对的话，就必须再提出一项假设，然后再测试。经过无数次的尝试后，他发现轨道是椭圆的，而太阳则位于两个焦点之一。开普勒也发现支配公转角速度变化的法则，即太阳—行星连线在同一时间内扫过的面积相等。最后他也发现，行星绕太阳公转的周期平方，与椭圆长径的立方成正比。

当我们赞叹此人无比的聪明才智时，另一种崇敬之感会油然而生，不过对象不是某个人，而是孕育我们那神秘和谐的大自然。古人已经想出一些图形，呈现出人类所能想象得到的最简单的规律形式。在这些图形中，最简单、最重要的是直线和圆，除此之外便是椭圆和双曲线了。而我们现在知道天体轨道居然是几近完美的椭圆和双曲线！看来，或许在现实中找到对应的事物前，人类心智应该先独立将形式建构出来。开普勒的惊人成就，彰显了一项真理：知识无法单独由经验而生，必须比较人类思考所造之物与观察到的事实才能得到。

106 麦克斯韦对物理真实观念演化的影响

麦克斯韦百岁诞辰纪念文，一九三一年发表于《麦克斯韦纪念文存》，剑桥大学出版社出版。

外在的世界独立于人类的感官之外而存在，这个信念是所有自然科学的基础。然而，感官能间接提供外在世界或是“物理真实”的信息，我们只能用臆测推论的方式掌握物理真实。因此，我们对物理真实的想法永远不会是最终确定的，必须随时准备改变观念，也就是物理的公理基础，才能以最符合逻辑的方式完善处理感官事实。的确，从物理学的发展，就可以看出物理学已经历深远的改变。

自从牛顿奠定理论物理学的基础之后，物理学公理基础的最大变革（也就是我们对真实结构的概念），是由法拉第和麦克斯韦在电磁现象研究上带来的成果。在下文中，我们会同时以早期与晚期的发现来加以说明。

根据牛顿的体系，物理真实是空间、时间、质点和作用力（质点的相互作用）等概念的表征。就牛顿的观点，物理事件是质点在空间受定律支配的运动。质点位置是唯一随时间改变的数值，这样看，质点是表现物理实体的唯一形式。质点概念显然是从物体而来，人们将质点想成类似于运动中的物体，但除去延展性、形状、空间方位以及“内在”特质等特征，只保留惯性、位移，再加上作用力的概念。物体曾引导我们在心理上形成“质点”的概念，现在物体却反而被视为由许多质点组成的质点系。应当注意，这种说法本质上是原子还原论与机械论的，一切纯粹以机械的方式解释，也就是说，完全解释成遵守牛顿运动定律的质点运动。

这个理论体系最令人不满意之处有二。其一为我常提到的“绝对空间”所牵涉的问题；其二就在它对于光的描述。在牛顿的体系中，光也被视为由质点组成的。那么，当光被吸收的时候，组成光的质点会变成什么呢？这个问题在当时就已经亟待解决了，若把“物质”和“光”分开来讨论，就是假定有两种不同的质点存在，也让人无法满意；之后又加入带电荷的粒子，成为第三种特性完全不同的质点。另外，决定事件的相互作用力完全是任意假定而成，也是一项根本的弱点。这就是为何虽然牛顿对于“真实”的概念有重大成就，物理学家还是觉得非得加以改进不可。

牛顿为了要用数学形式来表述理论，发明了微分概念，并以全微分方程式来确立运动定律，这也许是个人对人类思想进步做出的最伟大的贡献。虽然就此目的而言，偏微分方程式不是必要的，牛顿也没有做任何系统性的运用，但是对于可变形物体的力学表述它却是必要的，这是因为在这些问题中，物体“如何”由质点组成的问题，被暂时搁置不谈。

因此，偏微分方程式在进入理论物理学时只扮演陪衬角色，但是尔后逐渐升格为主角。一切开始于十九世纪，那时候观察到的诸多光学现象促使波动论应运而生，真空中的光解释成以太的振荡，当然，在那个时期很自然将以太视为质点的凝聚体。此时，偏微分方程式首度被当成物理基础真实的自然表示，在理论物理某分支当中，连续场与质点同时被视为物理真实的代表。这种二元论保留至今，对于追求规范的人来说必然感到困扰难安。

在当时，即使物理真实的想法不再是纯粹的原子论，仍保持纯粹的机械论。换句话说，人们仍然试图用惰性物质的运动来解释一切现象，的确当时似乎也想不到其他方法看待事物了。接着伟大的革命来到，从此与法拉第、麦克斯韦与赫兹等人的名字相连在一起。其中，最伟大的贡献来自麦克斯韦，他发现当时所有已知光与电的现象，都可以用他著名的微分方程组来表示，其中电场和磁场为双变量。

的确，麦克斯韦曾试图以理性建构的机械论模型，来解释或证明这些方程式。但是，他同时采用几种模型建构，并没有特别认真看待其中一种，所以这些方程式等于被当成根本的成分；于是场是最终的实体，不能再化约为其他东西。十九世纪末二十世纪初，电磁场已经普遍被视为最终实体，而且严谨的思想家已经不再相信，麦克斯韦方程式能有令人满意的机械论解释。不久后，他们反倒试图借助麦克斯韦的理论，以场论解释质点与惯性，虽然并未完全成功。

撇开麦克斯韦在其他物理分支的重要成果不谈，只关注他为物理真实本质的概念所带来的变革，可以这么说：在麦克斯韦之前，人们以为物理实在（指自然中的事件）是质点，质点的变化完全是由遵守全微分方程式的运动而成；在麦克斯韦以后，人们认为物理实在是以连续的场为代表，遵守偏微分方程式，不能以机械论做解释。这种实在概念的变革，是自牛顿之后最深奥的改变，成果丰硕，但是同时必须承认，这项工程远未完工。以后发展成功的物理系统，应是两大原则的折中，正因如此，此时的理论仍有过渡性、逻辑不完备的特性，尽管在某些方面已有长足进步。

在这些体系中，首先要提到的是洛伦兹的电子论，其中场和带电粒子一起被视为物理真实的组成元素。后来出现了狭义和广义相对论，虽然完全是根据场论相关的观念而来，但是到目前为止，还无法避免独立引进质点和全微分方程式。

为了简便起见，我们将上述两大原则称为牛顿原则与麦克斯韦原则，而理论物理最新与最成功的产物量子理论，具有根本上的不同。因为量子理论中出现的各种“物理量”，并不是描述物理真实的本身，而是描述观察到的物理真实出现的概率。依我之见，将量子的逻辑性讲得最好的首推狄拉克。他正确地指出，光的量子力学描述可能无法提供足够信息来决定某光子是否会通过斜置的偏振镜。

我倾向于认为，物理学家终究不会满足于这种对真实的间接描述，即使最后量子理论能够以令人满意的方式吻合广义相对论的假设。我相信，最终我们必定会回到麦克斯韦原则，也就是用满足偏微分方程式而不带有奇点的场，来描述物理真实。

107 理论物理学的方法

一九三三年六月十日于英国牛津大学斯宾塞讲座的讲课，收录于一九三四年《我的世界观》。

若是想要找出物理学家到底使用了哪些方法，我会建议严格遵守一项原则：莫听其言，但观其行。对于这个领域的发现者来说，这些想象力的产物是必然并且自然的。他视自己这些产物为真实的存在，而非只是思维的产物，也希望别人如是看待他的理论。

这段话听起来好像是要请大家现在就离开讲堂。你们可能会心想，这个人是真正在做研究的物理学家，他应该将所有理论科学的结构问题，留给认识论哲学家去研究才对。

针对这种批评，我原可简单地站在个人立场上为自己辩护，向大家保证我绝非自己要来的，而是应别人诚挚的要求，才登上这个纪念终生为统一知识而奋斗的人的讲席。然而客观上，我站在这里是具有正当理由的：对于一位穷尽毕生精力，试图厘清并奠定本门科学根基的人，大家去了解他如何看待自己的学科，或许是一件有意义的事情。我对于这门学科过去与现在的看法，可能受自己对于未来的期许与当前的目标所影响；不过，这对于思想家来说，应当是不可避免的命运。相同的情况也发生在历史学家身上，历史学家会下意识地将实际发生的事件，根据自己对于人类社会所形成的理念来进行分类整理。

现在，让我们把目光放在理论系统的发展上，特别是注意理论内容和实际经验整合之间的关系。我们关切的是，在这个研究学科里不可分开的“经验知识”和“理性知识”两者之间的永恒对立。

我们推崇古希腊为西方科学的摇篮。欧几里得的几何学首度让世人见证逻辑系统的奇迹，可以逐步精准推敲，每个命题都绝对无可置疑。理性推理此一令人激赏的胜利，带给人类对理智的信心，对于后世的成就不可或缺。如果年少的你不曾对欧氏几何痴心着迷，那么你便不是天生的科学思想家。

但是，在人类成熟到可以拥有涵盖整个真实世界的科学之前，需要第二种基本真理：经验。一直到开普勒和伽利略出现后，哲学家才对这一点达成共识。纯粹的逻辑思考无法为我们带来实际经验世界的知识，一切有关真实的知识从经验开始，至经验结束。用纯粹逻辑手段获得的命题，对于真实世界来说完全是空洞的。伽利略看到这一点，更因为将此一认识灌输给科学世界，而成为现代物理学之父，同时也是现代科学之父。

那么，如果经验是关于真实世界知识的起点和终点的，纯粹理性在科学中的作用又是如何呢？

理论物理学的完整体系是由概念、符合这些概念的基本定律，以及用逻辑推理得到的结论三者所构成。而这些结论，必须与我们各个特定的经验相符合，在任何理论论述中，为导出结论所进行的逻辑推演几乎占据了全部篇幅。

在欧几里得的几何学中，情况正是如此，除了将基本定律称为公设，也没有结论必须符合经验的问题。然而，若不把欧几里得几何学抽象化，而将它当成实际刚体在空间的相对关系的学问，也就是当成一门物理科学来处理，那么几何学和理论物理学在逻辑上的同构性就完满无缺了。

于是，纯粹理性和经验在理论物理学系统中的位置就很清楚了。物理系统的结构是理性的产物，而经验内容和相互关系必须在理论的结论中表示出来。而整套体系的价值和正当性，完全仰赖它是否与经验相符，尤其是作为理论基础的概念和基本原则必须符合经验才行。此外，这些概念和原则都是人类自由和智慧的产物，必须与实验比较才知真伪，无法以智慧的本质或者任何先验的方式来加以证明。

这些无法在逻辑上进一步简化的基本概念和假设，构成理论的根本部分，这是经验的范畴，并非理性演绎所能撼动。所有理论追求的崇高目标，在于使这些不能简化的元素尽可能简单，并且数目越少越好，同时不必放弃对任何经验内容的忠实陈述。

我刚才提出科学理论基础具有纯粹臆测的成分，这个观点在十八世纪和十九世纪绝非流行。但是，这种观点目前却持续发酵，原因是物理学家愈加简化逻辑结构（也就是减少独立公设的数量），就越是扩大基本观念与可印证结论之间的鸿沟。牛顿首创了一套全面的理论物理系统，但他却相信这套系统的基本概念和法则能够从经验推导而出，这无疑就是他说的“我不做假设”（hypotheses non fingo）的含义了。

的确，那时候时间和空间的概念看起来是没有问题的。质量、惯性、作用力等概念以及它们之间相互连接的法则，似乎也可以从经验中直接导出。一旦接受了这个基础，似乎就可以从经验推导出引力表述，而且也可合理期待其他作用力也相同。

我们确实可以从牛顿对其系统的表述中看出，包含“绝对静止”概念的绝对空间概念使他感到不安；他了解到，在经验中似乎找不到绝对静止这概念的实现。对于引进超距作用力，他也感到相当不安。但是，他的学说在实际上大获成功，他与十八世纪和十九世纪的物理学家都没有想到，其系统基础其实具有臆测的特性。

相反地，那时的自然哲学家大多数都抱持一种想法，认为物理学的基本概念和假设在逻辑意义上并非人类心智的自由发明，而是可以借由把经验“抽象化”（用逻辑方法）推导出来。只有等到广义相对论出现，人们才清楚地认识到这种见解的错误。广义相对论显示，物理学家可以在完全不同于牛顿的基础上，以更加完满的方式来描述适用范围更广的经验事实。但是，这个例子重点在于阐明基本原则的臆测性质，反而不在于哪项原则比较优越。因为我们用两套在本质上不同，但是大致上都与经验符合的原则作为理论出发点；这证明了任何尝试从基本经验依逻辑推导出力学概念和基础的努力，都注定会失败。

如果理论物理学的公理基础无法直接从经验中抽取出来，而必须自由发明，那么到底有没有希望找到正确的道路呢？难道这一切都只是我们的幻想？我们能不能找到像古典力学一般，虽追根究底未必完全成立，但至少符合所有自然经验的道路？我会毫不犹疑地回答，我认为确实有一条正确的道路存在，而且我们有能力找到。迄今，经验让我们有理由相信，自然是可想见最简单数学观念的具体展现。我坚信，能够用纯粹数学建构的手段，发现概念以及概念之间相关联的法则，进而打造了解自然现象的锁钥。经验可以启发我们找到合适的数学概念，但是数学概念却无法从经验中推导出来。当然，经验仍然是数学建构是否具有物理效用的唯一标准，但是这种创造的原则却存在于数学之中，因此，某种意义上我认为纯粹思维真的能掌握真实，一如古人所愿。

为了阐明这项信念，我不得不利用一项数学概念。物理世界是由四维连续体表示的，若假定其中有一种黎曼度规，并寻求这种度规可以满足的最简单的定律，则我们得到的是真空中的相对论引力理论。如果在该空间，假定可以推演出一个向量场或反对称张量场，并探求这种场能够满足的最简单的定律，得到的便是真空中的麦克斯韦方程式。

至此，理论仍未能描述空间中电荷密度不为零的区域。德布罗意曾推测有一种波场的存在，可解释物质的某些量子特性。狄拉克发现旋量是一种新的场量，它满足的最简单方程式能够使人大致推导出电子的特性。随后我与同事迈尔博士发现，这些旋量形成一种新场的特例，在数学上与四维体系相关，我们称之为“半向量”。这种半向量可以满足的最简单方程式，打造了让我们了解两种基本粒子存在的锁钥，这两种基本粒子具有不同的质量，以及等量但相反的电荷。除了一般的向量之外，这些半向量是四维度规连续体里最简单的数学场，似乎能以自然的方式描述带电粒子的某些根本性质。

我们要观察的重点在于，这些结构与相关的法则都能从寻求数学上最简单的概念以及它们之间的连接而得到。数学上有哪些简单场的类型，以及它们之间可能存在哪些简单的方程式，两者数目之有限，正是理论家得以深刻掌握“真实”的希望所系。

同时，这种场理论的重大障碍在于物质与能量的原子结构。因为，仅就这种理论使用空间的连续函数来说，基本上就是非原子的，这与古典力学相反，古典力学最重要的元素就是质点，本身就已清楚点出物质的原子结构。

在现代量子理论中，与德布罗意、薛定谔以及狄拉克等名字相连的形式，是以连续函数为主，用一种大胆的解释克服了这些困难。首先是由玻恩提出明确的形式，根据他的解释，方程式中出现的空间函数，并不是原子结构的数学模型。这些函数只是在特定点或某种运动状态中进行测量时，决定找到物理态的数学概率。这种想法在逻辑上无可非议，并获得重大的成就。不过，这让人们不得不使用一个“连续体”，其维数不是物理学家迄今给空间的四维，而是会随着组成系统的粒子数目变大而无限增加。我必须承认，我认为这项解释只是暂时具有重要性。我仍然相信可能存在真实的模型，也就是相信有理论代表事物本身，而非只是发生的概率。

另外，我认为我们必须放弃理论模型中粒子的局部性。对我来说，这似乎是海森堡不确定性原理的最终结果，我完全可以想象一个名副其实的完整原子理论，不赋予粒子特定的局部位置。例如，为了说明电荷的量子特征，场方程只需要导出以下结论：边界上电荷密度为零的任意三维空间区域，永远包含整数大小的总电荷。在连续体理论中，原子特征可由积分定律完满表示，无须确定组成原子结构实体的位置。

等到原子结构以这种方式成功表示之后，我才会认为量子之谜算是解决了。

108 空间、以太以及场的物理学

收录于一九三四年《我的世界观》。

科学概念是前科学日常生活概念的延伸。由于空间的概念已经深植人心，我们在分析它之前必须先检视人们对空间的概念。一般来说，概念有两个重要的方面。首先是逻辑分析。从概念引向结论的过程中，逻辑是不可或缺的。数学与逻辑的确定性，也让我们站在很坚实的基础上。然而，只强调这一点，会牺牲重要的物理内容。因为唯有概念与经验连接，才会有意义，即使其连接有时候只是间接的。逻辑分析却不可能告诉我们这些连接，而只有经验才可。这样的连接决定了概念系统在认知上的价值。

举例来说，假设未来的一位考古学家发掘出了一本欧几里得几何学的教科书，却没有任何附图。他会看见“点”“直线”“平面”这些字，怎么出现在定理当中。他也能够了解，后来的定理是怎么根据前者推导而出。不过，这些定理对他来说仍然是一些空洞的文字游戏，因为对他来说，点、直线、平面等，没有任何意义。在了解这些事物代表的意义之前，几何学对他来说不是真实的。这种空洞感也适用于解析力学，以及其他所有根据逻辑演绎的科学分支。

要如何赋予“直线”“点”“交点”真实意义呢？这些词汇必须与经验相连接才行。这个超乎逻辑的问题，正是自然几何学的课题，而这位考古学家，只有直观地把他自己的经验与文字做比对，才能了解理论与公设的意义。如此一来，我们才能接着讨论概念系统的本质。

对于日常概念，我们和这位考古学家一样，面临本体论的问题。我们往往已经忘记了这些观念是如何从经验而来。要彻底诉诸经验，而不受古老的概念诠释所羁绊，更是困难重重。更何况，我们受使用的语言所限制，不得不用和原始概念纠缠不清的词汇来描述事件。这样我们很难描述日常、非科学概念中的空间究竟是什么。

在正式讨论空间的问题之前，我要继续对概念做个一般性的评论。概念是由经验而生，但却无法从经验直接以逻辑演绎而来。因此，我从来就不了解康德式的对于先验的追求。对于所有本体论的课题，我们都只能从复杂的经验当中撷取特定概念的特征。

现在我们回到空间的概念：这似乎源自固体的概念。其他学者对于固体这个概念所牵涉的复杂经验、感官印象的本质已经多有着墨。固体的特征在于它视觉与触觉印象的恒常性，以及这些印象的可重复性（摸、看）。一旦根据经验而形成了固体的概念，为了探讨固体之间的关系，就会引申出空间的概念。两个固体可以碰触，也可以分开。两个分隔开来的物体之间可以再放入第三个物体，而两个互相碰触的物体之间则不可。这些空间观念，显然和物体本身一样真实。若两个固体，都恰能插入这个间距当中，则它们与其他间距的关系也一定等价。这个间隔的长度，与中间放的是什么物体无关。而所有空间关系，都有这种广泛成立的特性。就是因为这种放之四海而皆准的性质，纯粹几何学的抽象探讨才会变得有实用性，不过这却未必是先验的。我认为，间距无关乎物体选择，正是空间概念的出发点。

从感官经验的观点出发，空间概念的发展似乎遵循以下顺序：固体→固体之间的空间关系→间距→空间。这样看来，空间似乎和固体一样具有真实性。

显然，真实空间的概念在科学领域之外已经存在。欧几里得的数学，却不诉诸这种概念。欧氏几何学仅限于讨论几何物体，以及它们之间的关系。“点”“平面”“直线”“线段”都是理想化的几何物体。空间这个连续体本身在这个概念系统中并无立足之地。直到笛卡儿用坐标来表达空间中的一点，才进入了空间的概念。于是无限空间被视为三维连续体，而几何物体存在于这个连续体中。

笛卡儿做法的卓越之处，不仅仅在于它让我们可以利用解析方法来解决几何问题，更重要的一点在于，古希腊人把一些几何物体如直线、平面置于特殊地位，而其他的物体（椭圆）则必须通过先前的这些特殊物体才能描述建构。而在笛卡儿几何学中，所有的曲面都位于相同地位，而不需要仰赖特别的线形结构来建造。

若把几何视为统辖固体在空间中相对关系的科学领域，则它可以被视为最老的物理学。如我先前所说，几何科学可以采用笛卡儿的定义，把空间视为独立于点、线段、平面等理想化物体之外的存在。而我们知道，空间本身的存在绝对是牛顿力学的基石之一。单靠质点，以及它们之间的距离与时间的关系，是无从建立动力学的。在牛顿运动定律中，加速度具有基本重要的地位，而加速度必须相对于绝对空间才能定义，而不能单靠两个质点的距离。空间的概念当中，必须加入“空间可用来定义惯性”这一条。无疑地，因为空间这种真实的意义，牛顿才把空间看成绝对空间。此外，惯性在这种定义之下是独立自主的，不受其他物理环境影响。惯性影响质量，但本身不受任何影响。

不过牛顿之后的物理学家，仍然把空间看成被动的：它是物理事件的背景，本身不参与物理作用。这种看法，直到最近随着光的波动理论以及麦克斯韦、法拉第电磁场理论方面的进展，才出现改变。人们发现，空间中存在着场，能够对电荷或磁极施力，也可以用波动形式传递。对于十九世纪的物理学家来说，空间本身有物理作用和状态是不可思议的事，于是他们从物质连续体得到灵感，发明了一种充满整个空间的介质：以太。在他们的想象中，以太是包括光在内的电磁现象的载体。一开始，他们把场看成以太的“状态”，有点像是固体的机械形变。然而这种以太的机械理论一直无法成功，所以人们最后放弃赋予以太理论更详细的解释。于是，以太被视为充满整个空间，粒子和原子悬浮其中，而它本身除了作为电场的背景之外，基本性质无法进一步分析。而原子的性质，却在二十世纪初已经基本确定。

由于物体的相互作用应该由场造成，以太当中应该也要有引力场，不过引力场定律的确切形式在二十世纪初却还不完备。运动中的电荷会产生磁场，而磁场的能量被用来解释惯性，因此惯性也可视为以太中的局部场作用。

以太的机械性质本来是个谜。后来，洛伦兹有个大发现：当时所有已知的电磁现象可由两个假设来解释！以太在空间静止不动，而电力则紧紧地附着于运动中的基本粒子上。用我们现在的话来说，他发现物理空间和以太只是同一个东西的两个不同名字，而场则是空间的物理状态。既然以太不能相对空间而运动，则我们似乎只要空间就可以了，而完全不需要以太。但是当时物理学家仍然无法这般思考，空间对他们来说，仍然是恒久、均匀、不会改变的东西。只有像黎曼这种不世出的天才，在十九世纪中叶就已经发展出空间的新概念。黎曼空间是可以扭曲的，而且可以参与物理现象。这个智力上的成就，实在令人景仰，更何况黎曼几何学的发展还在法拉第和麦克斯韦电磁学之前！后来，狭义相对论把所有惯性系统视为等价。空间与时间不再能分离，并与电动力学（光的传递）完全结合。在此之前，时空四维连续体一向被独立地分割为空间与时间，也就是说，“现在”对全世界都适用。相对论发现“同时”是相对的之后，时空融合为完整的连续体，就像空间的三个维度一般不能分离。物理空间，于是被推广为四维时空。狭义相对论的四维时空，就像牛顿的空间一样绝对而顽固。

狭义相对论充分展现了现代理论科学发展的本质与特色。现代理论的假设，看似越来越抽象，与经验越来越远。然而，科学的终极目标是以最少的假设经由逻辑演绎推导出所有观测到的现象。这样看来，现代理论科学与相对论和这个目标越来越接近。由于实验没有办法直接检验抽象的假设，理论物理学家越来越仰赖纯数学与公式化的推导，而且演绎的过程变得越来越冗长与困难。过去归纳的方法，渐渐被复杂的推导所取代。而理论结构与方程组必须彻底解出，才得到能够与经验对比的预测与结论。当然，实验与观测是最高的决定者。不过，在靠着数学推导来跨越理论假设与观测现象之间的巨大鸿沟之后，实验才能够宣告对错。有时候，在英雄式的努力之后，物理学家必须面对理论被推翻的残酷现实。因此，对于从事这项工作的人，我们不应冠上“狂想家”的标记，而应给予支持鼓励，因为除此之外别无他法。理论家并不是在做白日梦，而是在寻找逻辑上最简单的可能性以及结论。我希望读者和听者能多听听理论家的思考过程。从狭义相对论到广义相对论，以及最近统一场论的进展，就是遵循这个过程。而数学符号与方程式，是这个过程中必要的工具。

我们从狭义相对论谈起。这个理论是直接从光速恒定这个经验定律而来。P 为空间中的一点，而 P' 为无限接近的一点，两者距离为 $d\sigma$。假设于 t 时从 P 点发出的光线在 $t+dt$ 时抵达 P' 点，则

$$d\sigma^2=c^2dt^2$$

如果 dx_1、dx_2、dx_3 是 $d\sigma$ 的垂直投影，而且我们定义虚数时间坐标 $ict=x_4$，则前文所谓光速恒定律可以下式表示：

$$ds^2=dx_1{}^2+dx_2{}^2+dx_3{}^2+dx_4{}^2=0$$

由于这个公式描述的是真实的状况，我们可以赋予 ds 物理意义，只要这两点在四维连续体当中距离不为零。我们也可以说，狭义相对论在四维时空中具有欧几里得度规（只要定义虚数时间坐标）。

我们为什么说它是欧氏度规呢？这是因为度规在三维连续体当中，与欧氏几何学的公设完全等价。度规的定义方程式，不外乎是微分形式的毕达哥拉斯定理而已。

狭义相对论所容许的坐标变换，必须让新坐标微分量平方和仍然等于 ds^2 这个量值（不变量，invariant）。这种转换称为洛伦兹转换。

狭义相对论可以简述如下：自然律的方程式，必须在洛伦兹转换

下维持形式不变（在洛伦兹转换下“协变”）。

这导致动量与能量的结合，电场与磁场强度的结合，静电力与电动力学的结合，静质量与能量的结合。换句话说，物理基本方程式以及独立概念的数量也因合并而减少。

这种方法极其成功而且影响深远。下一个问题是，自然律只有在洛伦兹转换下才能维持协变吗？那其他形式的坐标转换呢？这个问题这么问并没有意义，因为所有方程式系统都可以用广义坐标来重写。我们应该用另一个方式来问这个问题：自然律的方程式，是不是要求所有坐标系都等价，而不会让其中一特定坐标系中的公式特别简化？

对此我们只简略地说，惯性与引力质量相等这个经验律，让我们知道这个问题的答案是肯定的。如果我们把所有坐标系统的等价性提升为自然律，我们就会得到广义相对论。唯一的条件是，光速的恒定必须被纳入理论，也就是说，无限小的四维线段要具备上文欧氏度规的形式。

这也代表着在有限大小（具有物理意义）的空间区域，将采用黎曼广义度规的形式：

$$ds^2 = \sum_{\mu\nu} g_{\mu\nu}\, dx_\mu\, dx_\nu$$

其中所有的 $\mu\nu$ 标记组合都将从（1，1）至（4，4）取和。

这种空间的结构与欧氏空间在某方面具有显著差异。度规系数

$g_{\mu\nu}$ 是坐标 x_1 到 x_4 的任意函数，而决定了这些 $g_{\mu\nu}$ 函数才能决定空间的结构。我们也可以这么说，空间的结构不是天生的，只有写下度规函数 $g_{\mu\nu}$ 所满足的自然律，才能定义。从物理的角度来看，度规场就是引力场。

既然引力场由质量分布决定，空间的结构也由物理决定。因此正如黎曼所猜想的，空间结构不再是绝对的，而会受物理影响。几何学与自然结合，而不再如欧几里得纯几何学遗世独立。

了解到这一点，引力的问题就变成数学问题了：我们要找到最简单的基本方程式，在任意坐标转换中维持协变。这是个定义非常清楚，可以完全解决的问题。

在此，我对于广义相对论的实验证实就不再多说。我要指出，理论家不应因此而自我满足。引力的确是由空间的结构而导出，然而除了引力场之外还有电磁场的存在。现在的做法，是把电磁场视为独立于引力场之外的成分，给基本场方程式另外加上电磁作用的项。然而同时存在互不相干的两个结构——根据度规的引力场，以及额外的电磁相互作用，这对于理论家来说无法忍受。我们相信，这两种场应该由统一的空间结构而生。

109 简述广义相对论的起源

收录于一九三四年《我的世界观》。

很高兴在这里向大家介绍我科学工作的发展史。接受邀稿，不代表我觉得自己的研究有多么了不起，而是因为要写自己的思路历程，比专业历史学家重建他人的思考发展还要容易。由我介绍广义相对论的发展，比让他人介绍简单得多，因此我不应该因为谦逊而推辞。

在狭义相对论中（一九〇五年），我知道所有惯性系统中自然律的形式皆等价，于是一个很自然的问题是，是否有更广义的坐标系统等价原理？换句话说，如果速度这个概念只是相对的，为什么我们还把加速度当作绝对的呢？

从运动学的角度，我们当然只能定义相对运动。然而，从物理的角度，惯性系统似乎仍占有特别地位，而任意定义的广义坐标，与惯性系统相比会显得造作不自然。

我当然很熟悉马赫的观点。他认为，惯性所抗拒的运动，并不是绝对的加速度，而是相对于世间其他所有物质的加速度。虽然我十分欣赏这个观点，然而它和新的理论仍有一段距离。

我试图把引力理论纳入狭义相对论的架构，于是出现了一道曙光。和当时多数物理学家一样，我采用的是引力的场理论，因为既然已经放弃了绝对的“同时性”，超距直接作用力也已经不可能存在。

当然，最简单的方法是保存拉普拉斯标量引力势能，然后在泊松方程式中，引进一个时间微分项，以试图满足狭义相对论。质点在引力场中的运动律，也必须根据狭义相对论修正。由于能量也具有惯性，物体的惯性质量会受引力势能影响，因此正确处理的做法仍有问题。

这些早期的研究，让我起了一些疑虑。根据古典力学，在垂直引力场中的物体，其垂直加速度与水平速度分量无关。也就是说，引力场中力学系统的垂直加速度与内部动能无关。然而，在我得到的理论中落体加速度却与水平速度和系统内能有关。

然而，几百年来的实验告诉我们，引力场中的自由落体皆具有同样的加速度。我于是必须正视这个自然律，也就是惯性质量与引力质量的等价。对于它的存在，我感到极度的讶异，并猜想这就是更进一步了解惯性与引力的关键。我不怀疑它的绝对正确性，虽然我当时并不知道厄特佛斯在实验上的重大成就（如果没记错的话，我在日后才读到厄特佛斯的研究）。于是，我放弃把引力场加入狭义相对论的架构，因为这显然违反引力相互作用最基本的性质。于是，我把惯性、引力质量的等价性清楚地重新叙述如下：在均匀引力场中的所有运动，都与无引力场但进行等加速度运动坐标系完全相同。如果此原理对所有相互作用都成立（也就是满足所谓“等效原理”），代表相对性原理可以推广到相对加速运动的坐标系统上，如此一来才有希望得到合理的引力场理论。从一九〇八年到一九一一年中，我不停思索，试图从中推出特定结论，在此我不多说。重要的是，合理的引力场理论只有推广相对性原理才能获得。

换句话说，我们必须找到在非线性坐标转换下，还能保有原来形式的自然律。不过，当时我不知道这对任意（连续）坐标转换是否会成立，还是仍然有所限制。

我很快发现，遵照等效原理而纳入非线性转换，无可避免地会让坐标本身的物理诠释出现致命困难。我们不再能够把坐标的差值，解释为理想标尺时钟所能直接测量的量值。对于这一点我大感不安，花了很多时间反思坐标在物理中究竟有何意义。一直到一九一二年，我才恍然大悟，依下列方法解决了这个问题：

我们要找的是一个新的惯性自然律，在没有“真正”的引力场，并采用惯性系统作为坐标系统的情形下，会简化成伽利略的惯性定理。而伽利略的惯性原理用现代的语言来说，就是：不受外力的质点在四维时空的轨迹是直线。所谓直线，乃是两点之间最短的距离，也就是极值线（测地线）。这个观念为线段长度的定义（也就是“度规”）奠定了基础。闵可夫斯基发现，狭义相对论中的度规是似欧几里得式，也就是线段单元长度 ds 的平方是坐标微分的平方齐次函数。

若新坐标由非线性转换定义，则 ds^2 仍然是坐标微分的齐次方程式，但是系数（$g_{\mu\nu}$）不再是常数，而是坐标的函数。从数学上来说，这代表四维物理空间具有黎曼度规。新的运动定律要求，只受引力场作用的质点，其轨迹会遵循一条类时的极值线。选定了坐标系统，度

规函数 $g_{\mu\nu}$ 就完全确定引力场。用此数学工具，等效原理可以推广到不均匀、任意质量分布所形成的引力场上。

于是先前所说的困难可以如下解决：坐标的微分本身不再重要，它必须与黎曼度规结合才有物理意义。这成为广义相对论的合理基础。然而，还有两个问题：

一、在狭义相对论架构下的场论，如何转换到黎曼度规？

二、黎曼度规（$g_{\mu\nu}$）本身，应该满足什么样的微分方程式？

从一九一二年到一九一四年，我和挚友格罗斯曼一起研究这个问题。我们发现问题一的数学答案已经由李奇与列维－齐维塔所得到。

至于问题二的答案，显然与 $g_{\mu\nu}$ 的二阶微分不变量有关。我们发现，黎曼所定义的曲率张量可以用在这上面。在广义相对论发表的两年前，我们就已经考虑了正确的引力场方程式，但当时我们没有办法证明它在物理学上的适用性。当时我坚信它与实验不符，我甚至认为任何采用引力不变量（在任意坐标转换下）的自然律，必然违反因果律。这种错误想法，让我多花了两年的工夫，直到一九一五年我才醒悟，重新回到黎曼曲率，并成功地把理论用在天文观测结果上。

从结果来看，广义相对论的最后形式几乎是必然的，任何聪明的学生都可以充分了解。然而，多年来在暗中摸索、渴求、信心与疲惫的拉锯，还有获得最后答案的凯旋，实在不足为外人道。

110 物理与真实

一九三六年三月《富兰克林研究院学报》，第二百一十一卷第三期。

一、科学方法概论

人们常说科学家是很差劲的哲学家，这种说法不是没有道理。那么，物理学家是不是干脆把哲学思考留给哲学家就好了？我并不同意。当物理的基本概念已经很成熟、毋庸置疑之时，或许可以这么做。然而，当今物理学的基础本身问题重重，经验迫使人们寻找更坚实的根基，在这种状况下，物理学家不能把重要的理论思考留给哲学家，因为穿着鞋子的人自己最清楚哪里不合脚。在寻找新的根基之时，物理学家必须清楚他所使用的概念，有哪些是合理、必要的。

所有科学领域，皆是日常概念的汇总。因此，物理学家也不能局限于物理概念的探讨，在此之前他必须详细检视日常概念的本质，而这是个更为困难的问题。

我们的心理经验包含色彩缤纷的感官经验，以及对它们的记忆、影像与感受。物理学与心理学不同，只关乎非想象的感官经验，以及对于事件之间连接的“理解”。然而即使是“真实外在世界”这个日常概念，也完全仰赖感官印象而生。

首先我要声明，感官印象与影像是不能区分的；至少，其界限非常模糊。这个问题影响了“真实”概念，不过我们不去区分它们，而假设感官经验存在。

我认为，“真实外在世界”概念形成的第一步，是基于对于种种“物体”的概念。人们把错综复杂的感官经验中，一系列可重复的感官印象（触觉、视觉）与他人描述的感官印象合并比较，归纳出“物体”的概念。若没有整体感官经验，这概念将没有意义也不会存在。不过，物体这个概念也并不光是感官经验的总和，还是人类（或动物）心智的产物。

接下来，我们的心智赋予物体这个概念重要性，独立于一开始的感官经验之外。换句话说，我们推论物体具有“真实的存在”。这推论让我们得以在感官印象错综复杂的迷宫中，求得些许方向感。个别的感官经验，可能受错觉或幻觉影响，然而物体的概念虽然也是感官的产物，却享有更大的不变性与真实性。虽然，概念本身与概念之间的关系，包括物体的真实性，甚至真实世界的存在性，最终仍完全由感官经验的心智连接而产生。

感官经验的集合，居然可以靠思考整理、秩序化而被理解，着实让人惊叹。这里所谓的“理解”，包括概念的运用、概念之间的功能关系，以及概念与感官经验的联系。我们甚至可以说：“宇宙最大的谜，就在于它的可理解性。”康德最大的发现，就是真实外在世界存在这个信念，完全仰赖自然的可被理解。

这里我所谓的“可理解性”，采用的是最谦虚的定义。这代表：从诸多感官印象整理出秩序，据此建立一般概念，以及概念之间的关系，并为概念与感官经验建立联系。从这一点来看，我们所经验的世界是可以理解的，而这真是一项不可思议的奇迹！

我认为，概念的形成，概念与感官经验的协调，都不是先验的。孰是孰非，完全由理论是否成功决定。对此我们必须定下一套准则，定义什么是成功的理论。我们可以把它想成游戏规则，即使游戏规则是武断任意的，只要大家遵照规定就可以玩下去。而且，没有所谓的终极规则。在不同的领域，会有不同的规则。康德的终极基本领域，在我看来并不存在。

日常基本概念与错综复杂的感官经验之间的连接，是不能以科学逻辑推导得来，而只能直观理解。科学与抽象的逻辑系统之间的唯一差别，在于科学把所有的概念与经验相连。借由这些连接，科学的纯粹抽象原理，得以用来描述感官经验。

对于和典型感官经验直觉连接的概念，我们可称之为“原始概念”，从物理的观点来看，所有的其他观念只有在与原始概念通过定理连接才具有意义。从定理出发，可以借由逻辑推演导出其他陈述。至于定理本身，有些仅是概念的定义，而有些则用来连接不同的“原始概念”，无法从定义导出。具有第二种性质的定理，可视为“真实的陈述”，也就是要通过与感官经验比较才能确立的自然律。至于哪些定理应该被视为定义，而哪些应该被视为自然律，则多半是约定俗成。除非不同划分会造成不同的物理结论，否则我们不需硬性规定。

层次化的科学系统

科学的目标，一方面在于完整地理解感官经验之间的联系，另一方面冀望采用越少原始概念关系越好。换句话说，用最少的逻辑元素达到世界观的逻辑统一。

科学采用原始概念的整体，也就是直接与感官经验连接的观念，并以定理来显示两者的联系。这是科学的第一步。对我们日常思考来说，这样已经足够。然而，对于科学家来说这却不够。因为光光是概念与关系的集合，缺乏逻辑统一性。为了弥补这一点，科学家发明了另一套系统，试图了解“第一层”的原始概念与关系，也就是试图用逻辑推导出这些概念与关系。这“第二层”系统虽然具有较高的逻辑统一性，其基本概念却不再直接与感官经验连接。接下来，为了进一步追求更高的逻辑统一，人们发展出描述基本概念与关系的数量更少的“第三层”系统，以便推导出第二层系统中的关系定理。如此下去，我们的理论越来越具有统一性，而逻辑推演采用的基本假设则越来越少，而理论的所有结论仍然满足感官经验。我们不知道，这种雄心是否能够让我们得到最终理论系统。多数科学家的答案都是否定的。不过，我们仍然不应轻言放弃这个最高目标。

擅长抽象理论和演绎法的人，可能会称不同层的理论具有不同程度的抽象化，但我不愿意把概念的逻辑独立性与感官经验隔开。两者一一对应，像是剧院保管区的外套与号码牌，而不像牛肉与肉汤的关系。

层次化的理论结构还有另外的特性：层与层之间并非完全分开，甚至哪些概念属于第一层也不完全清楚。事实上，我们手上的是各种形式的概念，在和感官经验连接时具有足够的确定性，对应着确定的结果。重要的是，我们企图从最少的公设推导出诸多概念与定理。而这些公设的选择，具有一定的自由度。不过科学家也不似小说家可以凭空想象，我们像是在解一个设计精巧的拼字游戏。我们可以尝试各种不同的词汇，但是最后就是要选到一个特定的字，才能豁然开朗解开整个谜题。自然为什么会是一个有解的拼字游戏呢？这是一个信念问题。到目前为止，科学的成功让我们一再加强这个信念。

前面所提的层状理论结构，代表的是科学家迈向统一的不同里程碑。和最后目标相较，中间的层只有过渡性的功能，最后将被取代。不过，我们现在的科学理论还未臻完美，不同的理论虽然互相验证，但有时也互相矛盾。以下章节，会讨论这些严重的矛盾。

以下我要讨论的，是人类追寻逻辑统一物理原理的道路。

二、力学，以及只有力学的物理学

人类感官经验是根据时间而排序的。这个重大特性，事实上对所有经验都成立。这种时序的特性，导致“主观时间”的概念，以便整理人类的经验。而主观时间，通过与物体、空间概念的结合，导致“客观时间”的概念，我们会在下文讨论这个过程。

在客观时间的概念产生之前，必须先有空间的概念；而在此之前，要先有物体的概念。而物体的概念，是直接与感官经验连接。我们已经说过，“物体”概念的一个特征，就在于它的恒常性（与主观时间无关），这一点让我们确定它的存在，虽然有时候同一个物体看起来、摸起来会不太一样。庞加莱强调“状态改变”和“位置改变”都会让我们对同一物体的感官经验产生变异，虽然后者在观测者恰当地改变角度时可以得到意愿改变角度而复原。

有些物体的状态维持恒定，只有位置与角度会改变，这对于空间概念，以至于物体概念本身的形成相当重要。我们称这种物体为“似刚体”。

若我们同时考虑两个似刚体所形成的系统，会发现其中一些位置变换不可能由整个系统位置变换造成。虽然，个别物体的转换可由各自的位置变换造成。这就是“相对位置改变”这个概念的起源，也就同时带入了两个物体间的“相对位置”这个概念。我们会发现，在不同的相对位置当中，有一种特别的关系代表着“接触”[1]。两个似刚体若在三个点以上保持接触，则这两个物体就结合为单一复合的似刚体。我们也可以说，第二个物体是第一个物体的似刚性延展，而这种似刚性延展可以具有无限制的形式，连绵不绝持续下去。物体 B_0 所有可能的似刚性延展的总集合，就是该物体所定义的无限“空间”。

---

1 原注释：当然，我们只能用自创的概念来讨论固体的关系。而这些概念本身，有时却无法定义。遇上这种状况时，我们必须根据自身经验，只采用绝对毋庸置疑的概念才行。

人们发现，在任意状态下的任意物体，都可以与特定参考物体定义的似刚性延展 B_0 进行接触。我认为，这个经验就是空间概念的基础。在科学时代之前，地壳本身就扮演着 B_0 的角色，用来定义上下空间。甚至几何学这个词本身，就暗示着地球表面是空间概念的参考点，在人们心中空间一向与地表连接。

"空间"这个大胆的概念，出现于所有的科学几何学之前，它并把人们对于物体位置关系的心智概念转换为物体在"空间"当中的位置。这是一个技术上相当大的简化，而且，运用空间概念，所有对于位置的描述，都隐含了接触的描述：说物体某一点位于空间中的 P 点，等于说物体上的这一点与参考物体 B_0 的延展空间之 P 点互相接触。

在古希腊几何学当中，空间只有定性的角色，因为物体相对于空间的位置，虽然意义明确但却不能用数字表示。笛卡儿率先引用数字来定义位置，运用他的方法，整个欧氏几何学可以用以下几个公设化描述完整地表达：（1）刚体上两个定点定义一条线段；（2）我们可以用三个数字 x_1、x_2、x_3 对应空间的点；（3）考虑线段 P'–P'' 的两端点分别为 x_1'、x_2'、x_3'、x_1''、x_2''、x_3''，则以下等式成立：

$$s^2=(x_1''-x_1')^2+(x_2''-x_2')^2+(x_3''-x_3')^2$$

而这与该物体位置或其他任意物体的位置完全无关。

数值 s 称为线段长度，也就是空间中两点 P' 与 P'' 的距离，永远为正值。这个公式的选择是刻意的，我们用它来表述欧几里得几何学的经验内容，而不只是抽取逻辑与公设的表面形式。虽然后者的确具有简洁与高度条理化的好处，但却缺乏与感官经验联系的成分，而这个成分却是物理不可或缺的。认为欧几里得几何学与空间概念是由逻辑的必然而产生的，是个重大的错误观念。持有这种想法的人，忘了欧氏几何学的公设本来就是奠基于经验之上。

在描述自然界物体方面，欧氏几何学是物理科学，必须经由感官经验加以验证。它包含了一系列物体相对位置必须遵守的定理，而与时间无关。接下来我们将讨论，物理中的空间概念，也与刚体的存在有关。

从物理学家的观点，欧氏几何学最重要的特性在于定理与物体本身性质无关。几何学的特征，正是在于它的均匀与各向同性。

空间的概念虽然有用，但其存在对于几何学本身，也就是物体相对位置的定理之研究，却不是完全必要。时间的概念，由空间的概念而来。然而，若没有“客观时间”的概念，古典力学的基础将完全崩溃。

客观时间的概念是从两个独立的假设而来：

一、若将经验发生的顺序与“时钟”做对应，就会出现客观的局部时间概念。此时钟可以是任意封闭系统的重复周期事件。

二、把局部时间的概念延伸应用于整个空间中的事件，这就是物理时间的概念。

针对第一点，我不认为把重复周期的概念放置于时间的定义之前，是一种循环论证。这和我们先有似刚体的概念再借由其延伸来定义空间，其实是一样的做法。

至于第二点，在相对论问世之前，人们有个幻象：不同位置事件的“同时”具有普遍的标准，也就是说“物理时间”的存在似乎是先验、不证自明的。之所以会有这个错误想法，是因为在日常生活中我们可以忽略光行进所需要的时间。不假思索地接受这个想法，会让我们不再区分“同时看见”与“同时发生”；于是，时间与局部时间被混为一谈。

同时的相对性隐藏了这么久才被发现，是因为人们一向以和感官经验无关的方式来定义时间与空间，于是绝对性在古典力学中被视为理所当然。采纳一些先验性的概念，不见得会影响科学的发展。然而，如果忘了这些概念的起源，而误以为它是逻辑上的必然、天经地义不容撼动，那就会严重危害科学的进展。

前人对于空间时间结构的真实意义，具有十足的信心，并据此成功地发展了古典力学，也促进了现代物理学的诞生。从这方面看，没有人太早怀疑客观时间的相对性或许是一件好事。力学的基本概念，可以简述如下：

(a) 质点的概念：描述某物体的位置变化时，我们可以将它视为位于坐标 x_1、x_2、x_3 的一个点，其运动（相对于“空间” B_0）由 x_1、x_2、x_3 的时间函数来描述。

(b) 惯性定律：远离其他质量的质点，其加速度为零。

(c) 质点运动定律：受力 = 质量 × 加速度。

(d）作用力定律（相互作用定律)。

其中（b）只是（c）的一个重要特例。只有写下相互作用律之后，理论才会变得完整。为了让永久连接的复合多质点系统表现得和单一质点相同，作用力必须等于反作用力。

这些基本定律和牛顿万有引力定律结合，成为天体力学的基础。牛顿力学中，空间 B_0 并不像我在上文所说是由刚体的延伸所定义，而包含了新的想法。(b)、(c）并不是对所有空间 B_0 都成立，空间必须具有特定的运动状态（惯性系统）才行。因此，坐标空间获得了纯几何考虑所没有的独立物理性质。这又让牛顿有了全新的想法（旋转水桶实验）[1]。

古典力学原本只是个一般性准则，只有明白地写下相互作用定律(d）才成为完整理论。牛顿非常成功地做到这一点，并应用在天体力学方面。科学家总是想达到逻辑上的最精简，从这方面来说，牛顿力学不太能令人满意。作用力定律不能从理论中推导而出，因此其选择是先验甚至有点武断。而且牛顿的引力理论，和其他理论相比的唯一特殊之处，在于它在应用上大获成功。

即使我们现在已经知道古典力学不能成为所有物理的基础，它仍然在物理思考中具有重要地位。其原因在于，虽然从牛顿以来物理学

1 原注释：这个理论缺陷，只有在找到适用于所有 B_0 的物理定律才能弥补。这正是广义相对论的出发点之一。古典力学的另一个缺陷，在于它不能解释惯性质量与引力质量的等价。这个缺陷同样由广义相对论所弥补。

已经有了重大进展，我们仍然尚未找到物理学的最终基础，由此推导出所有已知现象、并包含成功的部分理论系统。在下文中，我将简介这方面的理论现状。

首先我们要厘清，古典力学作为所有物理学基础的成功与限制。由于我们只专注物理基础与发展，纯粹是力学形式上的演化（拉格朗日方程式、正则方程式等）多半不列入讨论。不过我们必须深究其中一点。质点是力学当中非常基本的概念，对于不能当作点的物体（事实上所有物体严格来说都不行），我们要怎么给予它完整的力学描述呢？宏观物体是如何由质点组成，而组成质点相互作用的形式又为何？这似乎是无法回避的问题。

在力学当中，我们常把组成质点以及其相互作用视为不变，因为外界无法直接感觉其作用。从这一点来看，古典力学必定引入物体由原子组成的概念。现代物理学家必须明白，理论完全基于经验归纳是多么错误的想法。聪明如牛顿，也无法完全免于陷入这个错误（如他曾说“我不做假设”）。

为了避免处理棘手的多原子系统，牛顿以后的力学家采用以下做法。力学系统完全由势能决定，而势能是系统的组态所决定的，在数学上是少许变量 q_r 的函数。在足够的精确度以内，势能完全由这些变量决定（例如，似刚体的组态由六个变量决定）。

第二个应用力学的方法，也避免将物质分解为“真实”的点，这就是所谓连续介质力学。这种力学假想物质的密度、速度和位置、时间连续相关，而没有明白写下来的相互作用则以张力（压力）表示，而张力亦为位置的连续函数。这就是流体动力学理论，以及固体的弹性力学。这些理论避免直接引进质点的概念，取而代之的是在本质上不正确，仅为近似的想象概念。

这些做法，除了在应用上的重大价值之外，也发展出新的数学工具——偏微分方程式，而这对日后物理的新基础有重大贡献。

这两种应用力学属于所谓的“现象学”物理，其特征在于使用与经验接近的概念，但必须牺牲基础概念的一贯性。热、电、光等不同现象都要用不同的状态函数与物质常数来描述，而不能用同样的力学量。而且，往往只有靠实验才能决定这些变量之间的关系以及时变性。麦克斯韦的传人大多把这种表述看作物理的最终目的，他们认为，物理应该采用与经验接近的概念，然后从经验归纳法则。知识学家如米尔、马赫等人的观点，也大致相同。

我认为，牛顿力学最大的成就，在于它的广泛适用性已经超越了现象学的成见，尤其是在热力学方面为著。奠基于微粒理论的分子动力学理论与统计力学皆非常成功。前者把理想气体的状态方程式、黏滞度、扩散、热传导、辐射现象在概念上完全结合，然而从直接经验上来看，这些现象似乎并不相干。统计力学则赋予热力学概念与定理机械解释，并厘清了古典热理论的适用极限。分子动力学理论不仅在逻辑的一贯性方面远远超过现象学，更推导出原子分子确切的尺度。由于几种不同方法都得到同样的结果，其正确性已经不容置疑。获取这些重大成就所付出的代价，就是赋予原子真实的存在，而它当然是具高度臆测成分的东西。人们不太可能真正“直接感受”到原子的存在，从原子出发要经过复杂的计算，才会得到描述经验变量（如温度、压力、速度）的诸多物理定律。如此一来，原来以现象学建构的物理学，被化约为遵照牛顿力学的原子分子运动学。虽然其基础与直接的实验更加遥远，然而在本质一贯性上却大为增进。

三、场的概念

在光学与电学方面，牛顿力学远不如它在热力学、气体动力学上成功。牛顿提出的光粒子理论试图以质点运动描述光学现象，然而，随着偏振、衍射、干涉现象的发现，粒子论受到越来越多不自然的修正，于是惠更斯的光波动论得到最后的胜利。当时，晶体光学与声学已经高度发展，光的波动论可能据此而生。我们要了解的是，惠更斯理论的基础仍然是古典力学，无处不在的以太被视为波动的载体，然而以太的组成却是个谜。以太本身的内力、以太和一般物质之间的作用力，更是不得而知。换句话说，光波动理论的基础模糊不清，它所根据的偏微分方程式，似乎无法由简单的力学元素建构而成。

在电磁现象方面，人们引入与质量类似的理论概念：电荷。而带有电荷的物体之间，具有与牛顿引力类似的超距力。然而，这种特别的物质似乎不具有基本的惯性，而且一般质量与电荷之间的作用力也没人了解。电荷具有正负极性，而这更无法被纳入古典力学之中。电动力学现象发现之后，磁现象可由电荷运动解释，于是磁荷的假设不再需要。这个进展，反而让电磁学的基础更加难解。因为现在，运动中的带电物体会具有非常复杂的相互作用形式。

法拉第和麦克斯韦的电学理论，解决了这些困难。这应该是自牛顿以来最深远的物理基础革命。同样地，这是往具有建设性的假论迈了一步，拉开了感官经验与理论基础的距离。“场”的表现，只有在物体带电时才会出现，麦克斯韦的微分方程式为电、磁场的位置、时间微分提供联系。电荷出现在电场散度非零的地方，而光波则是电、磁场在空间中的振荡。

麦克斯韦还试图用以太机械模型描述场论，不过这些工作在赫兹发现电磁波之后，便退居幕后不再受重视。而这终于将“场”置于物理的基础地位，就像牛顿力学中的质点一般。然而，这只对真空中的电磁场成立。

一开始物质内部的电磁理论仍未臻完善，因为在这里人们要引进两个电向量，而两者的关系与介质的本质有关，不能进一步做理论分析。同样地，磁场与电流密度在物质内部也有类似的问题。

在这方面，洛伦兹发现运动物体的电动力学，而几乎不依赖任意武断的假设。他的理论是根据如下基本假设：

场的载体是真空本身，即使是在物质内部也不例外。物质参与电磁现象是因为基本粒子带有电荷，因此它一方面受电磁力作用，另一方面在空间产生场；基本粒子满足牛顿运动定律。

这就是洛伦兹整合牛顿力学与麦克斯韦场理论的基础。该理论的缺点在于，它借由结合偏微分方程式（真空中的麦克斯韦场方程式）与全微分方程式（质点运动方程式）来描述现象，而这当然不太自然。首先，人们必须假设粒子本身的大小有限，否则其表面的电磁场会变为无限大；其次，将电荷聚集于基本粒子上所需要的庞大内力是怎么来的，更是不得而知。洛伦兹熟知并承认他理论的这些缺点，不过它至少在实用上成功地描述了大多数电磁现象。

最后，还有一些问题远超乎洛伦兹理论的架构。带电运动物体附近会产生磁场，而且（似乎）会因此而增加其惯性。我们可不可以完全以电磁作用解释粒子的惯性呢？似乎，唯有把粒子解释为电磁偏微分方程式一般解之一，才可能充分回答这个问题。原来的麦克斯韦方程式不容许这般描述基本粒子，因为这样的解包含奇点。理论物理学家试图修正麦克斯韦方程式，不过在漫长的努力之后仍然一无所成。于是，我们至今仍然无法建立物质的纯粹电磁学理论，不过也没有理由办不到这一点。我认为可以确定的是，任何自洽的场理论当中，基本粒子必须自然出现，而不是被额外加入。整个理论必须完全根据偏微分方程式，而且其数学解不能有奇点。

四、相对论

光用归纳法是不能得到物理基础概念的。许多十九世纪的科学家没能明白这一点。此一基本哲学上的错误，让分子理论与麦克斯韦理论延迟到十九世纪末才建立。逻辑思考必定是演绎法，根据假设的概念与公设；但我们要如何选择公设，才会有希望验证由它们推导出来的结论呢？

最简单的状况是基本假设很自然地从经验而出。“永动机不存在”是热力学的基础，而这个假设正是出自经验。伽利略的惯性原理亦是如此。相对论的基本假设，也属于这个范畴。相对论取代了古典力学的基础，也令人意外地推广了场论。

麦克斯韦－洛伦兹理论的成功，让我们对于真空电磁方程式的正确性信心大增；特别是，我们相信光在真空中以一定速度 c 行进。然而，光速恒定这个陈述，是否对所有惯性系统都成立？若非如此，我们就可以借由测量光速决定惯性系统的运动状态。然而，所有力学与电磁学、光学实验结果却仍无法测得惯性系的绝对速度。

于是，我们必须把光速恒定提升到对所有惯性系统都成立。因此，空间坐标 x_1、x_2、x_3 与时间坐标 x_4 必须根据洛伦兹变换关系来进行坐标转换，它由以下表述式的不变性而来：

$$ds^2=dx_1^2+dx_2^2+dx_3^2-dx_4^2$$

（在此时间单位的选择让 $c=1$）

这个过程让时间失去绝对的特征，而与空间坐标融合成在代数上几乎相同的维度。时间的绝对性，尤其是“同时”的绝对性消失殆尽，而四维“时空”的描述才是正确的。

自然现象对于所有惯性系统都是等价的，为了遵守这个相对性原理，必须让所有物理方程系统在洛伦兹变换下不变。这个条件，推展出狭义相对论的具体内容。

相对论与麦克斯韦方程式相容，但却违背古典力学的基础。固然，我们可以修改质点运动方程式（并修改动量与能量的定义），以让两理论兼容，不过相互作用力以及系统的势能概念，则完全失去基础，因为这些概念仰赖绝对的同时性。在理论中以微分方程组所定义的场，取代了作用力的地位。

由于这个理论只容许相互作用通过场而产生，引力也必须写成场论形式。虽然，我们可以把牛顿理论改写为标量引力势能的偏微分方程式，然而牛顿引力理论中已经使用的实验事实——引力质量与惯性质量的等价性，导致一个全新方向，也就是广义相对论的诞生。

在古典力学中，质量很神奇地出现在两个地方，扮演着不同的角色：运动定律中的“惯性质量”和引力定律中的“引力质量”。于是，在纯引力场中物体的加速度与组成无关；换句话说，等加速度运动的坐标系统（相对于“惯性系统”而言）当中，所有的运动都像是位于均匀引力场（相对于“静止”坐标系）一般。惯性质量与引力质量相等这个实验事实，在理论思考重新整理之下，转变为两坐标的等效原理。

于是，我们不再有任何理由赋予“惯性系统”特殊地位，而且必须一视同仁地考虑坐标（x_1、x_2、x_3、x_4）的非线性转换，若我们对狭义相对论坐标进行非线性转换，则原来的度规：

$$ds^2=dx_1^{\ 2}+dx_2^{\ 2}+dx_3^{\ 2}-dx_4^{\ 2}$$

会变换为广义（黎曼）度规形式：

$$ds^2=g_{\mu\nu}dx_\mu dx_\nu$$

其中 $g_{\mu\nu}$ 为 $x_1\cdots x_4$ 的函数，不但描述度规的性质，同时也是新坐标系统当中的引力场。

这是一个力学基础的重要演进，然而在详加检视后，会发现它付出了一个代价：在狭义相对论中的坐标可以被诠释为标尺与时钟测量的结果，而在新的坐标系当中却无法如是诠释。

解决这个困难的关键，在于假设即使 $g_{\mu\nu}$ 不再具有狭义相对论的似欧几里得度规的状况下，其对应的场性质与空间（黎曼形式）仍然描述自然、具有物理意义。于是，广义相对论才因此诞生。

现在，坐标本身不再具有度规功效。而且，只要坐标转换不具奇点都是合法的。只有在任意坐标转换下维持形式不变的方程式，才可能成为自然律（广义协变假设）。

广义相对论的第一个目标，在于以最简单的方式推导出“可直接观测量”。若我们仅限于纯粹引力现象，可以参照牛顿的做法。至于逻辑完整的自洽理论系统，则要留到稍后才建立。广义相对论的原始版本内容如下：

一、保存牛顿力学中质点与质量的概念，并以广义相对论语言重新描述惯性定律，据此写下新的运动定律。这组全微分方程式，就是所谓的测地线方程式。

二、牛顿的引力相互作用定律，则被新的场方程式所取代。此方程式将黎曼曲率张量缩并（contraction）一次后的张量设为零（$R_{\mu\nu}=0$），这是 $g_{\mu\nu}$ 张量最简单的广义协变微分方程式。

这个理论可以用来处理行星运动的问题。更精确地说，它能处理的是小质量测试质点在静止重物所产生的中心力场当中的运动。这个计算不考虑质点对重物的反作用，也不讨论引力场是如何产生的。

和古典力学一般，可以用下列方法来让理论更完整。我们写下场方程式：

$$R_{ik}-\frac{1}{2}g_{ik}R=-T_{ik}$$

其中 R 代表黎曼曲率标量，T_{ik} 为物质能量，方程式左边形式的选择，在于让它的散度恒等于零。令方程式右边散度为零，会导出一偏微分方程组，这就是物质的“运动方程式”。而用来描述物质的 T_{ik} 包括四个独立的函数（如密度、压力及速度分量；速度分量满足一恒等式，而压力与密度的关系则由状态方程式描述）。

于是，引力动力学完全归结为单一协变偏微分方程组的解，这个理论没有我们先前所提古典力学的缺点。据我们所知，它的预测与天体力学观测完全相符。然而，这个方程式像是左右不对称的建筑，一边是由华丽大理石建构（方程式左边），而另外一边却是一堆劣质木材（方程式右边）。物质的现象学表述，最多只是粗略的近似，不能描述所有已知物质的特性。

在没有物质与电荷的宇宙中，要结合麦克斯韦的电磁学和广义相对论并不是难事。只要用真空中电磁场的能量张量代入上式右边的 T_{ik}，并据此把麦克斯韦电磁场方程式改写为协变形式即可。在这些条件下，会存在足够的微分量确保方程式有解。而且，方程式容许 T_{ik} 分量的符号任意定义，这一点将在日后变得很重要。

人们希望理论的基础越具一贯性越好，于是许多人试图把引力场和电磁场结合，纳入单一表述。其中最值得一提的是卡鲁扎与克莱因的五维空间理论。然而，在仔细研究这个理论后，我宁可接受原来理论的不一贯性，因为整体来说新的理论需要引进更多的假设。丹齐格与泡利把这个理论改写为投影形式，但总的来说仍然不如引力场与电磁场分别成立来得简洁。

以上讨论仅适用于纯粹场的理论，而不包含物质在内。我们要如何得到完全描述物质与原子的理论呢？显然，奇点必须排除在外，否则微分方程式将无法完全决定场的值。广义相对论的场论在这方面的问题，和当初麦克斯韦电磁学的问题完全一样。

每当我们试图建立基本粒子的场时，奇点就立刻出现。在扩充场方程式，并引入新的场之后，状况便会有所改善。最近，我与罗森博士发现上述引力场与电磁场最简单的结合，能导出不具奇点的中心力场解（著名的史瓦西纯引力场解和赖斯纳的电场—引力场解皆具有奇点）。我们在两节之后将对此加以讨论。用这种方法，似乎可以用纯粹场论描述物质，而不需要新的假设。当然，要计算出可与实验对比的结果必须先通过非常严苛的数学考验。

五、量子理论与物理学的基础

新一辈的理论物理学家，相信物理的新基础将与本文讨论的场论在本质上完全不同。其原因在于，描述所谓量子现象的数学表述，需要用到全新的方法。

相对论所指出的古典力学问题，与光速有限（非∞）有关，在二十世纪初人们发现古典力学与实验出现其他方面的矛盾，这与普朗克常数 h 有限（非 0）有关。其中，虽然分子动力学预测固体的比热容以及（单一波长）辐射密度皆应该与绝对温度成正比，然而实验却显示，与绝对温度下降率相比，这些物理量下降的速率快许多。为了提供理论解释，必须假设力学系统的能量只能拥有特定的离散值（普朗克常数 h 决定单位的大小），而不能是连续值。而且，原子理论也必须采用这种概念（玻尔理论）。不同能级之间的转换，无论是否发出或吸收辐射，都只有统计上的描述，而没有因果律。大约在同时，人们也发现放射性核衰变有同样现象。物理学家花了二十年时间，试图寻找描述“量子特征”的统一表述，然而却不得其果。大约在十年前，物理学家终于用两种不同的方式获得成功。一种方法要归功于海森堡和狄拉克，而另一种方法则由德布罗意和薛定谔提出。薛定谔不久便发现这两种方法在数学上完全等价。在此，我将描述德布罗意和薛定谔的图像（因为它与物理学家思考方式较为接近），并附上一些基本讨论。

首先，一个力学系统要怎么样才会有离散的能量 H_σ 呢？我们知道能量是坐标 q_r 与对应的动量 p_r 的函数，也知道能量和频率的关系是由普朗克常数 h 决定（频率等于 H_σ/h），因此若力学系统的频率是离散的，则它也会拥有离散的能量。这让我们想到在声学中，线性偏微分方程式（在给定边界条件下）往往会出现一系列特定频率的解，也就是弦函数的周期解。薛定谔找到的，是某标量函数 ψ 在给定能量函数 ε（q_r, p_r）的偏微分方程式，其中 q_r 与时间 t 为独立变量。他成功之处在于复值函数 ψ 的周期解，让统计力学的能量具有令人满意的形式。

然而，即使找到薛定谔方程式的确切解 ψ（q_r, t），也没有办法确定写下质点的运动轨迹。换句话说，ψ 函数没有办法正确完整地描述 q_r 与时间 t 的关系。根据玻恩的诠释，ψ 函数的物理意义如下：$\psi\overline{\psi}$（也就是复值函数 ψ 绝对值的平方）与系统于 t 时位于 q_r 状态空间的概率密度。简言之，薛定谔方程式的意义在于它决定 ψ 函数与时间的关系，也就是系统统计集合的概率密度在位形空间中的时间演化。

值得一提的是，该理论在极限条件下会回归古典力学。若薛定谔方程式的解所牵涉的波长处处都很小，更精确地说，若系统位能在一个波长之内的变化量可忽略不计，我们就能在位形空间中选取一单元区域 G_0，在所有方向都比波长大，却比位形空间中特征尺度小。初始时间 t_0，令波函数 ψ 在区域 G_0 之外为零，而根据薛定谔方程式，虽然区域 G_0 会随着时间 t 移动到 G，ψ 的演化仍保持在该区域之内。如此一来，我们可以整体考虑 G 区域在位形空间中的运动，近似于古典力学质点的运动。

以粒子束进行的干涉实验，成功地证明了量子力学所描述的波动特征。不仅如此，量子力学也成功地描述了系统在外力作用下从一量子态跃迁到另一量子态的统计法则，而在这方面古典力学已彻底失败。在此，外力是以随着时间改变的微小额外势能来描述的。在古典力学中，微小的势能扰动只能引发微小的系统改变。而在量子力学中，微小的改变能引发任意大小的改变（较大的改变发生的概率就较小），这一点完全与实验吻合。即使是放射性衰变定律，也已经由量子力学合理解释。

量子力学对千奇百怪现象的适用性，可谓史无前例。然而，我相信量子力学在物理基础上却让我们误入歧途。虽然量子力学是目前唯一能从力与质点（古典力学的量子对应）建构出来的基本概念，但我认为它仍然不是自然的完整表述。因为这样，我们只得到（在本质上不完整的）统计自然律。我接下来将阐述这个想法。

我要追问，ψ 函数到底描述力学系统真实状态到什么程度？令 ψ_r 为薛定谔方程式的一系列周期解（依能量大小顺序排列），对于个别

ψ_r 是否为物理态的“完整”描述，我先搁置不论。一开始系统位于 ψ_1，对应能量 ε_1。接下来，在有限时间之内系统受到外力扰动。在随后的某时刻，根据薛定谔方程式我们知道当时的 ψ 函数演变为

$$\psi = \sum c_r \psi_r$$

其中 c_r 为复数常数。若 ψ_r 皆已正规化，则 $|c_1|$ 几乎等于 1，$|c_2|$ 则远小于 1。这时我们再问，ψ 是否描述系统的真实状态呢？如果答案为是，我们不得不[1]赋予系统确切的能量 ε，而此能量略大于 ε_1（因为 $\varepsilon_1 < \varepsilon < \varepsilon_2$）。然而这个假设，却与弗兰克和赫兹所做的电子撞击实验结果不符。这些结果显示，若带入密立根电子电荷，系统能量似乎位于不存在的量子能级。根据这个实验，ψ 所描述的并不是系统的单一纯状态，而是一个统计描述，c_r 对应的是能量可能出现的概率。换句话说，量子力学只能在玻恩的统计诠释之下才有意义。ψ 函数不可能描述单一系统的状态。它所代表的是许多系统的“统计集合”。除了特殊状况之外，ψ 函数一般只代表统计性质的原因，不仅在于“测量这个动作”引进的不确定性，更在于 ψ 函数本身无法描述单一系统的状态。薛定谔方程式决定的时变量，所描述的包括受外力与不受外力的系统总集合。

这种诠释，同时也消除了我与两位同事共同提出的矛盾，简述

1 原注释：因为根据相对论一个已充分证实的结论，静止系统的总能量等于其惯性总和。而惯性必须具有确切的数值。

如下:

考虑由两个部分（A与B）所组成的力学系统，其中A与B在固定时间之内进行相互作用。若相互作用发生前的 ψ 函数为已知，因而相互作用后的 ψ 函数则由薛定谔方程式决定。接下来，我们经由测量彻底研究A的物理状态，则量子力学会让我们决定B部分的 ψ 函数，以及整个系统的 ψ 函数。然而，计算所得的B部分 ψ 函数却和A部分所测量的是哪一个物理量（例如，坐标或是动量）有关。由于相互作用后B只能拥有单一个物理状态，而且它实在不应与我们对分隔开来的A所进行的物理测量有关，我们的唯一结论就是 ψ 函数不可能完整描述物理系统。B的单一物理态需由多个 ψ 函数来描述，这再度显示 ψ 不能被解释为单一系统物理状态的完整描述。若把 ψ 视为多系统的集合，那么一点问题也没有。[1]

量子力学对观测所牵涉的非连续物理态转变（至少在表面上）给予如此简单的陈述，却不能提供详细过程，这也和理论只能描述多系统总和而无法描述单一物理系统有关。前例中的系数 c_r 在外力作用之下只产生些微改变，用量子力学的统计诠释，我们很容易了解为什么微弱的外力能够造成任意强度的物理状态改变。微扰产生的"统计密度"改变的确很小，因此其数学描述比试图描述单一系统 ψ 函数的崩塌容易得多。当然，这么做我们并没有讨论单一系统究竟发生了什

1 原注释：对于A的测量，则会让适用系统集合变少。新的系统集合（与 ψ 函数）和让系统集合减少的观测法有关。

么事，统计方法完全避免描述这个谜一样的过程。

近年来，威尔逊云雾室与盖革计数器等神奇的发明，把基本粒子相互作用带到人们眼前，在这种状况下，真的有物理学家相信我们永远不得讨论单一系统的物理态演变、结构以及其因果关系吗？当然，这在逻辑上是有可能的；然而，放弃追求更完整的概念却有违我的科学本能。

我要指出量子力学在另一方面的不完整。薛定谔方程式当中，绝对时间与势能扮演决定性角色，然而我们从相对论已经知道这些是不能容许的基本概念。若要避免这个难题，理论必须基于场方程式而不是相互作用力。于是我们必须把量子力学的统计方法运用在场上面，也就是具有无限多自由度的系统。目前为止，这方面的尝试仅限于线性方程式，而我们已经从广义相对论中知道这是不够的，不过即使是这样，物理学家所面对的复杂系统已经十分吓人。一旦引入广义相对论所要求的非线性变换，情况将更糟。而所有人都承认非线性变换绝对是必需的。

有人认为，小尺度上所有物质皆由分子组成，因此把时空视为连续体可能与自然不符。他们声称，海森堡方法的成功，似乎暗示自然可能由纯粹代数方法描述，也就是说物理学不再存在连续函数。换句话说，时空也不是连续的。说不定，人类的聪明才智有朝一日真能找到这样的方法，不过，就现阶段来说，这像是天方夜谭。

不可否认的是，量子力学掌握了一大半的真实，它也将成为未来所有理论的标杆，换句话说，终级理论必须在极限条件下得到量子力学，就像麦克斯韦方程式可以得到静电学，而古典力学可以推导出热力学一般。然而，我不认为量子力学本身可以成为物理基础的“起点”，就像我们不能从热力学出发而得到力学的基础一样。

场物理是否永远无法与量子力学结合呢？我认为这是合理的怀疑，而在现有的数学工具辅助之下，广义相对论不可避免地要以场作为基础。有一大半当代物理学家相信，这是办不到的。然而，这种悲观想法的起源，可能在于他们要求理论在第一近似之下，回归古典力学质点运动方程式，至少要归结为全微分方程式。这个假设，其实并不见得成立。事实上，直到今天所有以场来描述基本粒子的理论，都包含奇点，让我们无法做任何预测。可以确定的是：若能找到粒子的场描述并避免奇点，则粒子与时间的关系会完全由场的微分方程式来决定。

六、相对论与基本粒子

我现在要证明，在广义相对论中存在不具奇点的场方程式解，可以用来解释基本粒子。在此，我仅讨论中性粒子，因为在最近我和罗森博士合作的论文中才刚详细讨论这个问题，也因为问题的本质可以由这个特例完整表现。

引力场完全由张量 $g_{\mu\nu}$ 描述，在三阶符号 $\Gamma^{\sigma}_{\mu\nu}$ 当中也出现逆变张量度规 $g_{\mu\nu}$，定义为 $g_{\mu\nu}$ 度规矩阵的逆矩阵。为了让 R_{ik} 张量有限，不但要求在连续体中所有的点处 $g_{\mu\nu}$ 函数及其一次微分都连续并可微，而且 $g_{\mu\nu}$ 行列式的值 g 必须处处非零（否则其逆矩阵发散）。不过如果把微分方程式 $R_{ik}=0$ 改为 $g^2R_{ik}=0$。最后这个条件就不再需要。新的场方程式左侧为 g_{ik} 及其微分所组成的多项式，而不再有分式。

这个方程组具有由史瓦西找到的中心对称场的解：

$$ds^2=-\frac{1}{(1-2m/r)}dr^2-r^2\ (d\theta^2+\sin^2\theta d\phi^2)\ +\left(1-\frac{2m}{r}\right)dt^2$$

其中在 r=2m 之处，这个解出现奇点，因为 dr^2 的系数（g_{11}）在此超曲面变得无限大。如果我们把变量 r 以 ρ 取代，而

$$\rho^2=r-2m$$

我们会得到

$$ds^2=-4\ (2m+\rho^2)\ d\rho^2-\ (2m+\rho^2)\ ^2\ (d\theta^2+\sin^2\theta d\phi^2)\ +\frac{\rho^2}{(2m+\rho^2)}dt^2$$

这个解对所有的 ρ 值都是正则的。dt^2 的系数（g_{44}）在 $\rho=0$ 处为零，因为行列式值 g 为零。不过根据我们改写后的场方程式，这已经不再算是奇点。

当 ρ 从负无穷增大到正无穷时，r 从正无穷大变化到 $r=2m$，然后又变回到正无穷。而当 $r<2m$ 时，ρ 没有对应的实数值。于是，史瓦西解所描述的，是两个相等、正则的物理空间，在超曲面 $\rho=0$ 之处连接（$r=2m$，在此处 $g=0$）。我们在此把连接两物理空间的点称为“桥

梁”，而这个存在于两个物理空间中的桥梁，似乎可用来描述中性质点，而且解当中不具奇点。

多个中性粒子运动，就可由引力方程式（以不含分母的方法写下）包含多个“桥梁”的解所描述。

由于“桥梁”具有离散特性，这种图像所对应的是物质的原子结构。况且，中性粒子质量很自然地为正值，因为正则的史瓦西解不容许有负质量。只有进一步仔细研究“多桥梁”解，才能回答这个理论是否能预测自然界的基本粒子质量皆相同，并且与如此成功的量子力学吻合。

同样地，如果把引力与电磁力方程式结合，只要适当选择引力方程式中的电性，就能找到不具奇点、可代表基本电荷的“桥梁”解，这类解当中最简单者，为一不具引力质量的电荷。

在解决“多桥梁”解中所牵涉的棘手的数学困难之前，没有人知道这理论有没有物理意义。然而，它所代表的是以场论一贯地解释物质性质的首度尝试。其另外一个优点，在于它根据的是已知最简单的相对论场方程式。

结论

物理是由不断演进的逻辑思想系统所组成的，其基础不再如同以往可以由经验归纳而来，而必须无中生有。要合理化这些假设，只能把推导出来的定理与感官经验进行比较，以求获得验证。而感官经验与定理之间的关系，只能由直观理解。现代物理朝越发简化的逻辑基础发展，为了达到这最终目的，我们必须容许理论的逻辑基础与经验渐行渐远，因而从基本定理抵达能够检验的结果，也变成一条非常困难而漫长的道路。

本文的目的在于以最简单的方法陈述基本概念的发展，阐明它与经验的关系，以及物理学家在增进内部逻辑完美性方面的各项努力。我介绍在我眼中物理领域现在的状况，当然，关于历史发展的部分，难免掺杂个人主观看法。

我阐述各种物理概念：固体、空间、主观与客观时间，彼此之间如何连接，又如何与我们的经验相关。在古典力学中，时间与空间的概念互相独立。固体的概念，被质点的概念所取代，换句话说，古典力学的基础变成原子论。不过，我们无法用古典原子论解释所有物理，它尤其与光、电的现象格格不入。于是电场理论问世，随后的发展更是以场作为所有物理的基础（虽然其中一度曾把场与质点运动结合以作为妥协）。这些努力导致广义相对论的诞生（时间空间的概念变为以度规架构的连续体）。

接下来，我陈述为何量子力学不足以作为物理学的基础：若把个别物理系统或事件的量子力学描述视为完整的描述，会不可避免地导致严重的矛盾。

另外，场论至今仍然无法解释物质的分子结构与量子现象。不过我解释了，这个目标有朝一日还是有可能实现，其他物理学家悲观的意见恐怕是偏见的成分居多。

III 理论物理的基础

一九四〇年五月二十四日华盛顿特区《科学》杂志。

科学是尝试将杂乱无章的感官经验与逻辑思想系统互相对应。在这种体系中，个别经验与理论结构之间的对应关系，必须是独特且可信服的。

感官经验是给定的，但解释的理论是人为的，是相当耗时费力的变动过程所获得的结果，我们只能假设它永远不会有最后的结论，会一直受到质疑挑战。

科学上形成概念的方式与日常生活中不同，不是根本上的不同，只是对于概念和结论会使用更精确的定义、在实验素材的选择上比较严谨与系统化，以及讲究逻辑上的“精简”；最后一点指的是，致力将概念与关系归结为少许逻辑独立的基本概念和公理。

我们所谓的物理学概念是以测量为基础，且概念与命题可用数学公式来表示的自然科学。因此，在人类全部的知识中，能够以数学语言来表示的部分，就定义为物理学的领域。随着科学进步，物理学的领域已经大幅扩层，似乎只受到方法本身的局限。

物理研究有很大的部分是致力发展物理学的各个分支领域，而每个领域的目标在于对范围有限的经验进行理论理解，其中的法则和概念尽可能与经验保持密切关系。而这门科学随着不断专门化，在过去几个世纪以来让现实生活发生革命，让人类有可能最终从辛苦的劳力重担中解放出来。

另外，科学家自始便渴望找到这些学科门类的统一理论基础，由最少的概念和基本关系组成，让各个学科门类的概念和关系都可以从逻辑过程推导出来，这就是我们寻找整个物理学基础的意义所在。相信会达到此终极目标的信念，是鼓舞研究者热情投入的主因。因此，下面的观察便是针对物理学基础的。

从前面所述中，可以清楚看到这里“基础”的意思并非跟建筑物基础完全相同。当然，从逻辑上考虑，物理学的各种单一法则都是以基础为主，但是相较于建筑物纵使因暴雨洪水而受损严重，基础却可以保持完整无缺，科学逻辑的基础要面对被新经验完全颠覆的危险，而应用领域反而危险性较低。理论基础牵涉甚广，与各个部分都有联系，也正因如此，在面临新因子时，可能会全面崩溃。然而，在物理学的革命时代，理论基础的彻底改变其实并没有那么频繁，这是怎么一回事呢？

牛顿的研究率先奠定统一理论的基础。牛顿体系可以简化为以下的概念：（1）具有不变质量的质点；（2）任何两个质点之间的超距作用；（3）质点的运动定律。严格来说，这仍有遗漏之处，因为超距作用的明确法则只包括引力，至于其他超距作用，除了作用和反作用力相等的定律之外，没有先验的法则确立。此外，牛顿自己相当清楚，空间和时间具有物理效应，因此它们是理论的基本要素，但是他只是暗示，并未明说。

结果，牛顿的理论大获成功，直到十九世纪末之前一直被视为最终的理论基础。其理论不仅提供天体运动的结果，且包含所有的细节，同时也提供质点与连续体的力学理论，对能量守恒原理提出简单解释，以及提出完整出色的热理论。但是在牛顿系统中，电动力学的解释比较勉强，而自始至终最不具说服力的，就是光的（粒子）理论。

牛顿不相信光波理论并不足为奇，因为这不符合其理论基础。波动论称，空间充满一种由质点组成的介质，会传递光波，但是未显示任何力学特质，这对牛顿来说极不自然。光的波动本质最强的实证论点，包含固定的传播速度、干涉、衍射、偏振等，在当时不是不知道，便是尚未整理清楚。所以，他坚持光的粒子论是有道理的。

十九世纪时争议解决了，光波理论成了最后赢家。但是，人们还是没有深究波动的机械力学基础。首先是因为没有人知道去哪里找另外一种基础，不过来自实验的压力日增，人们逐渐发展出一种新的物理学基础，即“场”物理学。

自牛顿的时代起，超距作用力理论一直被当成很不自然的东西。不少人尝试以动力学来解释引力，即以假设的质点碰撞力为基础，但是这些努力都浅尝辄止，并未有结果。空间（即惯性系）在力学基础中所扮演的奇怪角色，已被清楚指出，马赫也给予了犀利的批判。

伟大的变革是由法拉第、麦克斯韦和赫兹共同带来的，事实上这些进展多半是在不自觉甚至违反当事人心愿下达成的。这三人终其一生都认为自己是力学理论的信徒，其中赫兹发现了电磁场方程式的最简单形式，并宣称任何导出这些方程式的理论都是麦克斯韦理论。然而在其短暂的一生快结束时，他写了一篇论文，提出一种摆脱作用力概念的机械理论，以图作为电磁现象的基础。

对我们而言，场概念是打娘胎就知道的东西，这反而令我们无法体认法拉第此项创举的伟大与大胆。他必定是以精准无误的直觉，看出将电磁现象当成电子之间超距作用的方式过于虚假不自然：散布在一张纸上的许多铁粉，怎么会知道附近的导体里有带电粒子在流动呢？这些带电粒子共同在周遭的空间创造一种状态，让铁屑颗粒排列有序。今日称这种空间状态为“场”，当时法拉第深信，只要掌握场的几何结构与相互关系，便能找到电磁神秘相互作用的线索。他把这些场想成在充满空间的介质中处于机械张力，类似于弹性物体拉长后的状态，因为在当时，这是想象空间中组成连续分布的唯一方式。从法拉第那个时代的力学传统来看，在背后为这些场保留独特的机械诠释，是科学良知的一种慰藉。借助场的新概念，法拉第成功地将自己与前辈所发现的一切复杂的电磁效应，形成一套完整的定性概念。至于对这些场的时空法则进行精确表述则是麦克斯韦的功劳，当他用自己建立的微分方程式，证明电磁场式并以光速采取以偏振波形式传播时，内心是什么感受啊！在那个激动的时刻，所有的谜团似乎已经完全解开了，麦克斯韦一定没想到光的本质将会继续困惑着接下来的几代科学家。同时，物理学家也花了数十年的工夫，才完全领会麦克斯韦发现的意义，他的天才思想迫使同行们必须进行概念的大跳跃。唯有在赫兹以实验证明了麦克斯韦电磁波的存在，对新理论的抗拒才终告瓦解。

但是如果不管物质来源为何，电磁场都能以波的形式存在，那么静电的相互作用也就不可再解释为超距作用了。而如果电的作用是如此，也不能否认引力作用也是如此的情况了。结果，牛顿的超距作用到处都被以固定速度传播的场取代了。

现在，牛顿的基础只剩下受运动定律支配的质点。但是，汤姆孙指出，根据麦克斯韦理论，运动中的带电物体一定在附近造成磁场，其能量正是物体增加的动能。既然一部分动能可以归因于场能，那么会不会全部的动能都是场的表现呢？或许，物质惯性的基本特征也能用场论来解释？这个问题牵涉到用场论来解释物质，解答后可望提供物质原子结构的解释。不过，人们很快就发现麦克斯韦的理论无法完成这项工程，之后许多科学家热切地想要纳入物质导出完整的场论，但是都未见成功。要建构一个理论，光是目标明确并不足够，必须有严谨的观点，以便在无限的可能性中去芜存菁。可惜至今为止，尚未有新观念能达成此一要求，因此场论还是无法成功获称物理学的全部基础。

麦克斯韦之后数十年间，大多数物理学家都执着于一项信念，认为必定可以找到电磁理论的机械基础。然而，经多方努力的结果仍无法令人满意，于是认为场的概念是无法再简化的基本原则逐渐被接受，换句话说，物理学家不得已只好放弃以力学解释电磁场。

因此，物理学家转向场理论的建立。但是他们并不能称场为物理的一贯基础，因为那时并没有一致的场理论，一方面能用来解释引力，另一方面能解释物质的基本组成。在这种情况下，必须将物质粒子想成是遵守牛顿运动定律的质点。当洛伦兹在建立电子论以及运动物体的电磁现象理论时，便是采取这种方法。

在世纪交替时，这就是基本概念的状况。当时，对于全新现象的理论洞察和了解有莫大的进展，但是物理学统一基础的建立看起来仍遥遥无期，而且情况又因为后来的发展而更加严峻。二十世纪的物理学是以两套本质上互相独立的理论系统为特征，即相对论和量子理论。这两套系统并未直接抵触，但是似乎无法融合成为统一的理论，以下简明扼要来讨论这两套系统的基本概念。

相对论是在世纪交替时，为了在逻辑方面简化当时的物理学基础而产生的。所谓狭义或者特殊相对论，根据的事实如下：在洛伦兹变换下，麦克斯韦方程式（以及光在真空中的传播法则）会转换成形式相同的方程式。麦克斯韦方程式这种形式上的特质，可由一项十分可靠的实证知识来提供佐证，那就是：就所有惯性系而言，物理法则都相同。这会导致一项结果，即洛伦兹变换（适用于空间和时间坐标）必定支配惯性系之间的转换。因此，狭义相对论的内容可以用一句话总结：所有自然法则都必须在洛伦兹转换之下维持不变（具有协变性）。由此可以推知，两个相隔事件的“同时性”并不是固定不变的概念，刚体的大小和时钟的速度都与运动状态有关。另一项结果是，当物体速度与光速接近时，必须修改牛顿运动定律。另外，还导出质能转换原理，将原本分开的质量守恒原理和能量守恒原理合二为一。一旦点明同时性是相对的且与坐标系有关之后，物理学基础就不可能保有超距作用了，因为该概念是以同时性具有绝对性为前提的（并用两质点“在相同时间”的位置来计算作用力）。

广义相对论的起源，是试图解释自伽利略和牛顿时代开始已得知，但迄今仍然无法用一般理论解释的事实：物体的惯性和重量，本身是两种完全不同的东西，但是都用同一个常数（质量）来度量。基于这种相当性，不可能有任何实验能区分特定的坐标系是在加速，或是进行匀速直线运动，而观察到的效应是由引力场造成的（这就是广义相对论的等效原理）。一旦引进引力，就会粉碎惯性系的概念，这里可注意的是，惯性系是伽利略与牛顿力学的一个弱点，因为它假定物理空间具有一种神秘的特质，从而将限制符合惯性法则和牛顿运动定律的坐标系种类。

下面的假设能避免这些难题：自然法则的表述方式，其形式对于任何运动状态的坐标系都必须保持相同；广义相对论的任务，便是完成这项工作。另外，从狭义相对论推知在时空连续体中存在黎曼度规，依照等效原理，这既描述了引力场，也描述了空间的度规性质。若假设引力的场方程式是二阶微分方程式，场定律便可确立。

场物理学原来和牛顿力学一样赋予空间独立的物理特质，却又因为使用惯性系而隐藏这一假设。广义相对论让场物理学摆脱这种束手无策的状态，不过该理论至今被视为定论的部分，仍然无法被宣称可作为物理学的终极基础。首先，理论中出现的场包含引力场和电磁场两部分，两者却在逻辑上毫不相关。其次，这个理论像以前的场论一样，迄今仍未提出物质原子结构的解释。这项失败或许与它至今无法解释量子现象多少有些关系。为了理解这些现象，物理学家被迫采用全新的方式，现在我们来讨论量子论的基本特征。

一九〇〇年在纯理论研究的进程中，普朗克做出一项惊人的发现：物体与温度相关的热量辐射定律，与麦克斯韦的电动力学定律相违背。为了得到与实验一致的结果，必须将特定频率的辐射当成“能量单元”所组成的，其个别能量为 $h\nu$，其中 h 为普朗克常数。随后几年，人们发现光都是以这种能量单元的形式产生与吸收的。玻尔进一步以这种能量单元的放射或吸收来解释为何原子只具有个别确定的能量值，以及原子能级的跃迁，他据此相当成功地解释了原子的结构。这帮助我们了解到，当元素和化合物处于气态时，辐射和吸收的光都具有确切的频率才行，这种现象无法用既有的理论框架来解释。显然，至少在原子现象的领域里，物理事件的本质是由各个状态间不连续的转变决定的，普朗克常数 h 扮演关键的角色。

接下来由德布罗意迈出另一步。他自问道，用当时的概念要如何理解这些个别的物理态呢？结果他想到用驻波做模拟，如同声学中管风琴与琴弦的和谐频率那样。确实，这个波的本质仍是个谜，但是运用普朗克常数 h，可以建构出它的数学法则。德布罗意猜测，电子绕原子核运动与这种假设的波列有关，并且通过对应波的驻定特征，来解释玻尔“容许”路径的特定性质。

既然力学中质点的运动是由作用力和力场来决定，因此可以预期这些力场也会以类似的方式影响德布罗意的波场。薛定谔用一种巧妙的方法，重新诠释古典力学的公式，描述如何计算这项影响。他更成功地推广波动力学理论，在未引入额外假设的状况下，它便适用于含有任意个质点（即含有任意个自由度）的任何力学系统。这是因为含有 n 个质点的力学系统，在数学上可视为在 $3n$ 个维度空间运动的单一质点。

根据这个理论，原本许许多多用其他理论似乎完全无法理解的现象，也都意外得到很好的解释。但奇怪的是，这个理论却无法将薛定谔波与个别质点的运动连接起来。然而，这却应是理论物理系统的原本目标。

这项困难似乎无法超越，直到玻恩以意想不到的简单方式克服了。原来，德布罗意—薛定谔的波场虽然的确与事件相关，但是不该解释为事件在时间和空间中实际发生状况的数学描述；而玻恩将这些波场诠释为系统的统计描述，只可用来预测系统测量的统计结果。

让我以一个简单的例子，来说明量子力学的原则特征：考虑一质点，被强度有限的作用力限制在一个有限的区域 G，若是质点的动能低于某个值，根据古典力学，质点永远不会离开区域 G，但是根据量子力学，在一段无法直接预测的时间后，质点会从一个无法预测的方向离开区域 G，逃入周遭的空间。这例子就是加莫所提出的放射性蜕变的简化模型。

这里的量子力学描述如下：在时间 t_0，薛定谔的波系统完全在区域 G 内，但是从时间 t_0 之后，这些波从各个方向离开 G 内部，一开始溢出波的波幅较原先 G 内部波系统的波幅小。随着波越向外扩散，G 内部的波幅就越小，后来从 G 里面发出波的强度也相应减小。当经过足够长的时间后，G 里面的波都跑光了，而波则扩散到愈加广大的空间。

但是，这种波动过程跟我们原本所关心的课题，即关在 G 内部的粒子有何关系呢？要回答这个问题，必须想象有某种装置，让我们能够对粒子进行测量。例如，想象在周遭空间有一个屏幕，当粒子碰到就会粘住。那么，根据波射到屏幕上某点的强度，就可以推出粒子在那时射到屏幕上那点的概率。一旦射中屏幕上任何一点，整个波场就失去了所有的物理意义，其目的只在于对粒子射中屏幕上的位置与时间（或者是射中屏幕时的动量）进行概率预测。

其他的例子也都类似。量子力学的目标在于决定特定时间对系统进行测量结果的概率，换句话说，它并不试图为时间与空间中真正发生或存在的事件做出数学描述。在这一点上，今日的量子理论跟以往所有的物理学理论（包括力学和场论）存在着根本的不同，量子理论不对时间与空间中实际的事件做模型描述，而是对各个时间测量可能的结果做出概率预测。

我们必须知道，新的理论概念并不是凭空杜撰的，而是来自经验事实的迫使。物理学原本想要建立直接的时间—空间模型，将光和物质现象中的粒子与波动特征表达出来，至今这类尝试都宣告失败。海森堡明确指出，从实证观点来看，由于实验仪器自身原子结构的存在，要对自然做出严格决定性结构的判定是不可能的事。因此，寄望未来的知识发展能够再度促使物理学放弃目前的统计性理论基础，回到直接处理物理真实的决定性理论基础，或许是办不到了。在逻辑上，这个问题似乎提供了两种可能性，原则上我们必须在两者当中择一。而最终的选择，则要根据哪个描述在逻辑基础上较为简洁而更具确定性。目前，我们连选择的机会也没有，因为至今仍然没有任何决定性的理论，既能直接描述事件本身，同时又与事实相符。

我们必须承认，现今还没有任何全面的理论基础，可作为物理学的逻辑基础。到目前为止，场论已经在分子领域里失败了，各方面都同意唯一可能作为量子理论基础的原则，将会是能够把场论翻译成量子统计学模式的原理。然而，最终这种方式是否能令人满意，现在谁也不敢打包票。

包括我自己在内的一些物理学家，都不相信我们真的必须永远放弃对时间与空间中的物理真实进行直接描述。现在理论逼迫我们得像赌博游戏凭运气一样，接受自然中发生的事件。每个人都可以自由选择努力的方向，每个人也可以从莱辛的一句至理名言中得到安慰，那就是“追求真理比占有真理更宝贵”。

112 科学的共同语言

一九四一年九月二十八日为伦敦“科学会议”所作的广播谈话，发表于伦敦《科学进展》第二卷第五期。

迈向语言的第一步，是将声音或是其他可沟通的符号与感官印象集合。极有可能所有群居的动物，至少在某个程度都已经掌握了原始的沟通方式。语言发展的下一个层次，是要引入更高阶的符号，和其他代表感官印象的符号建立关系，并为人们所理解。在这个阶段，已经有可能表达一串较为复杂的印象，可说语言已经存在了。如果语言要让大家理解，一方面符号之间的关系必须有规则，另外一方面符号和印象之间必须有固定的对应关系。在儿童时期，用相同的语言沟通最主要是靠直觉掌握其中的规则与关系，当人们能意识到符号关系的规则时，也就建立了所谓的语言文法。

在初期阶段，词汇会直接与感官印象对应，在后来的阶段，有的字必须与其他字相连才能传达感知的关系（如“是”“或”“事物”等），于是一一对应关系就消失了。此时，用词组来指涉感知，而非单词。当一部分语言从印象背景中独立出来的时候，内在协调性也就更加强烈。

唯有进一步发展，更常使用所谓的抽象概念时，语言才变成理解世界真实意义的工具。但这项发展也同时让语言变成错误欺骗的危险源泉，词语如何对应印象世界完全决定语言的效用。

究竟语言为什么和思考拥有如此密切的关系呢？是不是不使用语言，就没有思考，也就是在不一定需要用字词来表达的概念和概念组合中，就没有思考的存在呢？不是每个人都有这样的经验，纵使“事物”之间的连接已经非常清楚了，但是仍然绞尽脑汁推敲文字的使用。

如果一个人的周遭环境没有语言的指引，却仍然可以形成自己的概念，那么我们可能会倾向于相信思考作用完全与语言无关。然而，在这种情况下长大的人，极有可能心智能力异常低下。因此可以总结说，个人的心智发展和形成概念的方式极为仰赖语言。这让我们了解到，相同的语言如何意味着相同的心智；在这个意义上，思考和语言是相连的。

科学语言与我们一般所了解的语言有何不同？为何科学语言是国际性的？科学追求精准明确地描述概念之间的关系以及它与感官数据的对应，让我们以欧几里得几何学和代数的语言为例说明。两者以少许独立的概念与符号进行操作，如整数、直线、点，同时也使用一些基本的运算符号，代表基本概念之间的连接，这是构成也是定义其他陈述和概念的基础。概念、陈述以及感官数据之间的关联，则是通过完善的计算与测量而建立的。

科学概念以及科学语言的国际性，是因为这是有史以来各国最优秀的人才建立的。他们各自专注研究，最后的成果看来又算是通力合作而成，共同创造了科技革命的精神工具，在过去几个世纪改变了人类的生活。他们的概念体系在错综复杂的知觉中成为指引，让我们得以从特定的观察中掌握通则真理。

科学方法为人类带来何种希望和危机呢？我不认为这种问法正确，工具在人类手里究竟会制造出什么东西，完全取决于人类心中的目标。一旦有了目标，科学方法会提供实现目标的手段。然而科学方法本身不会实现任何目标，不会将我们带往任何地方；甚至若不是人们心中强烈的求知欲，科学方法根本不会诞生。

依我之见，完美的手段与混乱的目标并存正是这个时代的特色。若我们真心渴望所有人都平安幸福，可以自由发挥天分，那么我们欠缺的不是达成目标的手段。纵使只有少部分人渴望追求这种目标，长远来看也终将获得胜利。

113 $E=mc^2$

取自一九四六年四月纽约《科学画刊》。

要了解质能等效原理，我们必须先谈两个守恒或是“守恒”原理；在相对论物理学之前，这两者互相独立，享有很高的地位。这两个原理分别是能量守恒原理以及质量守恒原理，第一项原理早在十七世纪时由莱布尼兹提出，十九世纪时发展为古典力学的一个定理。

以单摆为例，摆锤在 A 点和 B 点之间来回摆荡。质量为 m 的摆锤在这两点，比路径中最低的 C 点高出 h（见下图）。换句话说，在 C 点质量位于低点，但却具有速度 v，好像增加的高度可以完全转变成速度，反之亦然。两者之间的关系式可写为 $mgh=\frac{m}{2}v^2$，g 代表引力加速度；有趣的是，这项关系与摆线长度及所经路线并没有关系。

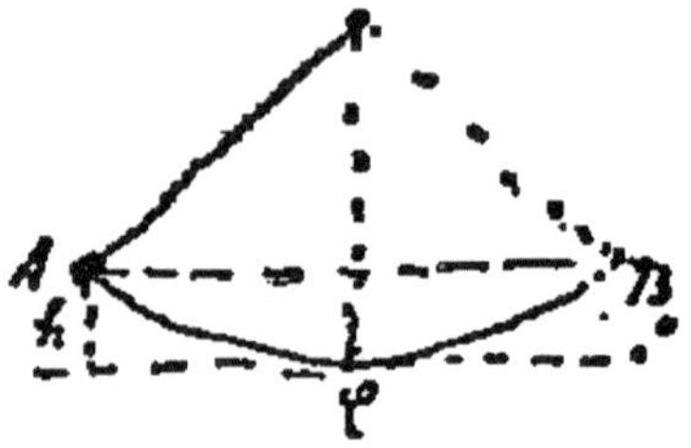

重点是在这个过程里有种东西保持不变，那就是能量。A 点和 B 点是位置的能量，即“位”能或势能，在 C 点是运动的能量，即“动”能。若这个概念是正确的，那么不管摆锤在什么位置，mgh 与 $m\frac{v^2}{2}$ 的总和一定会相同，只要 h 代表超过 C 点的高度，v 是摆锤在路径中该点的速度。结果真是这样。推广这项原理，让我们得到机械能守恒定律。但是，如果摩擦使摆锤停止呢？

答案是在探究热现象时得到的。这项研究假设热是一种不灭的物质，会从较热的物体流向较冷的物体，似乎带来“热能守恒”的原理。

另外，从古代就知道摩擦能够产生热，如印第安人懂得钻木取火。物理学家曾经长期无法说明热的“产生”，后来成功确认摩擦产生的热，和消耗的机械能完全相等时，问题才算克服。于是，我们得到了“热功等效”的原理，如摆锤的机械能逐渐由摩擦转换成热。

在这种方式下，机械能守恒以及热能守恒原理合并成一条原理。自此之后，物理学家发现守恒原理能进一步扩充，将化学过程和电磁过程也一并包括进去，亦即扩展所有领域。在扩充定义之后，物理系统中能量的总和似乎不管经历什么变化都会保持不变。

现在来谈质量守恒原理。质量可由物体反抗加速度的阻力来定义（惯性质量），也可以由物体的重量来度量（引力质量）。这两个根本上不同的定义，竟然会导出相同的物体质量，真是教人诧异。质量守恒代表物体在任何物理变化或化学变化下其质量都会保持不变，质量似乎是物质最根本的特性（因为固定不变），加热、融化、蒸发或是变成化合物，都不会改变总质量。

一直到数十年前为止，物理学家都还接受这项原理。但是当面对狭义相对论时，它就显然有所不足了，因而与能量守恒原理合并，就像六十年前机械能守恒原理与热能守恒原理合并一样。不妨说，能量守恒原理以前并吞了热守恒原理，现在更进而并吞了质量守恒原理，独霸整个领域。

习惯上将质量与能量等效性以 $E=mc^2$ 表示（虽然不尽正确），其中 c 代表光的速度，大约是每秒 299792 千米，E 是静止物体所含的能量，m 是质量；质量 m 含有的能量，等于质量与巨大光速的平方相乘，也就是说每单位的质量含有巨大的能量。

不过问题是，如果每克物质都含有巨大的能量，为什么长久以来都没有人发现呢？答案非常简单，只要没有能量外流，就不会观察到。好比一个非常有钱的人，他从来不花钱也不捐献，就没有人知道他到底多有钱。

现在我们将关系倒过来说，若是能量增加 E，必定会伴随质量增加$\frac{E}{c^2}$。若可以轻易把能量给物质，如将其加热十度，那么为什么不能够测量物理变化中质量或重量的增加呢？这里的困难是，当质量增加时，分数中的分母含有巨大无比的因子 c^2，在这种情况下，质量的增加过于微小，无法直接测量，纵使再灵敏的天平也不行。

质量要增加到能够被测量出来，那么每单位质量的能量变化将会巨大。现在据我们所知单位质量会释放这么多能量的现象仅限于放射性蜕变。基本过程如下：质量 M 的原子分裂成为质量 M' 与 M'' 的两个原子，分开时会各自带走巨大的动能。如果想办法让这两个原子停下，也就是将动能移除，那么合起来看，两者的能量会比原来的原子少很多。根据质能等效原理，蜕变产物的质量总和 $M'+M''$ 必定也要比蜕变前原子的质量 M 少些，与旧的质量守恒原理不符，两者的差别约是千分之一。

虽然我们实际上无法测量个别原子的重量，但是却有间接的方法可以精确测得。同样地，我们也可以测量传给蜕变产物 $M'+M''$ 的动能，就有可能测量并验证质能转换公式。而且，这条法则也可以让我们事先从精密测得的原子量中，计算原子蜕变时会释出多少能量。当然，这条法则并未告诉我们是否能够与如何促使蜕变发生。

以刚才的有钱人为例，可以说明上面的情况。原子 M 是一个有钱的守财奴，终其一生都没有花掉任何钱财（能量）。但是在遗嘱中，他将所有财富遗赠给两个儿子，条件是他们必须回馈社会一小笔钱，总数不超过总资产（能量或质量）的千分之一。两个儿子加在一起的钱，会比父亲少些（质量 $M'+M''$ 的总和比蜕变原子的质量 M 稍少），然而回馈社会的那部分虽然相对很少，但仍然是庞大的数额（以动能来看），恐怕将成为罪恶的渊薮。避免核战浩劫，已经成为这个时代最迫切的问题了。

114 广义引力理论

《科学美国人》一九五〇年四月，第一百八十二期。

《科学美国人》的编辑邀请我谈谈最近发表的文章。简言之，这是场物理基础的数学研究。

有些读者会很纳闷：我们不是在学校就学完物理基础了吗？这个问题很难回答，与诠释有关。我们对于概念和基本关系是如此熟悉，让人们能理解错综复杂的日常现象，并用数学加以描述。从一方面来说，这些概念和关系可能已经是最为基本的，不能再进一步分析。例如，光线的折射定律，或是古典热力学（基于压力、体积、温度、热、做功等概念，以及永动机不存在的假设）。

那么，为什么我们要持续弄出新的理论呢？为什么我们一定要有“理论”？这是因为人们总是试图“理解”事物，也就是通过逻辑过程，把所观察到的现象归结为原本已经知道或是很明显的陈述。当碰到原来理论不能“解释”的新现象时，当然需要新的理论。不过，这个出发点虽明显却有些平庸。发展新理论还有另外一个较复杂，却同样重要的原因，那就是让理论整体迈向统一与简洁化（这也就是马赫在逻辑学上的经济化原理）。

对于理解的渴求与热忱，和对于音乐的热忱是类似的。许多小孩子都有这种热情，但大多数人长大后就逐渐消失了。如果没有这份热情，就不会有数学或自然科学了。然而，有时候对于理解的热情会导致一个幻觉，就是不需要根据任何经验，就能够理解客观世界。说穿了，这就是形而上学。我认为，大多数理论家都是有克制的形而上学家，不管他自认多么坚持“实证主义”。“有克制”的形而上学家并非相信“所有”逻辑上简单的都是真理，然而我们感官经验的总和，却肯定可以靠着建立一个高度简洁的逻辑系统来加以理解。怀疑这一点的人，称这是“奇迹信念”。虽然我承认这有信念的成分，然而科学的发展，一而再，再而三地证实了这项奇迹。

原子理论的建立是一个很好的例子。古希腊的留基伯[1]怎么会有这个惊天动地的想法？他观察到，水结为冰之后，其性质似乎完全不同了，然而冰在融化之后，却又变为和原来一模一样的水。留基伯对此感到很困扰，并试图提出“解释”。他的结论是，在相变的过程中，物质的“本质”并没有改变。或许，水只是由不能分裂的粒子所组成，而相变只是这些粒子的重组。更进一步地，是不是所有的物质都是这样，我们才会在各处找到性质几乎完全相同的物质呢？

这个观念在西方思想长期冬眠中，并未完全消失。在留基伯之后两千年，伯努利很好奇为何气体会对容器壁造成压力。这应该用牛顿力学“解释”是因为气体各部分互相排斥造成的吗？这个假设看起来很荒谬，因为在保持其他变量的情况下，气体压力与温度有关。牛顿式相互作用与温度有关，与力学的精神相违背，既然伯努利知道原子论的概念，他的必然结论是：原子（分子）与容器壁碰撞，因此产生压力。毕竟，必须假定原子在运动，否则如何解释气体的温度变化呢？

简单的力学思考后，可发现压力只与粒子的动能和密度有关，这应该会让当时的物理学家得出结论，知道热是由原子的不规则运动所造成的。若他们给予应有的认真对待，原本可望大幅推进热理论的发展，尤其是热与机械能等效性的发现，但事实并未如此顺利。

这个例子可说明两点：理论想法（在这里指原子论）并不是脱离

1 编者注：留基伯是公元前五世纪的古希腊哲学家，也是前述德谟克利特的老师。传闻是他最早提出原子论，然而其人究竟是否存在仍有争议。

经验而独立的，也不能靠纯粹的逻辑推断从经验推导出来，而是创造产生的。一旦得到一个理论想法，不妨赶紧抓住并利用它来解释世界，直到推论站不住脚为止。

至于我最近的理论研究，我认为还不宜向对科学有兴趣的广大读者做详细说明。我认为，只有经由实验充分检验的理论，才值得大书特书。此刻，对我的新研究或可稍加说明，主要是这理论的前提假设相当简单，且与已知事实（纯引力场定律）有密切联系，广大的读者或许有兴趣了解这一连串的思想发展，是如何导致充满思辨推论的探究追寻。另外，也可以看到途中遭遇的困难，以及是如何克服的。

牛顿物理学以质点或粒子为基本的理论概念，以对物体进行理论描述。因此，物质在先验上被认为是不连续的，自然而然质点之间的作用力也被认为是“超距作用”。由于这个概念与日常经验格格不入，所以牛顿本人与他同时代的人，也觉得难以接受。但是，由于牛顿力学惊人的成功，后代的物理学家也习惯了超距作用的想法，久而久之，这些质疑也遭淹没。

但是，在十九世纪下半叶发现电动力学定律，这些新的法则却无法圆满融入牛顿体系中。这不禁引人深思：如果法拉第接受了正规的大学教育，他是否能发现电磁感应定律呢？他未受到传统思考方式的阻碍，把“场”当作真实的独立元素引进来，因而帮助厘清实验事实。麦克斯韦终于完全了解场概念的意义，做出一项根本的发现：他的电磁场微分方程组完整提供电动力学的自然表述。这些方程式暗示波的存在，其特质与当时所知道光的特质相同。

将光学合并到电磁理论中，代表物理学基础迈向统一的重大胜利；麦克斯韦单以理论论证就完成这项统一，而且早在赫兹以实验确认之前。这项创见让人们得以抛弃超距作用的假说，至少在电磁现象的领域里；介于其间的场现在看起来像是物体之间电磁相互作用的唯一载体，而场的行为则完全由微分方程式表达，没有超距作用的成分。

现在问题来了：既然场存在真空中，我们是应该将场想象成是某种“载体”的物理状态，还是当成独立的存在，而不能再简化为别的东西？换句话说，是否有负载场的“以太”这种介质存在，当携带光波时处于波动的状态呢？

这个问题有一个自然的答案？因为我们无法免除场的概念，所以最好不要引入性质不明的载体。然而，首先发现场概念无法免除的先驱们，仍然深深浸淫于传统的力学思想，无法毅然决然地接受这种简单的观点。不过在接下来数十年的发展中，这种观点不知不觉被采纳了。

把场当作基本概念，却会造成理论方面的一项矛盾。麦克斯韦的理论虽能妥善地描述带电粒子之间的相互作用，却不能解释电荷密度的行为，也就是说，它无法提供粒子本身的理论。因此必须根据旧的做法将粒子当成质点处理。连续场和空间里不连续的质点，似乎格格不入。完全自洽的场论，需要理论中所有元素都具有连续性，不只是时间，也包括空间，以及空间中所有的点，因此物质粒子无法成为场论中的基本概念。因此，纵使未将引力纳入，麦克斯韦的电动力学依然无法被当成完整的理论。

真空的麦克斯韦方程式在空间坐标和时间洛伦兹变换（一种特别的线性转换）之下，会保持形式不变（洛伦兹变换下维持“协变”）。当然，如果某变换是由两个或两个以上的变换组成，协变也会成立，这代表洛伦兹变换满足数学“群”的特性。

麦克斯韦方程式蕴藏着“洛伦兹群”，但是洛伦兹群却未必能推导出麦克斯韦方程式。若将洛伦兹群定义为能保有恒定光速的线性变换群，则它确实可以独立于麦克斯韦方程式存在。这种变换适用于从一个“惯性系”转换到另一个做相对匀速运动的惯性系，变换群最突出的新奇特征是它抛弃了绝对同时概念。我们相信，物理学所有方程式相对于洛伦兹变换（狭义相对论）都维持协变，因而由麦克斯韦方程式导出一个具有启发性的原理，其有效性已远远超过这些方程式本身的适用范围。

狭义相对论和牛顿力学有一个共同点，两个理论中的运动定律都只有相对于“惯性系”的坐标系才成立；在惯性系中，“不受力”的质点相对于坐标系不会加速。然而，若是没有独立方式判定作用力不存在，这种定义也是一场空；但如果将引力视为一种“场”，那么这种辨识方法也不存在了。

假设 A 是一个系统，相对于“惯性系” I 做等加速度运动。相对于 I 未做加速运动的质点，相对于 A 都呈加速状态，这些质点加速度的大小和方向都相同，行为表现好像相对于A有一个均匀引力场存在，因为引力场的特质是：加速度与物体的特性无关。没有理由不将这个行为解释为“真正”的引力场作用（等效原理），这种诠释把A当成“惯性系”，纵使它相对于另外一个惯性系加速（要让这论点成立，必须认定引力场可以独立于物质存在。因此，这种论据对于牛顿来说显然不具说服力）。于是，惯性系、惯性定律以及运动定律等概念都丧失了具体的意义，不只是在古典物理学，在狭义相对论中也一样。再者，循着这个思考脉络，相对于A来说，时间不能用相同的时钟来测量，甚至坐标差也丧失直接物理意义。在重重困难之下，难道我们要继续坚持惯性系的概念，却放弃试图对引力现象的基本特质（在牛顿体系中其表现为惯性质量和引力质量的等效性）做解释吗？凡是相信自然可以理解的人士，一定会说“不”。

这就是等效原理的核心课题：为了解释惯性质量和引力质量的等价，在理论中必须允许四维坐标的非线性转换。洛伦兹变换群（也就是先前“允许”的坐标系集）必须进一步扩张。

那么，洛伦兹变换群可用什么坐标转换群来代替呢？根据高斯和黎曼的基本研究，这个问题在数学上已有一个答案：合适的代替者是坐标的一切连续（解析的）变换群。在这些变换下，唯一保持不变的是邻近点有几乎相同的坐标值；坐标系仅仅表达点在空间中的拓扑次序（包括四维特质）。在相对于坐标的一切连续变换之下，表达自然法则的方程式都必须保持协变，这就是广义相对论原理。

刚才讲的这套方法，克服了力学基础上的缺陷，这个问题牛顿以前已经注意到，莱布尼兹以及两百年后的马赫也都批评过，那就是：惯性会抵抗加速度，但是相对什么的加速度呢？在古典力学的架构里，唯一的答案是：惯性会抵抗相对于空间的加速度。这是空间的一项物理特质，空间会作用在物体上，但是物体不会作用在空间上，可能是牛顿主张“空间是绝对的”更深层意义。但是，这个想法让某些人感到不安，尤其是莱布尼兹，他不赋予空间独立的存在，认为空间只是“东西”之间的关系（物体的邻近性）。不过，即使这份合理的怀疑在当时能被广泛接受，也很难说对物理学是好是坏，因为后续所需的实证和理论基础，在十七世纪时都尚未具备。

根据广义相对论，抽离任何物理内容的空间概念是不存在的。空间的物理真实是由场代表，其分量是四个独立变量（空间和时间坐标）的连续函数。正是这种特别的依存关系，代表物理真实的空间特质。

既然广义相对论要求物理真实是连续的场，粒子、质点甚或运动等概念都无法起基本的作用；粒子只是空间中场的强度或是能量密度特别高的一个有限区域。

任何相对性理论必须回答两个问题：（1）场的数学特征是什么？（2）适用于场的方程式是什么？

关于第一个问题，从数学观点来看，坐标变换时场分量的变换方式，决定了场的特征。关于第二个问题，在满足广义相对论的公设的情况下，方程式必须充分决定场函数。这种要求是否能满足，取决于选择场的类型。

要根据这种高度抽象的纲领，企图理解经验数据之间的相关性，乍看之下几乎毫无希望。事实上，这个做法等于是问：在遵守广义相对论原理的情况下，最简单的物理量（场）必须具有的最简单特征为何？从严谨逻辑的观点来看，这个问题的双重性已经是一场灾难，更不用说“简单”的概念是如何笼统模糊。再者，从物理学的观点来看，更是无法保证“逻辑简单”的理论便是“真理”。

然而，任何理论都具有臆测成分。比较起来，当理论的基本概念与经验接近（如作用力、压力、质量等概念）时，较不容易察觉其臆测的本质。然而，若某理论需要经过复杂的逻辑过程，才有可能从可检验的前提推出结论的话，我们比较会意识到理论的推测本质。在这种情况下，对于认识论逻辑分析较没有经验的人，或是在自己熟悉的领域里未察觉到理论思考本质多变的人，很容易排斥这种做法。

另外，必须承认如果理论的基本概念和假说“接近经验”，将具有重大的优势，对于这种理论信心较强也是合理的。这种理论完全错误的危险比较小，尤其不需太费时间精力就能将它与实验做比较。然而，随着知识加深，在寻求物理学理论基础的逻辑简单与一致性时，我们必须放弃这种优势。在此得承认，广义相对论为追求逻辑简单，放弃“接近经验”的基本概念，这一步较先前的理论都更为彻底；对于引力理论来说已是如此，对于企图涵盖所有物理场性质的新推广更是如此。在这个广义的理论中，从理论前提推导出与实证数据抵触的程度，实在是过于困难，至今没有结果。现在，支持这项理论的是逻辑的简单与“刚性”；这里的“刚性”指理论非对即错，而且在结构上没有模糊空间。

阻碍相对论发展最大的内在困难在于问题的双重性，刚才两个问题已经提出。这种双重性就是为何理论以两阶段发展，而且时间相隔甚远。第一个阶段是引力理论，以前面讨论的等效原理为基础，并依据下列考虑：根据狭义相对论，光有固定不变的传播速度，若是在真空里，光线从一点出发，以三维坐标系的坐标 x_1、x_2 和 x_3 表示，从时间 x_4 开始以球面波散播，在时间 $x_4+\mathrm{d}x_4$ 时到达一个邻近点（$x_1+\mathrm{d}x_1$，$x_2+\mathrm{d}x_2$，$x_3+\mathrm{d}x_3$）。代入光速 c，式子可写为：

$$\sqrt{(\mathrm{d}x_1^{\ 2}+\mathrm{d}x_2^{\ 2}+\mathrm{d}x_3^{\ 2})}=c\mathrm{d}x_4$$

也可以写成这样的式子：

$$\mathrm{d}x_1^{\ 2}+\mathrm{d}x_2^{\ 2}+\mathrm{d}x_3^{\ 2}-c^2\,\mathrm{d}x_4^{\ 2}=0$$

若坐标转换只限于狭义相对论性，则这个式子对于所有惯性系都成立，因此它代表着四维时空里两个邻近点之间的“客观”关系。不过，如果按照广义相对性原理，允许坐标任意连续变换，此等关系就会丧失这种简单形式，而被更广泛的形式所取代：

$$\sum_{ik} g_{ik}\,\mathrm{d}x^i\,\mathrm{d}x^k=0$$

其中 g_{ik} 是坐标的函数，若进行连续坐标变换的话，就会以特定的方式变换。依照等效原理，这些 g_{ik} 函数描述一种特别的引力场，这种场可在“无外场”的状况下出现。g_{ik} 满足特定的变换法则，从数学上来说是“张量”的分量，在所有变换中都会保持对称性。这种对称性可由下列式子表达：

$$g_{ik}=g_{ki}$$

这引起下面的想法：在上例中 g_{ik} 由狭义相对论真空出发，经坐标变换获得。那么，对于不能以这种方式得到的任意度规张量，是否仍具客观物理意义？虽然我们无法期待这种对称张量可以描述所有相互作用，但是或许可以描述特殊的“纯引力场”现象。因此，至少对这个独特的状况来说，广义相对论必须假设引力场就是以对称度规张量来描述。

所以，现在只剩下第二个问题：对称张量场要满足何种协变场定律呢？

在我们这个时代，要回答这个问题并不难，因为我们手中已经有必要的数学概念，这就是曲面的度量理论，在一百年前由高斯建立，并由黎曼扩张到任意维数的流形上。这种纯数学研究带来许多惊人的成果，对于 g_{ik}，可假设场定律的微分方程不能低于二阶，也就是方程中至少必须包含 g_{ik} 对坐标的二阶导数。假若场定律中没有出现高于二阶的导数，广义相对性原理在数学上就确立了这个场定律的形式。

这个方程组可写成以下的式子：

$$R_{ik}=0$$

R_{ik} 的转换方式和 g_{ik} 一样，也会维持对称张量形式。

只要把质点当成场的奇点，这些微分方程式就会完全取代牛顿的天体运动理论。换句话说，它们包含作用力定律与运动定律，“惯性系”不再占据特殊地位。

物质以奇点形式出现，代表物质本身无法由对称的 g_{ik} 场或“引力场”来解释。简单如引力仅具引力不具斥力这一现象，也无法从这个理论推导出来。显然，完整的相对论性场论必须根据更复杂的场，也就是对称张量场需进一步推广才行。

在考虑这种推广之前，有两点对于引力理论的解释非常重要。

第一点是，广义相对论原理对于理论的可能形式加以非常严格的限制，若是没有这项限制性的原理，实际上不可能有人找得到引力方程式，甚至从狭义相对性原理出发，且知道场必须由对称张量来描述也不行。我认为，除非采用广义相对性原理，否则累积再多的经验与观测都无法导出这些方程式。这就是为何在我看来，除非一开始基本观念就符合广义相对性，否则对物理学基础任何更深入的探讨都注定徒劳无功。这种情况让我们在寻求物理学的基本概念和关系时，再怎么广泛的实证知识都很难发挥作用，迫使我们得多运用自由想象，哪怕这远远超过大多数物理学家所能接受的范围。因此，我看不到有任何理由，去假定广义相对性原理只对引力无比重要，其余的物理学只要根据狭义相对论分别处理即可，然后冀望它在日后可以完全融合进广义相对性的基础里。我不认为这种态度客观上是合理的，虽然从历史上来看是可以理解的。我们今日知道的引力作用微弱，但这不成为决定性的理由，允许我们去忽略广义相对论原理在理论研究上的根本角色。当代物理学家常问：若是没有引力的话，物理学是什么样子？而我根本不承认这是合理的问题。

第二点是，引力方程组是由对称张量 g_{ik} 十个分量的十个微分方程式所组成。在非广义相对论的情况中，若是方程式的数目等于未知函数的数目，那么系统通常有解。一般解形成的流形中有一定数目的三变量函数可以任意选取。在广义相对论中，问题有些麻烦。由于坐标系可以任意选择，意味着在这些解的十个函数（或场分量）当中，可以适当选择坐标系，让四个函数具有特定值，换句话说，广义相对论原理暗示，要借由微分方程求解的函数数目不是十，而是十减去四，等于六。对于这六个函数，只能假设六个独立的微分方程式，在引力场的十个微分方程式中，应当只有六个互相独立，并借助四个关系（恒等式）联系。在十个引力方程式左边张量 R 中，确实存在四个恒等式（毕安基恒等式），保证了这十个方程式的“兼容性”。

在场变量的数目等于微分方程式数目的情况下，若是这些方程式可从变分原理导出，那么永远可以保证兼容性，引力方程式的情况就是如此。

然而，十个微分方程式无法完全由六个微分方程式取代，这个方程组确实被“过度确定”。但是由于恒等式的存在，这种过度确定并不会失去兼容性，也就是这些解的流形未受过度限制。引力方程式蕴含运动定律一事，与这种（允许的）过度确定有密切关系。

知道这些事情后，无须牵涉数学细节，也很容易了解目前研究的本质。问题是要建立包含所有场的相对性理论，其中最重要的线索是：对于纯引力场这种特殊的情况，解已经存在了。因此，我们要寻找的理论必定是引力场理论的推广。首要问题是：什么是对称张量场的自然推广呢？

这个问题不能单独回答，必须与另一个问题一起回答。场的何种推广会提供最自然的理论体系呢？我现阶段理论所提出的答案是，对称张量场必须由一个非对称张量场取代，这表示场分量必须放弃 $g_{ik}=g_{ki}$ 的条件，在这种情况下，场会有十六个分量，而非只有十个独立分量。

剩下来的任务是，建立非对称张量场的相对论性微分方程式。在试图解决这个问题时，会遇上对称场没有的难题，因为广义相对论原理并不足以完全确定场方程式，主要是场对称部分的变换定律不包含反对称部分的分量，反之亦然。也许，这是以前很少尝试这种场推广的原因。唯有在这个理论的形式体系中牵涉所有场分量，而非由对称部分和反对称部分分别起作用，才能自然地包含反对称的成分。

结果，这项要求果真能以自然的方式满足。不过，这项要求与广义相对性原理结合起来，仍然不足以确定唯一的场方程式。我们要记住，这个方程组必须满足进一步的条件：方程式必须兼容。上面提到，如果这些方程式能以变分原理导出，这个条件就会自动满足。

这真的可以做到，虽然方式不像对称场的情况那般自然。而且，我发现这可以由两种不同的方式实现，令人感到不安。这些变分原理提供两个方程组，让我们记为 E_1 和 E_2，彼此都不同（尽管相差甚微），各自都有不完备性，结果甚至兼容性的条件也不足以确立唯一的方程式。

事实上，E_1 和 E_2 这两个方程组的形式缺陷，正好指出一个可能解决之道：我发现有第三个方程组 E_3 存在，却没有 E_1 和 E_2 两个方程组的形式缺陷。E_3 代表两者的结合，E_3 的每一个解也是 E_1 和 E_2 的解，显示 E_3 可能是我们在寻找的系统。那么，为何不假设 E_3 就是该方程组呢？在进一步的分析之前，这种做法并不妥当，因为 E_1 和 E_2 的兼容性，并未蕴含较强方程组 E_3 的兼容性，其方程式数目比场分量多四个。

若暂且撇开兼容性的问题，另一考虑却显示较强的 E_3 方程组是引力方程式唯一真正的自然推广。

但 E_3 不是一个兼容的方程组。E_1 和 E_2 这两个方程组由足够数目的恒等式来确保其兼容性，意思是每个特定时间值满足方程式的场，都有一个连续的展延，代表在四维空间的一个解。然而，E_3 方程组无法以相同的方式展延，以古典力学的语言或许可以说：在 E_3 方程组的情况中，“初始条件”无法自由选择。真正重要的是下面问题的答案：E_3方程组解的流形是否足够广泛得足以描述物理可能性呢？这个纯数学问题，至今尚未解决。

怀疑论者会说：“就算从逻辑观点来看这个方程组完全合理，但无法证明它是否符合自然。”亲爱的怀疑论者，您是对的！唯有经验可以判定真理，但是如果能够成功提出一个有意义和精准的问题，我们就算有所成就了。不管知道如何丰富的经验事实，要证实或驳斥这个理论也并不容易。要从方程式推导出与经验对应的结论，还需费一番苦功，或许还需要新的数学方法。

115 致意大利科学促进会的贺信

一九五〇年致意大利科学促进会于卢卡举办的第四十二届会议贺信，以英文发表于联合国教科文组织《影响》一九五〇年秋季号。

首先，让我衷心感谢大家盛情邀请我参加这次会议，若健康状况允许，我相当乐意接受邀请。既然岁月不饶人，我只能远隔重洋从家里捎来一封简短的贺信。我这么做，并非幻想自己有真知灼见，能开拓大家的视野，而是生活在这个纷扰不安的时代，是如此缺乏明确的目标，单是清楚表白信念或许就值得为之；尽管这些信念像价值判断一样，无法用逻辑推演来证明。

这里马上出现一个问题：追求真理，或是比较谦卑的说法，想要通过建设性的逻辑思考来认识可知宇宙的努力，可视为我们研究的独立目标呢？或者，我们对真理的追求从属于其他的目标，如属于某些“实际”的目标呢？这个问题不能根据逻辑来做决定而将对我们的思考与道德判断产生重大影响的，乃是出于至坚至深的信念所做的决定。那么，就让我自己坦言相告：就我自身而言，努力奋斗想要获得更深入的见解与知识，便是独立的目标；若是缺乏这种目标，有思想的人对待人生就无法抱持积极自觉的态度。

我们追求知识的本质在于：一方面，我们企图涵盖人类丰富又复杂的经验；另一方面，我们寻求基本假设中的简单与经济。有鉴于我们现在的科学知识仍处于原始阶段，相信这两个目标能够并存，必须出于信念；若是没有这种信念，我也无法如此强烈并坚定地肯定知识的独立价值。

从事科学研究工作的人，抱持这种蕴含宗教意味的态度，对于整个人格会产生影响。除了从经验累积和逻辑运作规则所获得的知识，对于科学人来说并不存在所谓的权威，其决定和言语本身即代表“真理”。这导致一种矛盾：科学家致力研究客观的事物，但从社会观点来看，却变成极端的个人主义者，至少在原则上，他只信仰自己的判断。因此，几乎可以断言追求知性的个人主义与科学时代在历史上同时出现，而且至今形影不离。

有些人可能会说，这里描绘的“科学人”是一种抽象的存在，并未真正存在于这个世界上，很像古典经济学中所说的“经济人”。但是对我来说，要不是古往今来有这么多贴近这份理想的人物的存在，今日的科学也就不会存在了。

当然，并不是每一位会直接或间接使用看起来像“科学”工具和方法的人，就算是我心目中的科学人。我指的是，心中真的存有科学精神的人。

那么，今日的科学人在社会中处于何种地位呢？显然，他非常自豪科学家的工作从根本上改变了人类的经济生活，几乎完全淘汰掉劳力工作。然而，他又感到不安，因为科学研究成果已对人类造成威胁，落入盲目追求政治权力的狂徒手中。他意识到，自己工作所造就的科技革新，反倒让经济与政治权力集中到少数人手里，他们完全掌控了日益软弱的社会大众。但更严重的是：经济和政治权力集中在少数人手里，迫使科学人在经济上产生依赖，同时也威胁精神独立；权力对科学家的才智与精神施加不当影响，会阻碍真正独立人格的发展。

因此，正如我们亲眼所见，科学人遭逢一种真正悲惨的命运。当他通过超乎常人的努力，一心一意想要追求思想清晰和精神独立，没想到却制造出物质上奴役他、心灵上又会毁灭他的工具。那些掌握政治权力的人张牙舞爪，使他不得不噤若寒蝉；作为士兵，他被迫牺牲自己的生命去消灭别人的生命，尽管他心里明白这种牺牲荒谬又愚蠢。他清楚地知道，全面的毁灭不可避免，因为历史发展已经导致政治、经济和军事的全部权力都集中到国家政权手里。他也体认到，唯有创造以法律为根本的超国家制度来消灭武力，人类才得以解救。可是，科学人却节节败退，居然把国家政权强压在他身上的奴役，当作不可避免的命运而承受，甚至自甘堕落，乖乖贡献才智，帮忙完成注定会造成人类全面毁灭的工具。

难道科学人真的无法逃离这种命运吗？他一定得承受与容忍这一切的屈辱吗？他以自由独立精神和思考研究所唤醒的年代，那个让他有机会启迪同胞与丰富生命的年代，真的一去不复返了吗？当研究过于专注在理性基础上，他便忘了作为科学家的责任和尊严吗？我的回答是：一个天生自由和严谨的人或许会被消灭，但是这种人绝对不会甘受奴役，或是被当成盲目的工具任凭使唤。

如果今天的科学人能够有时间和勇气，诚恳并严格地审视自己的处境和面临的任务，并且有所作为，那么目前严峻的国际局势就可望获得公正妥善的改进。

116 哥白尼逝世四百一十周年纪念会演讲

一九五三年十二月在纽约哥伦比亚大学纪念晚会上的演讲。

我们今天在此，带着愉快感激的心情纪念这位人士，他让西方从宗教和经院哲学统治的枷锁中解放出来，贡献卓著到让他人难以望其项背。

在古希腊时期，固然有一些学者相信地球并非世界的自然中心；但是这份宇宙认知，在古代并未受到真正的肯定。亚里士多德和希腊天文学派依旧坚守地球中心的概念，鲜少有人质疑。

极力主张太阳中心概念的优越性，必须具备难得的独立思考能力和直觉，也要通晓当时不易取得的天文知识。哥白尼的伟大成就，不仅铺就通往现代天文学的道路，也让人们的宇宙观产生关键的变革。一旦正视地球并非世界的中心，只是一颗小小的行星之后，以人为万物中心的错觉也就如过眼云烟了。可以说，哥白尼以其研究和伟大的人格，教导人们要谦卑。

没有一个民族可为他们中出了这样一位人才而自豪。面对哥白尼这般内心独立的人士，所谓的民族自豪是如此微弱渺小啊！

II7 相对论的空间问题

《狭义和广义相对论浅说》修订本附录，一九五四年伦敦梅图恩出版社出版，此由劳森翻译。

牛顿物理学除了物质之外，亦把空间与时间当作独立、真实的存在，这是因为牛顿的运动定律出现加速度的概念。但是在古典力学中，加速度只能指“对于空间的加速度”。为了让运动定律中出现的加速度带有意义，必须将牛顿的空间视为“静止”，或至少是“非加速”的；时间也是如此，以类似方式进入加速度的概念里。对牛顿本人与他同时代有力的批评人士来说，要把空间本身与其运动状态当作物理真实这点令人不自在，但是如果想要让力学有清晰的意义，在当时别无他法。

要把空间（尤其是真空）当作物理真实，确实是一种苛求。自古以来，哲学家就一直抗拒这种假定。笛卡儿的论证方法大致如下：空间就是展延，但是展延由物体定义，所以空无一物的真空是没有意义的。这个论证的弱点主要如下：展延的概念确实源自人们排列或接触物体的经验，但是不能骤下结论说，在没有物体促成这概念的情况之下，展延就没有使用的余地。这种概念的扩张若能增进对实证结果的理解，就得以间接视为合理。因此，断言展延只限于物体，是没有根据的做法。但是，我们后面会看到，广义相对论绕了一圈还是确认了笛卡儿的想法。笛卡儿之所以产生看似奇怪的观点，应该是他感觉到若不是情非得已的话，人们不需要对空间这般无法“直接经验”的东西赋予真实性。[1]

空间概念的心理起源或其必要性，并不像我们单纯想象中那般显然。古代几何学家处理的是概念客体（点、线、面），不像后来的解析几何真正处理到空间。不过，一些原始经验已涉及空间的想法，假设造了一个箱子，物体可以在箱子里面依某种方式排列，将箱子装满。

---

1 原注释：对这种讲法当然要抱持保留态度。

容许这种排列是“箱子”这个物体的一项特质，随箱子而出现，即箱子“所包围的空间”。这个东西会随箱子不同而不同，不管特定时刻箱子里面是否有物体存在，很自然可视为空间存在。当箱子里面没有物体的时候，空间就变成“真空”。

到此为止，我们对空间的概念都与箱子相连。可是事实证明，以装填构成箱子空间的可能性，与箱壁厚薄无关，那么能否将箱壁厚度减至零，却不至于使“空间”消失呢？这种极限过程显得很自然，现在我们的想象中留下没有箱子的空间，然而如果我们忘了这概念的来源，会觉得真空实在很不自然。人们可以了解，笛卡儿很讨厌将空间视为独立于物体之外，不含有物质也能够存在的东西[1]（同时，这并没有妨碍他在解析进几何里把空间当作一个基本概念来处理）。当人们注意到水银气压计里的真空时，无疑解除了笛卡儿学派最后的反抗。但不可否认的是，即使在这启蒙的阶段，空间概念本身或是把空间当作真实独立存在的概念，都让人很不满意。

物体装填空间（箱子）的方式是三维欧几里得几何的课题，其公理体系很容易造成误解，让我们忘了几何学可以用来描述实际的情形。

如果空间概念是以上述方法形成，并且从“装填”箱子的经验而来，那么空间仅限于有限。可是这种限制并不是根本的，因为永远可以放一个更大的箱子，将较小的箱子包起来。在这种方式下，空间看

1 原注释：康德企图否认空间的客观性来消除这种尴尬的处境，但是这不能认真看待。在箱子内部空间固有的装填可能性，就像箱子本身以及里面装填的物体一样，都是客观的。

起来像是无限的东西了。

我不愿在此探究空间的三维特性和欧几里得式（平坦）等概念究竟如何追本溯源到相对原始的经验，而是想先从另外的观点来探究空间概念在物理思维发展中的角色。

当一个大箱子 S 的中空空间里，放着一个相对静止的小箱子 s，s 的中空空间也是 S 空间的一部分，这个同时包含于两者的“空间”，既属于大箱子，也属于小箱子。但是，当 s 相对于 S 运动时，这个概念就没那么简单了。我们很容易认为 s 一直包含同样的空间，但随着小箱子运动，它包含的却是 S 空间不同的部分。因此有必要给两个箱子分派各自特有的空间，并假定两个空间是在做相对运动，而不是只把空间用边界分割。

在人们认知到这种复杂的状况之前，空间被当成一种无界的介质或容器，里面有物体存在。但是现在必须考虑无数的空间存在，彼此做相对运动。将空间视为独立于物体之外的客观存在，这个概念尚属于前科学的思想；但是无数个彼此相对运动的空间概念，则属于后科学的思想产物。第二种想法在逻辑上无法避免，不过这个概念不仅在日常生活中罕见，甚至在科学思想上也没有扮演重要的角色。

但是，时间概念的心理起源呢？此概念无疑与“回忆”这个事实有关，也与感觉经验和回忆之间的区别有关。至于感觉经验与回忆（或者只是心里的想象）之间，是否有心理学上的直接区别，确实是有疑问的。每个人都有这样的经验，怀疑自己是否真的亲身经历，或只是做梦而已。区别两者的能力，最早大概是来自大脑辨别顺序。

若某经验已属“回忆”范畴，那么与“目前的经验”做比较时，就会被当成“先前的”经验。这是回忆经验进行概念排序的原则，由于排序是可能的，进而促成主观的时间概念，即个人经验排列的时间概念。

那么，客观的时间概念是如何产生的呢？让我们思考一个例子，某人 A（“我”）看到“天空出现闪电”，同时另一个人 B 也看到了闪电，这样 A 就把看到闪电的经验，与 B 联结起来，于是 A 认为其他人也都看见了闪电；因此闪电不再被解释为个人独有的经验，而是其他人的经验（或最终只说是“可能的经验”）。在这种方式下，“天空出现闪电”最初是以一种个人“经验”进入意识中，现在被诠释成（客观的）“事件”。当我们讲到“真实的外在世界”时，所指的正是一切事件的总和。

我们先前谈到，人们往往需要将经验进行时间排序，其准则大致如下：如果 β 比 α 晚，γ 比 β 晚，那么 γ 肯定比 α 晚（“经验的顺序”）。那么，与主观经验相关的外在事件是不是也有同样性质呢？乍看之下，你会认定事件的时间排列应当以经验的时间排序为依据。如果不是狭义相对论直接挑战这一点，我们会想当然地这样认为。[1] 为

1 原注释：例如，听觉经验的时间顺序可能不同于视觉经验的时间顺序，所以不能简单将事件的时间顺序与经验的时间顺序画上等号。

了得到客观事件的概念，必须再加上一个建构的概念：事件不仅在时间上有定位，在空间里也是如此。

在上面几段文字中，我们试图描述空间、时间与事件等概念如何在心理上与经验发生关系。从逻辑上看，这些都是人类智慧的自由产物，是思考的工具，都是为了让经验产生联结，以便能做更好的评判。企图了解这些基本概念有何经验上的源头，会让我们更了解哪些概念必须保留，而哪些概念在不得已的情况下可加以修改。

在介绍空间—时间—事件等概念的心理起源之际（应当简称为“类空间”的概念，以区别心理学领域的概念），应该再加入一个重要的成分。我们已经以箱子与箱子里面物体的排列，将空间概念与经验联系起来，因此这项概念的形成是以物体（“箱子”）的概念为前提，同样地，在形成客观时间概念时所必须引进的“人”，在这份关系的联结上也相当于物体的角色。因此在我看来，物质概念的形成必定在时间和空间的概念之前。

所有这些类空间的概念，以及心理学领域里疼痛、目标、目的等概念，都是属于前科学的思想。正如一般自然科学的思想特征一样，目前物理学中的思想特征是原则上尽量只用“类空间”的概念，来表达自然规律中的一切关系。因此，物理学家将色彩和音调归为振动频率；生理学家把思考和痛苦归为神经过程，将精神因素从因果联系中排除出去，不再让感觉成为因果关系中的一个独立环节。有一派想法认为只诉诸“类空间”的概念就能理解一切关系，目前这种观点就是所谓的“唯物论”（因为“物质”的独立存在已被承认，不再只是一个概念）。

为什么有必要把自然科学思想的基本概念，从柏拉图式的奥林匹亚殿堂拖下凡间，企图揭露它们的世俗血脉呢？答案是：为了将这些概念从禁忌枷锁中解放出来，以获得更大的自由来形成观念或概念。这是休谟和马赫不朽的功劳，他们超越前人，率先采用这种批判的想法。

科学从前科学的思维接受了空间、时间和物体（特别是“固体”）等概念，并且修正得更加严谨。第一项重大成就是欧几里得几何学的发展，我们不可被其公设表述所惑，而忘了它是从经验而来（摆放排列固体的可能性）。尤其是，空间的三维特性和欧几里得特征都是有实证根源的（真实空间能够被许多构造相同的“立方体”完全填满）。

在发现理想刚体并不存在后，空间概念就变得更微妙了。所有的物体都具弹性、会变形，并且随温度变化而改变体积。由欧几里得几何学描述的物体形态，其结构特征不得不涉及物理内容。但是，毕竟物理在建立概念时会运用到几何学，几何学的经验内容唯有在整个物理学的架构下才能陈述和验证。

在这层关系上，必须牢记原子论与有限可分性的概念，因为比原子尺度还小的空间展延无法测量。原子论也迫使我们在原则上放弃固体具有明确界面的观念。严格来说，对于固体互相接触的可能排列，甚至在宏观领域里也没有精确的法则可言。

尽管如此，没有人想要放弃空间的概念，因为在整体看起来相当令人满意的自然科学体系中，空间概念显得不可或缺。在十九世纪，马赫是唯一认真考虑要放弃空间概念的人，企图用所有质点在一瞬间相对距离来取代空间（他这么做，是为了得到对惯性的圆满理解）。

场

在牛顿力学中，空间和时间扮演着双重角色。首先，它们是物理学中出现的事件的载体或架构，事件的发生由空间坐标和时间来标记。原则上，物质被视为由“质点”组成，质点运动构成了物理世界。当不希望或是无法描述离散的粒子结构时，才权宜地将物质看作连续的。在这种情况下，将物质的微小部分（体积元）也类似地当成质点处理，当我们只描述运动学，而不涉及如温度变化、化学过程等暂时无法归因于运动的现象时，这种做法还算成功。空间和时间的第二个重要角色，在于“惯性系”的建立。由于惯性定律之于惯性系才成立，惯性系因而被认为比其他一切想象得到的坐标系都更为特殊。

在这里，关键是“物理真实”，被视为与经验的观测者无关。原则上，“物理真实”被想象成由空间与时间，以及恒久不灭、相对于时空运动的众多质点所共同组成。空间和时间的独立存在性，用极端的方式可表述为：如果物质消失了，空间和时间仍旧会独立存在（作为物理事件发生的舞台）。

随着物理学的进展，这个观点被打破了。“场”概念的出现，原本和物理真实、时空问题（粒子以时空为舞台的基本图像）看似不相干。在古典力学中，场概念是以一种辅助概念的方式出现，将物质被视为连续体。以固体的热传导为例，固体的状态描述为：对于固体的每一点，给出每个特定时刻的温度。在数学上，这代表温度 T 为空间坐标和时间 t 的数学函数（温度场）。热传导定律表示为局部关系（微分方程式），包含所有旧传统的特例。在这里，温度分布是场概念的一个简单例子，这种场（单一量值或是分量组合）是坐标和时间的函数。另一个例子是对液体运动的描述，每一点在任何时刻都存在一个流速，由相对于坐标轴的三个“分量”（向量）来做量化描述。在一个点上的速度分量（场分量），也是坐标（x, y, z）和时间（t）的函数。

上述这些场的特色是它只出现在物体内部，只是用来描述物质的状态。根据场概念的历史发展，凡是没有物质的地方，就不会有场的存在。但是在十九世纪的前二十五年，科学家发现只要将光看成一种波场，干涉和衍射现象就能获得异常精确的解释。这种场完全相似于弹性固体里的机械振动场。因此，当时物理学家觉得有必要引进一种场，纵使在没有物质的“真空”里也能存在。

这产生一种自相矛盾的局面，因为场概念的起源只限于描述物质内部的状态。因为人们深信场表现能解释为机械状态，而这又以物质的存在为前提，所以它怎能于物质之外存在？结果，人们不得不认定在原本被认为空无一物的真空中，处处存在一种称为“以太”的物质。

场概念从一定要由“机械载体”的假设解放出来，纯属心理层面的跃进，这是物理思想发展上最有趣的事件之一。在十九世纪下半叶，随着法拉第和麦克斯韦的研究，人们发现用场来描述电磁过程会比根据力学的质点概念来处理更为优越，而且这种局面越来越明显。麦克斯韦在电动力学中引进场概念，成功预测电磁波的存在；而电磁波与光的传播速率相等，两者本质上的一贯性毋庸置疑。结果，光学在本质上被电动力学合并了。这项巨大的成就产生一种心理作用，场概念逐渐从古典物理学的力学架构中脱离出来，赢得一席之地。

然而，起先人们理所当然地认为电磁场必须解释成以太的状态，并且热切地想把这些状态解释为机械状态。不过，种种努力总是遭遇挫折，科学家逐渐倾向于放弃这种尝试。虽然如此，人们心里还是深信电磁场必定是以太的状态，这是世纪交替时的情况。

以太理论有它的问题：从物体的力学观点来看，以太究竟如何表现呢？以太是否会参与物体运动，或者处处保持相对静止呢？为了解决这个问题，曾经有过许多巧妙的实验。在这方面，应该提到以下重要的事实：由于地球公转造成恒星的“光行差”以及“多普勒效应”，后面指的是恒星与地球之间进行相对运动，对于恒星发出的光线（已知频率）到达地球的频率发生变化。除了迈克耳逊—莫雷实验之外，这些实验和事实都由洛伦兹解释了，他假定以太不参与物体的运动，以太的各部分之间也没有相对运动。这样看来，以太像是绝对静止空间的化身。但是，洛伦兹的研究成果不只如此。他推论物质的组成粒子带有电荷，电荷随着粒子运动，并假定这是物质与电磁场的唯一相互作用（反之亦然）。结果这理论解释了当时所知物体内部一切的电磁与光学过程。至于迈克耳逊—莫雷实验，洛伦兹指出至少其结果未与静止以太说发生抵触。

虽然这些成果辉煌，但是该项理论仍未能让人完全满意，理由如下：古典力学毋庸置疑是真实世界的高度近似，它教导我们：对于自然法则的表述方式，一切惯性系或者惯性“空间”都是等效的，也就是说，从一个惯性系移转到另外一个惯性系，自然法则都是不变的。电磁学和光学的实验也都相当精确地教导我们同样的事情，然而电磁理论的基础却称，有一种特别的惯性系必须给予特别对待，就是绝对静止的光以太。这种理论基础的观点太难令人满意了，难道没有办法修正，像古典力学那般支持惯性系的等效性（狭义相对性原理）吗？

这个问题的答案是狭义相对论。它采用麦克斯韦—洛伦兹理论关于真空中光速保持不变的假定，为了与惯性系的等效性（狭义相对性原理）保持一致，必须放弃绝对同时性的观念；此外，当从一个惯性系变移到另一个惯性系时，时间和空间坐标都要遵循洛伦兹变换。狭义相对论的全部内容包含在这则公设里：自然法则对于洛伦兹变换是不变的。这项要求的实质重要性在于，它限制了自然律可能的形式。

狭义相对论对于空间问题的立场又是如何呢？首先，我们必须澄清，四维真实并非由狭义相对论首度引进。即使在古典物理学里，事件已用四个数字定位，其中三个是空间坐标，一个是时间坐标，因此所有物理“事件”被当成镶嵌在四维连续流形里。但是根据古典力学，这四维连续体在客观上会分成一维时间和三维空间的截面，这种方式对于所有惯性系都相同。某两个事件在某惯性系中同时发生，也就意味着这两个事件对于所有惯性系都是同时发生，这就是我们说古典力学的同时性是绝对的意思。根据狭义相对论，情况则是另外一回事。在特定惯性系中，与某特定事件“同时”的全部事件总和仍然存在，但这时的时空截面不再与惯性系的选择无关。现在，四维连续体不能再客观分解成包含所有同时事件的截面；“现在”在四维世界失去了客观的意义。因此，空间和时间必须视为一个四维连续体，客观上不可以分解，才能表述与坐标无关的客观关系。

既然狭义相对论揭示所有惯性系在物理上等效，证明静止以太的假说站不住脚，因此，必须放弃将电磁场当作物质载体状态的想法，场也变成物理描述中不可或缺的元素，就像牛顿理论中物质概念也是不可简化的一样。

到目前为止，我们的重点在于找出狭义相对论对空间和时间概念所做的修正。现在，让我们将注意力放在狭义相对论从古典力学承袭的元素上，在这里，只有以惯性系时空作为基础，自然法则才成立。惯性原理和光速恒定原理都只有对惯性系才有效，场定律也只有对惯性系才有意义且有效。因此，一如古典力学，空间在狭义相对论中也是物理真实的独立组成部分。想象将物质和场移除，惯性空间（或者更准确地说，空间与相关的时间）依然能存在。四维结构（闵可夫斯基空间）被视为物质和场的载体，惯性空间与相关的时间仅是由线性洛伦兹变换结合起来的特殊四维坐标系。既然在这种四维结构中，不再存在任何可客观代表“现在”的截面，发生和变化的概念虽然依旧存在，但却更加复杂了。因此，看起来比较自然的做法是将物理真实当成一种四维体，而不是（先前认为的）三维客体的时间演化。

狭义相对论中的绝对四维空间，和洛伦兹三维绝对以太相类似。在四维时空中的物理描述，将空间视为给定与独立的存在。因此，狭义相对论并没能解决笛卡儿对于“真空”先验的独立存在所感到的不安。这里的讨论，最主要是让读者了解广义相对论如何处理这些困难，以及它所面临的限制。

广义相对论中的空间概念

广义相对论的起源，在于探求惯性与引力质量为何相等。令空无一物的惯性系统为 S_1：其空间中不但没有物质（平常定义），也没有场（依狭义相对论定义）。相对于 S_1 有个以恒定加速度运动的坐标系 S_2，这个系统并非惯性系统，因所有 S_2 里的质点，不论其物理与化学成分如何，都以恒定加速度运动。于是，S_2 的力学系统看起来像是受均匀作用的引力场。换句话说，S_2 也可视为惯性系统，只是它受均匀引力作用。这诠释与观测全然符合。只要加入引力场，惯性系统便会失去原来的特殊地位，而这所谓的“等效原理”可以扩展到任何形式的相对运动。根据这些基本概念，人们可以完全了解惯性质量与引力质量的有效性，而这一事实已经受实验强力支持。

从 S_1 到 S_2 的非线性四维空间变换有没有限制呢？换句话说，洛伦兹变换要如何推广呢？我们要从以下的考虑，来回答这个问题。

广义相对论之前的惯性系统具有一项性质：不同点的坐标差可以用静止的标尺或时钟来测量。而且，我们假设以标尺铺满空间，欧几里得几何学里关于长度的定理会成立。从狭义相对论的结果经基本考虑后可推知，对相对于惯性系（S_1）加速的坐标系（S_2）而言，这种坐标的直接解释就不成立了。但若是这样，坐标就只能代表“邻近点”的顺序或位阶，也就是空间的维数，但不表示任何的度规特质。因此，我们可以将变换扩张到任意的连续变换[1]。这里蕴含着广义相对性原理：自然法则相对于坐标的任意连续变换，必须保持协变。这项要求（以及自然律在逻辑上应尽可能简洁的要求）对有关自然法则的限制，远远超过狭义相对性原理。

这一连串的想法主要是根据场这个独立的概念而来。因为我们考虑出现在 S_2 的引力场时，完全不去问产生场的物体是否存在。借助这一连串的想法，可以明白为何纯引力场定律比起其他的场（如电磁场），与广义相对性的观念更能直接契合。也就是说，我们有很好的理由假定，“无场”的闵可夫斯基空间是自然律许可的一种特别状况，事实上是想象得到的最简单的特例。就其度量特质来说，这种空间的特征是：在三维“类空间”的截面上，无限接近的两点以标尺单位度量，其空间距离的平方为 $dx_1^2+dx_2^2+dx_3^2$（勾股定理），而 dx_4 是使用适当的时间

1 原注释：这种表述方式虽不精确，在这里或许已经足够。

度量，测量两个具有共同（x_1，x_2，x_3）事件的时间间隔。四维时空意味着，这个量在各惯性坐标都成立，因此它具有客观度量的意义：

$$ds^2=dx_1^{\ 2}+dx_2^{\ 2}+dx_3^{\ 2}-dx_4^{\ 2} \tag{1}$$

只要借助洛伦兹变换就容易证明。从数学上来说，这相当于 ds^2 对于洛伦兹变换协变的情况。

若现在按照广义相对性原理，对这个空间［参考方程式（1）］进行坐标的任意连续变换，那么 ds 这个具有客观意义的量，在新坐标里由下列式子表示：

$$ds^2=g_{ik}dx_idx_k \tag{1a}$$

这里必须对标记 i 和 k 从 11、12……一直到 44 的全部组合求和。现在 g_{ik} 不再是常数，而是坐标的函数，由任意选择的坐标系变换而确立。然而，这些 g_{ik} 不是新坐标的任意函数，而是一种能透过四个坐标的连续变换，让形式（1a）转换回形式（1）的特殊函数。为了使这成为可能，函数 g_{ik} 必须满足特定广义协变的条件方程式，而这些方程式在广义相对论建立以前的半个世纪就已经由黎曼所提出（“黎曼条件”）。根据等效原理，当函数 g_{ik} 满足黎曼条件时，（1a）就是特定引力场的广义协变形式。

由此得知，当黎曼条件成立时，必定也要满足一般的纯引力场方程式。反之，广义场方程式的限制会比黎曼条件更弱或更少。根据这些推论，我们得以完全确立纯引力场定律，详细过程无须在此说明。

现在可以来讨论，进展到广义相对论后，我们对时空概念做了何等的修正。根据古典力学和狭义相对论，空间（时空）独立于物质或场而存在，为了描述充满空间且有坐标的东西，时空或惯性系与其度规特质等，一开始都要认为是存在的，否则“充满空间的东西”这种描述就变得没有意义[1]。但是根据广义相对论，空间与“充满空间”且有坐标的东西并不同，空间无法独立地存在。因此，纯引力场要以引力方程式的解，以 g_{ik}（坐标的函数）来描述。如果设想将引力场（函数 g_{ik}）除去，留下来的就不是类型（1）的空间，而是绝对的“无”，而且也没有“拓扑空间”。因为函数 g_{ik} 不仅描述场，同时也描述流形的拓扑与度规结构特征。从广义相对论的观点来判断，类型（1）的空间并非没有场的空间，而是 g_{ik} 场的特例，在这个特例中，函数 g_{ik} 为常数，不过此陈述和坐标系选择有关，而不具客观意义。没有所谓的真空存在，也就是不存在没有场的空间；时空无法宣称独立的存在，而只是场的一种结构特质。

因此，当笛卡儿相信必须排除真空的存在时，他并没有太过背离真实。若坚持唯有物体才是物理真实，那么这种见解确实显得荒唐。我认为，需要将场当成真实的代表，再与广义相对论结合，才能揭示笛卡儿观念的真正核心；“没有场”的空间是不存在的。

---

1 原注释：若考虑将充满空间的东西（例如场）除去，那么按照方程式（1），仍然会留下度规空间，也将决定引入空间里试验物体的惯性行为。

广义引力论

因此，根据广义相对论的纯引力场理论很容易获得，因为我们有信心度规满足（1）的“无场”闵可夫斯基空间，必定满足场的一般方程式。从这个特例出发，可以毫不含糊地推导出引力定律。不过，若想将理论进一步推广以包含其他物理场，方程式形式无法明确由广义相对性原理来确立，过去数十年来已有多方尝试。这些尝试的共同点是将物理真实想象为“场”，而且是由引力场推广的场，场定律是纯引力场定律的推广。经过长期探索之后，我相信自己已经找到这种推广最自然的形式了[1]，但是我还不知道这个推广的定律是否经得起经验事实的考验。

在上面的讨论中，特定场方程的具体形式还是次要问题。目前，主要的问题是此处探讨的场论，究竟是否能达成目标，能否以“场”全面描述物理真实，包括四维时空在内。对此，新一代的物理学家倾向给予否定的答案。按照量子理论目前的形式，相信一个系统的状态无法直接指明，只能间接地对系统的测量结果进行统计把握。一般物理学家相信，唯有这样削弱真实的概念，才能了解实验上确认的二象性（粒子与波动结构）。我认为，目前所获得的知识远不足以让我们做这么大的让步，更不该停止对相对论性场理论的追寻。

---

1 这项推广的特征如下：根据“闵可夫斯基空间”，函数 g_{ik} 的纯引力场具有 $g_{ik}=g_{ki}$（如 $g_{12}=g_{21}$ 等）的对称特质。广义的场是同一类型，但是不具对称特质。场定律的推导，完全类似于纯引力特定的情形。

图书在版编目 (CIP) 数据

对于这个世界，我这样想 / (美) 爱因斯坦 (Albert Einstein) 著；郭兆林，周念萦译 .—北京：中国法制出版社，2020.12

书名原文：Ideas and Opinions

ISBN 978-7-5216-1472-5

Ⅰ . ①对…　Ⅱ . ①爱… ②郭…③周…　Ⅲ . ①爱因斯坦 (Einstein, Albert 1879—1955) —文集　Ⅳ . ① Z471.2

中国版本图书馆 CIP 数据核字（2020）第 249099 号

责任编辑：李佳　刘冰清　　　封面设计：高瓦

对于这个世界，我这样想

DUIYU ZHEGE SHIJIE, WO ZHEYANG XIANG

著者 /［美］爱因斯坦

译者 / 郭兆林　周念萦

经销 / 新华书店

印刷 / 三河市紫恒印装有限公司

开本 / 880 毫米 ×1230 毫米　32 开　　　印张 / 11.5　字数 / 168 千

版次 / 2020 年 12 月第 1 版　　　2020 年 12 月第 1 次印刷

中国法制出版社出版

书号 ISBN 978-7-5216-1472-5　　　定价：68.00 元

北京西单横二条 2 号　　　值班电话：010-66026508

邮政编码 100031　　　传真：010-66031119

网址：http://www.zgfzs.com　　　**编辑部电话：010-66053217**

市场营销部电话：010-66033393　　　**邮购部电话：010-66033288**

（如有印装质量问题，请与本社印务部联系调换。电话：010-66032926）